U0836507

智能媒体信息处理

ZHINENG MEITI XINXI CHULI

王晓红　王文举　编著

文化发展出版社
Cultural Development Press
·北京·

图书在版编目（CIP）数据

智能媒体信息处理 / 王晓红，王文举编著 . — 北京 ：
文化发展出版社，2023.8
ISBN 978-7-5142-3959-1

Ⅰ . ①智… Ⅱ . ①王… ②王… Ⅲ . ①智能技术－应
用－传播媒介－信息处理－研究 Ⅳ . ① G206.2-39

中国国家版本馆 CIP 数据核字 (2023) 第 161067 号

智能媒体信息处理

王晓红　王文举　编著

出 版 人：宋　娜
责任编辑：杨　琪　　　　　　　责任校对：岳智勇
责任印制：邓辉明　　　　　　　封面设计：韦思卓
出版发行：文化发展出版社（北京市翠微路 2 号 邮编：100036）
发行电话：010-88275993 010-88275710
网　　址：www.wenhuafazhan.com
经　　销：全国新华书店
印　　刷：北京捷迅佳彩印刷有限公司

开　　本：787mm × 1092mm 1/16
字　　数：277 千字
印　　张：12.875
版　　次：2023 年 10 月第 1 版
印　　次：2023 年 10 月第 1 次印刷

定　　价：65.00 元
I S B N：978-7-5142-3959-1

◆ 如有印装质量问题，请与我社印制部联系 电话：010-88275720

PREFACE 前言

数字图像在采集、传输过程中受环境、设备、人为因素等影响不可避免地引入失真导致图像信息丢失，不仅影响人的视觉感知，而且给图像信息的后续处理增大难度。图像增强一直是图像处理领域研究的热点和难点，除此之外，研究如何准确而又高效地量化图像的质量特征也有着重大的实践意义。

当前相关研究中更多地着重于图像内容信息，比如场景识别、工业瑕疵检测等，然而图像中并不只拥有客观的视觉部分，还包括主观方面的情绪感知。对图像情感的识别可以更高效地分析舆情倾向、用户情绪倾向、了解用户需求、预测市场走向等。因此，对图像所蕴含的情感进行描述与识别已成为一个亟待解决的重要问题。

目前数字产品在网络上大量传播，在丰富方便人们生活的同时，也产生了一系列版权纠纷问题。其中图像因使用较为广泛而更易产生版权纠纷问题。因此，用于数字版权保护的数字水印技术相应地成为一大研究热点。

得益于深度学习的发展与应用，不同的深度学习框架在图像增强等领域展现出了更优于传统方法的性能。本书是我们基于深度学习技术对媒体主要的载体——图像从图像增强、图像质量评价、图像情感识别、图像水印四个方面所进行的最新研究进展汇总。希望读者通过阅读此书得到一定的收获，以此对智能媒体技术产生浓厚的学习兴趣并积极投身到媒体技术的科研活动中来。

其中第 1 单元图像增强中的第 1 ～ 2、6 ～ 7 章由曾静撰写，第 3 章由刘芳撰写，第 4 ～ 5 章由翟炎修撰写；第 2 单元图像质量评价中的 8 ～ 11 章由庞云杰撰写； 第 3 单元图像情感识别中的 12 ～ 15 章由梁祐慈撰写； 第 4 单元视频图像水印中的 16 ～ 19 章由孙业强撰写。叶芳同学对前 9 章、殷淑雅同学对后 9 章的内容进行了认真的文本编辑校对。在此一并给予感谢！

本书可作为普通高校新媒体技术、计算机科学技术与应用、人工智能等专业“新媒体技术”或“图像处理技术与分析”课程的教材，也可作为图像处理与分析行业技术与管理人员的参考书。

CONTENTS

目录

第1单元

图像增强

随着人类社会的进步，图像由于其易传播、高信息量等特点，在人类生产及生活活动中发挥着越来越重要的作用。随着图像获取设备的普及以及图像处理技术的发展，图像越来越多地用于安防监控、医疗诊断、智慧交通以及工业检测等方面。总之，人类通过各种技术手段对图像进行分析和处理，从而实现对生产质量的提高以及对生命健康的保护。然而这些生产及生活活动对图像质量提出了较高的要求， 由于受外界环境、光照或者图像传感器影响的原因，人们获取的图像存在诸如对比度低、细节丢失及颜色漂移等问题，严重影响了人眼视觉感知以及诸如目标检测、图像理解等高级计算机视觉任务的落实，因此视频图像的增强具有重要的研究价值和研究意义。

第 1 章
图像增强概述

随着智能手机、数字相机等移动终端图像采集设备的普及与发展，真实彩色图像成为人们日常生活、工业生产等方面信息传递不可缺少的载体。然而，真实彩色图像在采集、处理、传输和存储的过程中，由于受到光学、大气、人为、技术等不可预知因素的影响，造成不可避免的失真、退化，从而影响人眼对真实彩色图像的视觉感受以及真实彩色图像中内容的识别，在工业制造生产方面甚至会造成不可估量的影响及后果，因此研究如何对真实世界的彩色图像进行增强具有极强的现实意义。

1.1 研究背景及研究意义

视觉是人类获取信息的重要手段之一，人类借助对光的捕捉及成像进行着各类的生产、学习活动。随着技术的发展，出现了各式各样的成像设备，依靠这些成像设备，人类可以对各种场景进行记录、分析以及传播，这极大地提高了生产效率， 促进了人类社会的进步和发展。其中，图像是最常见的成像结果以及视觉表现形式，由于具有信息丰富、可分析性高、可传播性高等特点，图像在人类对事物的理解记忆和信息交流方面具有重要的意义。如图 1-1 所示，图像在诸多行业及领域中具有重要作用，人们通过对图像的获取、理解及分析，在诸如安防监控、医疗诊断、智能驾驶及工业生产等方面进行着生产和社会活动。随着计算机视觉技术的应用及发展，人类开始通过计算机对图像实现各种高级处理，包括内容理解、目标检测以及目标生成等任务。而这些计算机视觉任务都对图像的质量有着较高的要求，由于外界环境的不确定性，高质量图像的获取是一项困难的工作。

通常情况下，图像失真的典型表现是在图像中出现噪声或模糊失真，对比度失真与色彩失真等现象。例如真实彩色图像在采集时，由于光学系统失真、相对运动及大气流动等因素影响，会使真实彩色图像变得模糊不清及噪声冗余，从而影响人眼对真实彩色图像中重要细节的捕捉，这也是图像失真中最为普遍的现象。在图像数字化的过程中，图像的处理与传输也会引入各类不必要的噪声。此外，由于光照条件不足或光照过度等环境因素，会出现拍摄图像的对比度不足或者饱和度过高等情况，甚至出现色彩表现单一的现象，从而导致真实彩色图像给人的色彩视觉感受减退。上述种种情况表明，真实彩色图像在识别精度和视觉效果等方面可能存在诸多问题，此类问题可以统称为真实彩色图像质量问题。为了改善真实彩色图像质量，恢复真实世界所采集到的图像最原始的样貌，则需要借助图像增强技术对真实失真图像进行处理，以提高图像的真实性及人们对图像的审美需求。

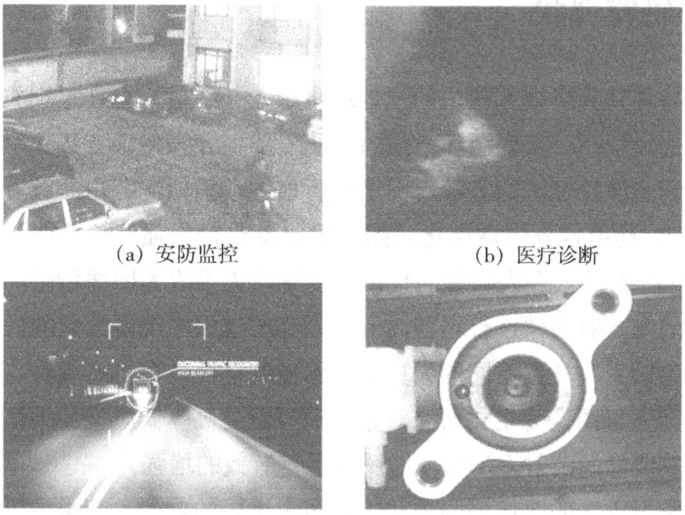

(a) 安防监控 (b) 医疗诊断

(c) 智能驾驶 (d) 工业生产

图 1-1 图像增强的各种应用场景

图像增强作为图像处理的基础，其技术是选择性地强调图像中的某些信息且不影响其他信息，从而提高图像质量，改善图像的视觉效果，将原有的不符合图像质量评价要求的图像转换成一种更适合人眼观察与审美或计算机视觉处理的形式，并将优化的结果呈现给计算机或使用者 [1]。通常情况下，图像增强都是通过处理单一类型的图像失真来提升图像的某一视觉效果，从不同的途径获取的失真图像，通过适当的图像增强处理，可以将原本模糊不清或有大量噪点的原始图像处理成清晰的富含大量细节信息的可使用图像，有效地去除图像中的噪声、模糊或使色彩观赏性更为强烈，以达到生活生产需要。

传统图像增强方法一般都是基于特征量来进行处理，这种方法很难找到一种准确的图像表征形式，且面对不同特征分布的图像甚至会产生负增强的效果。近年来，随着大数据的建立与完善以及神经网络的发展与普及，深度学习在处理图像增强问题上所表现的良好性能引起了研究学者们的广泛关注 [2]。但目前基于深度学习的图像增强算法大多都是通过端对端学习的方式针对图像单一类型的失真进行增强，且这类增强方式往往都依赖一种客观的全参考图像质量评价方法，其失真机理通常是通过计算机模拟仿真人工合成出来的。然而，真实彩色图像的增强则由于其在自身失真类型与复杂度上的不确定性，相比于人工合成图像增强拥有更加复杂的处理过程。同时，真实彩色图像的低质量问题往往是由多种图像退化并发引起的，即使对图像某一失真做相应的增强，其他失真表现所产生的视觉阻碍效果也仍然不符合人眼视觉审美，甚至在工业制造生产中会造成一定的负面影响，从而引起不可估量的损失。因此，真实彩色图像的增强需要的是对图像质量做一个全方位的提升，探究真实彩色图像的失真类型以及对真实彩色失真图像增强模型的设计及优化成为目前十分重要的研究课题。

1.2 国内外研究现状

图像增强是各种计算机视觉应用的预处理步骤之一，是一个在不损失任何信息的情况下提高图像质量的过程[3]。目前图像增强的方法主要可分为传统方法和机器学习方法。传统方法主要是基于图像特征量的方法对图像进行增强，例如，利用滤波方法对图像进行去噪[4,5]或去模糊[6]、利用直方图均衡化对图像对比度进行增强[7,8]、利用 Retinex 算法对低照度图像进行增强[9,10]等。在大数据时代，深度学习逐渐成为图像增强的主要方法，它是通过端对端学习的方式对图像进行增强，即在训练的过程中需要大量的失真图像与相应的高质量图像对作为输入，并且不同的失真类型图像的特征分布也不统一，所以，研究学者大多都是以单类型失真图像为主要研究对象，通过建立高－低质量的训练图像库，利用大量数据学习一种非线性的映射方法从而对图像进行有效的增强。

在利用深度学习方法的图像增强领域内，图像增强的典型研究类型可以概括为图像去噪、图像去模糊以及图像色彩增强等[11]。在图像去噪应用领域中，Jain[12]等人首次提出利用卷积神经网络（CNN）处理自然图像的噪声问题，得到了比传统方法（如小波变换和马尔可夫随机场）更优的结果，神经网络模型可以避免马尔可夫模型在概率学习和推断过程中的计算困难，从而降低了计算的复杂度，采取了逐层训练的方法可以使网络更加快速和准确地收敛，但研究处于初期阶段，增强效果不明显。Burger[13]等人利用多层感知机网络（Multi-LayerPerceptrons, MLP）训练模型进行图像去噪，针对含有不同类型噪声的图像进行处理，得到较好的结果，但它无法适应不同强度的噪声，若将不同水平的噪声图像输入网络进行训练，则无法达到对特定噪声进行训练时的效果。Kai[14]等人提出一种用于去噪的深度卷积神经网络（DnCNN），将残差学习应用到网络中，并辅以批归一化来加速训练过程，从而提高去噪性能，但该方法也只针对人工合成的高斯噪声，存在一定的局限性。Lan[15]等人提出了一种新的深度残差神经网络用于进行图像去噪，在两个卷积层组成的残差块中实现跳跃连接，并去除批量归一化操作，减少了梯度传播的路径，从而缓解了训练中梯度消失的问题，但仍然是针对人工合成的噪声，泛化性较差。魏江[16]等人提出了一种基于卷积神经网络的遥感图像去噪算法，将图像去噪过程作为神经网络的拟合过程，使用含有批量正则化层的深度神经网络，利用残差学习策略，对多种等级的人工合成噪声的遥感图像进行去噪处理。

在图像去模糊应用领域中，Sun[17]等人在获得一个众多清晰图像构成的数据集的前提下，通过使用卷积神经网络预测出非均匀运动图像模糊核集，再根据预测的模糊核，将模糊图像与模糊核做反卷积从而得到重建的清晰图像，此方法仍需要对模糊核进行估计，增加了算法的复杂度，重建效果过于依赖模糊核的预测。Nah[18]等人提出使用多尺度卷积神经网络直接对图像进行端对端的训练，并结合多尺度损失函数，模拟传统的从粗到精的多尺度估算方法，大大提高了算法的收敛性，以达到图像去运动模糊的目的，但去模糊的效果仍不尽人意。Kup[19] 等人提出了一种基于生成对抗网络的去模糊方法（DbGAN），对运动模糊图像进行训练，采用端对端的方式直接生成清晰图像，得到更加出色的效果，同时网络结构更简单，运行速度更快。陈乔松 [20] 等人利用现有的运动模糊数据集，提出一种改进的图像去模糊 GAN 方法，采用细粒度残差模块作为骨干网络，以此获得更多的尺度信息，从而使图像达到去运动模糊的效果。王晓红 [21] 等人则通过深度强化学习框架，设计不同的去模糊增强网络，通过计算机模拟合成高斯模糊与运动模糊失真，从而对多种图像模糊进行训练修复，但所针对的仍是人工合成的模糊失真图像，具有一定的局限性。

在图像色彩增强应用领域中，Chen[22] 等人基于 WGAN 框架建立了一种非对称的色彩增强网络（ULGAN），通过将 HDR 图像中的色彩特征学习到失真图像中，从而增强图像色彩的丰富度。Park[23] 等人则基于强化学习框架，设计了多种传统的色彩增强算法作为动作库，利用迁移学习将 VGG 预训练网络用来提取图像信息特征，从而在保留图像基本内容的情况下，对失真图像的色彩进行有效调整，但增强过程中仍是基于传统的算法。赵颖 [24] 则基于卷积神经网络 U-Net 结构框架，结合 Retinex 算法提出了一种暗环境下的图像色彩增强方法，提高了低照度图像的可读性，但提升后的图像噪声效果明显。李庆忠 [25] 等人通过改进循环一致性生成对抗网络（CycleGAN），对水下图像进行颜色校正，提出了利用边缘结构相似度作为损失函数，保留边缘结构的前提下对水下图像进行颜色增强与对比度校正，在水下图像的增强上有一定的成效。

但上述算法都是针对图像单一类型的失真进行增强，面对真实彩色图像由多种因素引起的不同种类与失真程度的失真就出现了明显不足。针对多类型混合失真图像增强的问题，Yu[26] 等人基于 Google 研究团队所提出的深度强化学习算法，并将其应用到图像增强领域，利用深度强化学习逐级策略逐步对含有多类型失真的图像进行修复，但该方法的训练数据集是通过人工合成的方法，并通过长短期记忆网络（LSTM）对不同时刻的状态进行记忆回放，但训练图像进行都是通过计算机模拟失真所生成的，对真实彩色失真图像增强的现实意义不大。Wang[27] 等人基于深度残差强化学习框架提出一种图像增强方法（DRLIR）针对图像的噪声模糊、模糊压缩等混合失真问题进行修复，并取得较好的效果，但训练的图像对也是通过计算机模拟失真而施加得到的，虽然在真实彩色图像上具有一定效果，但在色彩方面仍存在不足。Ignatov[28] 等人通过多种设备采样建立一种低 - 高质量图像库，利用端对端的 CNN 网络框架，设计了多种损失函数来学习包括图像对比度、图像清晰度等质量失真，虽然在对比度增强上具有较好的增强性能，但在图像清晰度方面仍显不足。Feng[29] 等人利用 GAN 网络，采用多任务学习方法，将感知风格损失与生成器损失相结合，对彩色图像运动模糊进行增强，但在色彩方面的优化较差。

为此本单元将从噪声或模糊失真、对比度失真、色彩失真与多种类型混合失真等方面介绍基于深度学习技术的图像增强处理的相关内容。

参考文献：

[1] 姜庆伟 . 基于模糊理论的图像增强技术研究与实现 [D]. 上海 : 华东师范大学 , 2009.

[2] 庄立运 . 基于人类感知机理的图像增强理论方法及应用研究 [D]. 上海 : 上海大学 , 2019.

[3] 杨溪 . 基于深度学习的图像增强技术研究 [D]. 大连 : 大连海事大学 , 2020.

[4] Liang J, Zhao J, Hao Y. An Image Denoising and Enhancement Algorithm for Inner and Outer Ringof WaveletBearings Basedon Improved Threshold[J]. Journalof Physics: Conference Series, 2018, 1069 (1) : 012158.

[5] WangM, ZhouS, LiuZ. Adaptive Image Denoisingwith Block-Rotation-Based SVD Filtering and Edge Detection[J]. International Journal of Remote Sensing, 2021, 42 (8) : 3166-3179.

[6] 刘泽坤 , 张涛 . 维纳滤波算法在散焦模糊图像复原中的应用研究 [J]. 信息通信 , 2020 (8) : 63-64.

[7] Vijayalakshmi D, Nath M K. A Novel Contrast Enhancement Technique using Gradient-BasedJointHistogramEqualization[J]. CircuitsSystemsandSignalProcessing, 2021 (1) : 1-39.

[8] AgrawalS, PandaR, MishroPK, etal. ANovel Joint Histogram Equalization Based Image Contrast Enhancement[J]. Journal of King Saud University-Computer and Information Sciences, 2019 (3) : 123-129.

[9] WangF, ZhangB, ZhangC, etal. Low-Light Image Joint Enhancement Optimization Algorithm Basedon Frame Accumulationand Multi-Scale Retinex[J]. AdHoc Networks, 2020, 113 (4) : 102398.

[10] 王晓红 , 翟焱修 , 麻祥才 . 基于 NSST 多尺度自适应的 Retinex 低照度图像增强算法 [J]. 包装工程 , 2020, 41 (3) : 211-217.

[11] 张传敏 . 低质量图像自适应增强算法研究与实现 [D]. 北京 : 北京交通大学 , 2019.

[12] Jain V, Seung S. Natural Image Denoising with Convolutional Networks[J]. Advances in Neural Information Processing Systems, 2008, 21: 769-776.

[13] BurgerHC, SchulerCJ, HarmelingS. Image Denoising: Can Plain Neural Networks Compete with BM3D?[C]. //IEEE Conference on Computer Vision and Pattern Recognition. Bei Jing: IEEE, 2012: 2392-2399.

[14] Kai Z, Zuo W, Chen Y, et al. Beyond a Gaussian Denoiser: Residual Learning of Deep CNN for Image Denoising[J]. TransactionsonImage Processing, 2016, 26 (7) : 3142- 3155.

[15] Lan R, Zou H, Pang C, et al. Image Denoising Via Deep Residual Convolutional Neural Networks[J]. Signal, Image and Video Processing, 2019 (8) : 1-8.

[16] 魏江 , 刘潇 , 梅少辉 . 基于卷积神经网络的遥感图像去噪算法 [J]. 微电子学与计算机 , 2019 (8) : 58-62.

[17] Sun J, Cao W, Xu Z, et al. Learning a Convolutional Neural Network for Non- uniform Motion Blur Removal[C]. //IEEE Conference on Computer Vision and Pattern Recognition. Chile: IEEE, 2015: 769-777.

[18] Nah S, Kim T H, Lee K M. Deep Multi-Scale Convolutional Neural Network For Dynamic Scene Deblurring[C]. //IEEE Conference On Computer Vision And Pattern Recognition , Honolulu: IEEE, 2017: 3883-3891.

[19] Kupyn O, Budzan V, Mykhailych M, et al. Deblur GAN: Blind Motion Deblurring Using Conditional Adversarial Networks[C]. //IEEE Conferenceon Computer Visionand Pattern Recognition, Chen Du: IEEE, 2018: 8183-8192.

[20] 陈乔松 , 隋晓旭 , 官旸珺等 . 基于多尺度残差生成对抗网络的单图像盲去运动模糊方法 [J]. 计算机应用研究 , 2021, 38 (3) : 919-922.

[21] 王晓红，曾静，麻祥才，等．基于深度强化学习的图像去模糊方法 [J]. 包装工程，2020 (15) : 245-252.

[22] Chen Y S, Wang YC, Kao M H, et al. Deep Photo Enhancer: Unpaired Learning for Image Enhancement from Photographs With GANs[C]. //Proceedings of The IEEE Conference on Computer Vision and Pattern Recognition. Chen Du: IEEE, 2018: 6306- 6314.

[23] Park J, Lee J Y, Yoo D, et al. Distort-and-recover: Color Enhancement Using Deep Reinforcement Learning[C]. //Proceedings of The IEEE Conferenceon Computer Vision and Pattern Recognition. Chen Du: IEEE, 2018: 5928-5936.

[24] 赵颖．暗视觉环境下基于卷积神经网络的图像增强算法的研究 [D]. 重庆：重庆邮电大学，2020.

[25] 李庆忠，白文秀，牛炯．基于改进 CycleGAN 的水下图像颜色校正与增强 [J]. 自动化学报，2021 (46): 1-10.

[26] Ke Y, Chao D, Liang L, et al. Crafting a Toolchain for Image Restoration by Deep Reinforcement Learning[C]. //IEEE Conference on Computer Vision and Pattern Recognition, Chen Du: IEEE, 2018: 2443-2452.

[27] WangX, LiuF, MaX. Mixed DistortionImage Enhancement Method Basedon Joint of Deep Residuals Learning and Reinforcement Learning[J]. Signal Image and Video Processing, 2021 (8) : 1-8.

[28] Ignatov A, Kobyshev N, Timofte R, et al. DSLR-Quality Photos on Mobile Devices with Deep Convolutional Networks[C]. //Proceedings of the IEEE International Conference on Computer Vision. Honolulu: IEEE, 2017: 3277-3285.

[29] Feng J, Qi S. Motion Deblurring in Image Color Enhancement by WGAN[J]. International Journal of Optics, 2020 (6) : 1-15.

第2章
基于深度学习的真实彩色图像增强基本理论

随着日常生活中图像呈现方式的多样化与大数据时代的图像数据爆炸式的增长，传统的图像增强方法已经表现出了一定的局限性，得益于深度学习的发展与应用，不同的深度学习框架在图像增强领域不同的方面展现出了更优于传统方法的性能。本章研究介绍了深度学习主流框架的相关理论，并讲述了它们在图像增强领域的作用原理；介绍了迁移学习的基本理论及其在图像处理中的应用；基于 Spearman 相关性系数基本理论，研究了真实彩色图像底层质量指标之间的影响机制；最后介绍了深度强化学习框架的基本理论，并与本文创新相结合详细描述了深度强化学习网络机构之间的作用原理。

2.1 基于深度学习的图像增强相关理论

图像处理的前提是图像增强，在面对图像检测、物体识别等应用领域时，要求图像有尽可能高的质量。然而，真实彩色图像在采集、传输过程中由于受到光学、大气、人为、技术等因素影响，造成图像不可避免的失真、退化，从而影响人对图像的视觉感受以及对图像细节的捕捉，其中主要包括图像动态采集与压缩、传输引起的模糊和噪声等问题，其次包括感光偏差引起的色彩失真等问题。因此，真实彩色图像的增强成为图像增强领域亟待解决的问题。

深度学习技术的发展与成熟为图像增强领域带来了极大的技术支持与便利，其中最为常见的深度学习框架有卷积神经网络（CNN）与生成对抗网络（GAN）。其中，卷积神经网络最初由 LeCun[1] 等人在 1989 年提出，他将反向传播算法应用于神经网络中，并在此基础上提出了用于手写体识别的 LeNet[2] 算法，从此拉开了 CNN 数字图像处理的序幕。此后，CNN 及其改进模型在图像去噪、图像去模糊、图像色彩增强等方面都得到了广泛的应用。

卷积神经网络是目前深度学习领域最具代表性的神经网络之一，在图像增强中，CNN 网络目的是在构建一个端对端的回归模型，通过学习一个失真图像与参考图像之间的非线性映射关系，将失真图像转换为更贴近参考图像质量的增强图像，从而达到图像优化的效果。从其数学表达式来看，该转换过程可简单表示如式（2-1）所示。

$$I_{re} = F(I_{dis}) \tag{2-1}$$

表达式（2-1）中，I_{dis} 表示失真图像，I_{re} 表示增强图像，通过学习到的非线性映射关系 F（·）将失真图像转换为增强图像，其过程可以直观地表示如图 2-1 所示。

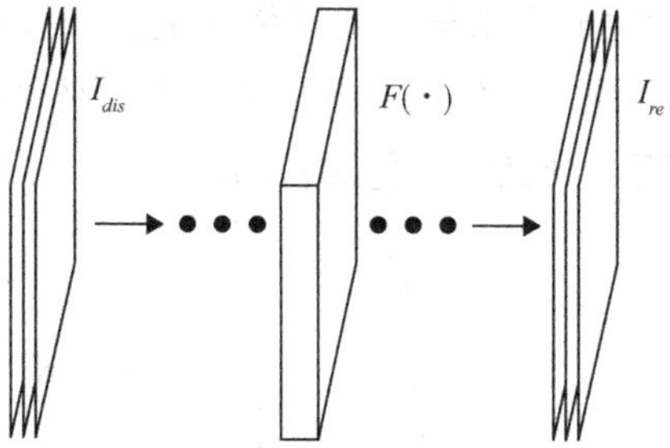

图 2-1　CNN 网络基本框架

图 2-1 中 F（·）的组成往往都是由输入层、卷积层、激活层、池化层及输出层组成，针对不同的增强任务定义相应的损失函数用来引导网络训练的方向，通过反向传播的方式优化网络参数，从而利用 F（·）增强某一失真类型下的图像。

除了利用 CNN 直接进行端对端学习的方法外，为了适应更多场景下的学习任务，生成对抗网络随之应运而生。2014 年，生成对抗网络由 Goodfellow[3] 等人提出，随后，学者们为了使神经网络更好地完成特定的图像增强任务，在原始 GAN 框架下做出改进，如 Denton[4] 等人提出了逐级生成策略的 LAPGAN 框架；Radford[5] 等人提出了一种网络层数及结构优化的 DCGAN 框架，第一次将卷积结构引入 GAN 网络中；Arjovsky[6] 等人为了解决基本 GAN 框架训练难的问题，提出一种 Wasserstein GAN（WGAN）框架，几年后，Gulrajani[7] 等人在此框架上做出补充提出 WGAN-GP 框架，从而解决了 GAN 难训练的问题。但是不管如何变化，GAN 的核心思想基本都相同，即都是通过两个神经网络之间的博弈来实现，这两个神经网络也被称作生成网络（Generator）与判别网络（Discriminator），目前，通常情况下它们都是以卷积神经网络作为其网络结构。

在图像增强的过程中，生成网络都是用噪点图像或者是失真图像作为输入，而判别网络就是以增强图像或带标签的高质量图像作为输入，两个网络同时训练，相互博弈，直到达到一种纳什均衡。其过程可简单表示如图 2-2 所示。

在整个学习过程中，生成网络需要尽可能地将输入图像转化为更贴近与之相对应的高质量参考图像，而判别网络则通过学习大量的“真、假”图像来提高其判别能力，两者通过不断调整各自网络中的参数，直到判别网络无法区分出增强图像与参考图像（判别网络输出概率为 50%），此时的生成网络与判别网络也就达到了最优状态。其中生成网络和判别网络的优化过程分别可以用式（2-2）和式（2-3）来表示。

$$\min_G V(G,D) = \underset{Z \sim P_Z}{E}[\log(1-D(x))] \tag{2-2}$$

$$\max_{D} V(G,D) = \mathop{E}_{x\sim P_x}[\log D(x)] + \mathop{E}_{z\sim P_z}[\log(1-D(G(z)))] \tag{2-3}$$

式（2-2）表示生成网络的优化过程，式（2-3）表示判别网络的优化过程，其中，G 表示生成器，D 表示判别器，z 表示输入图像样本且服从 P_z 分布，x 表示参考的图像样本且服从 P_x 分布，G（z）表示生成图像样本。网络在进行训练期间，两个优化函数本质上就是一个最小与最大的优化问题，它们通过各自独立的交替迭代，直至收敛至某一阈值或达到最大迭代次数终止，从而达到训练优化的目的。

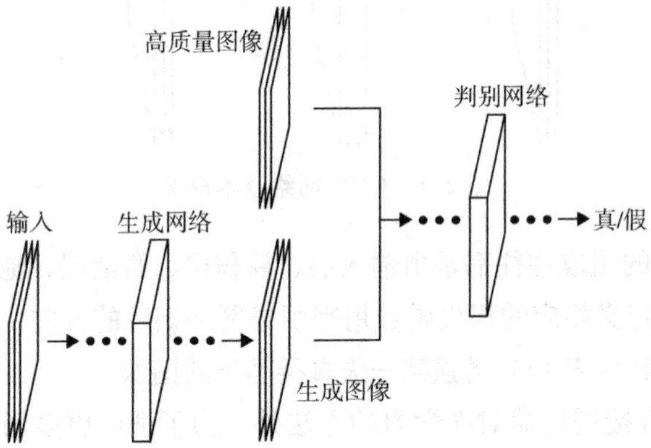

图 2-2　GAN 网络基本框架

2.2　迁移学习相关理论

迁移学习兴起于 1995 年，在迁移学习中，源任务和目标任务的作用不再对称，迁移学习旨在从一个或多个源任务中提取信息，进而应用到目标任务上 [8]。迁移学习中有两个基本的参数概念——域和任务。

域（Domain）：迁移学习中包含两个域的概念，分别是源域与目标域。源域是由大量含有标签的样本组成，是迁移知识的对象，用 D_S 来表示。目标域则是由需要迁移知识以获得标签的样本组成，是迁移知识的应用对象，用 D_T 来表示。

任务（Task）：任务也可以分为两个概念，分别是源任务与目标任务。源任务表示在源域中需要对样本做出的处理，用 T_S 表示。目标任务则表示在目标域中需要对样本做出的处理，用 T_T 来表示。

为了将迁移学习进行更加规范化的管理，Pan[9] 等人根据当时的研究分析，首次对迁移学习给出了的明确定义：给定一个源域 D_S 和学习任务 T_S，一个目标域 D_T 和学习任务 T_T，迁移学习旨在利用 D_S 和 T_S 中的知识帮助提高 D_T 中的目标预测函数 f_T（·）的学习，其中 $D_S \neq T_S$ 或 $T_S \neq T_T$。其定义可简单由图 2-3 表示。

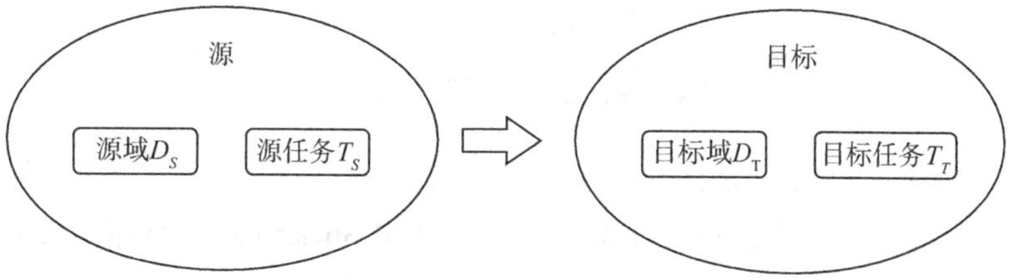

图 2-3 迁移学习的定义

按照迁移学习的应用对象，迁移学习可以分为四个类别：基于实例迁移、基于特征表示迁移、基于模型迁移、基于关系型知识迁移[10]。基于实例迁移主要应用于源域与目标域的特征分布有较高相似度的情况，利用目标域的数据与源域中的数据混合训练目标模型，以便在目标域中使用；基于特征表示迁移主要应用于源域与目标域的特征分布相似度不高的情况，通过寻找一个在域之间的好的特征表示，最小化域间的差异，以便更好地训练模型；基于模型迁移从模型的角度出发，共享源域模型与目标域模型之间的某一些参数或先验知识以达到在域之间迁移的效果；关系型知识迁移与前三种方法不同，它是通过在域与域之间建立一种联系，将源域与目标域之间的相关性知识建立一个映射关系从而达到迁移的效果。

随着迁移学习的发展与完善，从图像增强的角度出发，迁移学习也有了较大的应用空间，根据应用场景的不同，迁移学习体现出了不同的作用。例如，为了减少目标域与源域图像之间的特征分布差异，通过迁移学习中的域自适应方法[11,12]，拉近两个域的特征分布距离，从而实现目标域在源任务上的应用，这类方法可以预处理目标图像集；迁移学习中的 Fine-tune[13] 方法则是为了解决目标域图像数据不足且重新训练成本较大的问题，该方法不仅可以在图像质量评价[14]方面得到应用，而且可以用于在图像增强任务中进行图像的特征表示等。这些实际应用证明，迁移学习在图像增强处理中有着举足轻重的作用，本文将在迁移学习的理论基础上，利用基于模型的迁移学习方法与 Fine-tune 方法，对深度强化学习网络进行改进，从而达到真实彩色图像增强的目的。

2.3 真实彩色图像底层质量指标影响机制

真实彩色图像的底层质量被分为噪声、模糊、亮度、颜色和对比度五个指标，虽然五个指标会不同程度地影响真实彩色图像的质量，但它们之间的影响机制并不是独立存在，而是有着一定的相关性，所以，本章节将基于真实彩色图像数据集 KonIQ-10K，利用 Spearman 相关性系数[15]，对真实彩色图像的五个指标进行合理的分类与聚合，从而减少真实彩色图像底层质量指标的维度，以此提高其在后续增强算法中的效率。

Spearman（斯皮尔曼）相关等级系数被定义为计算两个样本容量都为 N 的向量 $X=(x_1, x_2, \cdots, x_n)$ 与 $Y=(y_1, y_2, \cdots, y_n)$ 的相关性，相关等级用 ρ 来表示，计算过程可用式（2-4）表示。

$$\rho = \frac{\sum_{i=1}^{N}(x_i - \overline{x})(y_i - \overline{y})}{\sqrt{\sum_{i=1}^{N}(x_i - \overline{x})^2}\sqrt{\sum_{i=1}^{N}(y_i - \overline{y})^2}} \tag{2-4}$$

式（2–4）中 x_i 和 y_i 分别是向量 X 和向量 Y 中的元素观测值，$\overline{x}$ 和 $\overline{y}$ 分别是向量 X 和向量 Y 中的平均观测值，N 是向量样本总数量。其中 Spearman 等级相关性系数的正负性表明向量 X 与向量 Y 的相关方向，当 Spearman 相关系数为正数，向量 Y 中的元素值则会随着向量 X 中的元素值增加而增加，为负数时则会随之减小，为 0 时则表明向量 X 与向量 Y 没有任何趋向性。

表 2–1 所展示的就是利用 Spearman 相关性系数方法分析统计的真实彩色图像数据集 KonIQ–10K 中 10073 张图像五个底层质量指标向量的相关系数矩阵。

表 2–1　KonIQ–10K 数据集图像底层质量指标相关性

	亮度	颜色	对比度	噪声	模糊
亮度	1	0.71	–0.19	–0.69	–0.45
颜色	0.71	1	0.21	–0.94	–0.69
对比度	–0.19	0.21	1	–0.34	–0.32
噪声	–0.69	–0.94	–0.34	1	0.75
模糊	–0.45	–0.69	–0.32	0.75	1

表 2–1 中数据可以证明真实彩色图像五个底层质量指标并不是相互独立的，它们之间有着一定的关联。真实彩色图像的噪声与模糊底层质量指标的 Spearman 相关性系数值达到 +0.75，表明这两组指标有较强的正相关性；亮度与颜色底层质量指标的 Spearman 相关性系数达到 +0.71，也说明了这两者间有较强的正相关性；对比度底层质量指标与其他各项指标（亮度、颜色、噪声和模糊）的相关系数值分别是 –0.19、+0.21、–0.34、–0.32，反映出对比度与其他底层质量指标的弱相关性。

从真实彩色图像增强的角度来看，图像的噪声或者模糊的修复，相应地会带动两者中另一底层质量指标的提升，图像亮度或者颜色底层质量方面可同理得到该结论，而图像对比度则由于与其他指标弱相关，说明了图像对比度的增强对其他底层质量指标的影响较低，所以，本文真实彩色图像增强框架设计总体可以分为三个部分：噪声 / 模糊增强、对比度增强和亮度 / 颜色增强。

从表 2–1 中还可以看出，亮度 / 颜色底层质量指标与噪声 / 模糊底层质量指标的 Spearman 相关性系数值为 –0.94，存在着较强的负相关性，这就意味着对图像亮度 / 颜色的增强必然会导致图像噪声 / 模糊指数的下降，反之也是成立的，故单方面的增强就会影响真实彩色图像全局质量，进而影响图像的直观视觉感受。

从上述分析可以得出：对比度指标增强可作为真实彩色图像增强的预处理部分，用于建立一种基于深度迁移强化学习的真实彩色图像增强框架，利用深度强化学习的决策机制与基于模型的迁移学习增强机制相结合的方法，根据不同真实彩色图像的噪声 / 模糊和亮度 / 颜色失真，通过网络的迭代学习与自主决策来寻找最优增强方案，使真实彩色图像不仅在底层质量指标上有所提升，并且在全局质量分数上也得到整体的优化。

2.4 深度强化学习相关理论

深度强化学习（DRL）是在强化学习基础理论与网络结构上深度学习强大的表征能力的基础上孕育而生的，该框架最初由谷歌人工智能团队提出，它是一种更接近人脑思维方式的深度学习方式。这种决策与表征相结合的方法可以根据输入的样本直接控制网络行为，这也使深度强化学习完全具备了自主学习的能力，但其本质仍是以强化学习为主要框架，辅以深度卷积网络用以得到输入样本的特征表示，其主要决策算法为基于价值决策的 Q–Learning 算法。

最初，深度强化学习是在游戏领域开始崭露头角，Mnih[16] 等人利用该框架在 2060 款游戏中表现出近似人类的水平，在 49 款游戏中超过人类水平。基于其强大的表征与决策能力，学者们也逐渐将其应用在图像增强领域，并在图像去模糊、图像色彩增强以及图像混合失真增强等领域表现出色。虽然不同的应用任务需要设计不同的动作库，但所利用的深度强化学习框架基本一致，深度强化学习的主要组成部分包括智能体（Agent）、动作（Action）、奖励（Reward）、状态（State）与环境（Environment），他们之间的作用原理可以由图 2–4 简单表示。

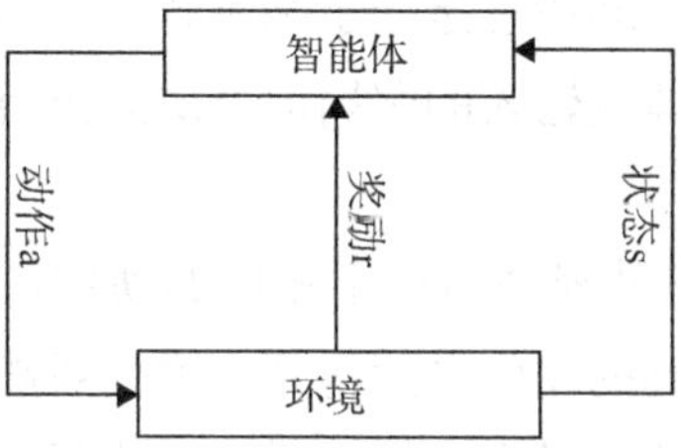

图 2–4 深度强化学习网络基本框架

智能体（Agent）：智能体也是做出决策的主体，它利用一个深度神经网络提取出输入图像的高维特征来决策输出一个动作（Action）的检索值，然后选择适当的动作作用于输入图像，并在环境（Environment）中得到当前时刻的输出样本，同时产生一个奖罚信号（Reward）存入记忆单元并反馈给智能体，智能体再根据环境当前的状态（State）选择下一个动作，以此反复迭代更新策略。通常情况下，智能体的决策算法都是使用基于值函数的深度 Q–Learning 算法 [17]，它将每个决策下的状态及行为对应记录到记忆回放机制中（Experience Replay），其策略更新的过程可由式（2–5）所示。

$$Q(s,a,w) = r + \gamma[\max(Q(s',a',w'))] \tag{2-5}$$

式（2–5）中 r 表示当前状态 s 下所做出的决策 a 行为时的奖励值，也称为即时奖励值，γ 表示折扣因子，它决定了下一状态所反馈的奖励的重要程度，w 表示深度神经网络中的参数。Q（s, a, w）表示深度 Q–Learning 算法所累计的奖励值。通过最大化奖励值，使得网络达到最优解，从而输出最优决策路径。本文为了提高智能体的决策效率，采用迁移学习的 Fine–tune 方法得到真实彩色图像更好的特征表示，从而使智能体做出更为准确的行为决策。

动作（Action）：用 A 表示动作空间，其含义为智能体所采取的一系列的可能动作，在每个时刻的状态 t 下，选择合适的动作 at 并将其应用于当前的输入，执行一系列动作以获得最大化奖励值。针对真实彩色图像多种底层质量的混合失真的问题，本文定义了多种噪声 / 模糊底层质量指标增强动作，并利用基于模型的迁移学习迁移一种有效的亮度 / 颜色增强网络，从而对真实彩色图像进行全局质量的增强。

奖励（Reward）：在深度强化学习中，算法的学习目标就是最大化所有动作的累积奖励，因而奖励是驱动算法学习的关键，也决定输入样本将在哪些方面得到强化。在深度强化学习训练的过程中，智能体在时间顺序序列上，会根据环境当前状态所给出的奖罚值来发出下一个动作指令，奖罚值就引导了智能体的决策走向。由于真实彩色图像缺乏与之相对应的高质量图像，通常情况下的基于全参考图像质量评价算法已经无法对网络的训练给出有效的数据支撑，所以笔者将真实彩色图像无参考质量评价体系作为奖励函数引入网络当中，通过图像底层质量指标值与全局质量MOS值的奖罚来推动智能体的决策。

环境（Environment）：智能体总会被置于某一环境当中，环境中的状态即在某一时刻输出样本的情况。在任何时候，环境总是处于某种状态，而环境每一时刻都会根据当前状态反馈奖罚值给智能体。智能体从输入的奖罚值再决策出可能的动作，使输入样本得到进一步的强化增强。

状态（State）：智能体一旦选择并执行了相应的动作，状态就会随之改变。而输入样本问题的解决就需要执行一系列的动作之后得到一系列可能的状态，并以奖励的形式反馈给智能体，之后把所有状态下输入样本、输出样本、执行动作存储在网络的记忆单元中，通常只有在某一动作执行完毕时才发生。

2.5 本章小结

本章首先介绍了不同深度学习方法的相关理论及其在图像增强领域的作用原理。其次介绍了迁移学习的基本理论，并讲述了迁移学习在图像处理中的部分应用场景，然后通过 Spearman 等级相关性系数对真实彩色图像底层质量指标进行了影响机制的研究，结果表明，真实彩色图像的底层质量指标在一定程度上并不是相互独立的，而是有着不同程度的关联性。其中，真实彩色图像的噪声与模糊底层质量指标有强正相关性，同时其亮度与颜色底层质量指标也有较强正相关性，而真实彩色图像的对比度底层质量指标则表现出与其他底层质量指标有着相对独立的关联性，所以，本文将真实彩色图像的底层质量指标聚合为三个类别，分别是噪声 / 模糊、亮度 / 颜色和对比度，并在下一章对这三类底层质量指标进行增强算法研究。最后介绍了深度强化学习的基本理论，并将本章的创新点与深度强化学习中各个机构之间的关系进行了详细描述。

参考文献：

[1] LeCun Y, Boser B, Denker J S, et al. Backpropagation Applied to Handwritten Zip Code Recognition[J]. Neural computation, 1989, 1 (4) : 541–551.

[2] Cun Y L, Boser B, Denker J S, et al. Handwritten Digit Recognition with a Back- Propagation Network[J]. Advancesin Neural Information Processing Systems, 1990, 2 (2) : 396–404.

[3] GoodfellowIJ, PougetjJ, et al. Generative AdversarialNets[C]. //Advancein Neural Information Processing Systems. New York: NIPS, 2014: 2672–2680.

[4] Denton E, Chintala S, Szlam A, et al. Deep Generative Image Models using a Laplacian Pyramid of Adversarial Networks[C]. //Advance in Neural Information Processing Systems. New York: NIPS, 2015: 1486–1494.

[5] Radford A, Metz L, Chintala S. Unsupervised Representation Learning with Deep Convolutional Generative Adversarial Networks[J]. Computer Ence, 2016 (11) : 342–354.

[6] ArjovskyM, ChintalaS, BottouL, Wasserstein GAN[J]. International Conferenceon Manchine Learning, 2017 (1) : 214–223.

[7] GulrajaniI, AhmedF, ArjovskyM, et al. Improved Training of Wasserstein GANs[C]. //Advance in Neural Information Processing Systems, New York: NIPS, 2017: 5767–5777.

[8] 宋杰 . 基于深度模型的零样本迁移学习 [D]. 杭州 : 浙江大学 , 2020.

[9] Pan S J, Yang Q. A Survey on Transfer Learning[J]. IEEE Transactions on Knowledge and Data Engineering, 2010, 22 (10) : 1345–1359.

[10] 袁晨晖 . 深度卷积神经网络的迁移学习方法研究与应用 [D]. 南京 : 南京邮电大学 , 2020.

[11] Wang M, Deng W. Deep Visual Domain Adaptation: A Survey[J]. Neurocomputing, 2018, 312 (27) : 135–153.

[12] Zhang J O, Sax A, Zamir A, et al. Side–Tuning: A Baseline for Network Adaptation via Additive Side Networks[C]. //European Conference on Computer Vision, Glasgow: ECCV, 2020: 698–714.

[13] Yosinski J, Clune J, Bengio Y, et al. How Transferable are Features in Deep Neural Networks?[C]. // Advance in Neural Information Processing Systems, New York: NIPS, 2014: 3320–3328.

[14] LiuJ, LvJ, YuanM, et al. ABSNet: Aesthetics–BasedSaliency Network Using Multi–Task Convolutional Network[C]. //IEEE Signal Processing Letters, SiChuan: IEEE, 2020: 2014–2018.

[15] 张文耀 . 用斯皮尔曼系数衡量网络的度相关 [D]. 合肥 : 中国科学技术大学 , 2016.

[16] Mnih V, Kavukcuoglu K, Silver D, et al. (2015) Human–level control through deep reinforcement learning[J]. Nature, 518 (7540) : 529–533.

[17] 刘建伟 , 高峰 , 罗雄麟 . 基于值函数和策略梯度的深度强化学习综述 [J]. 计算机学报 . 2019, 42(06) : 1406–1438.

第 3 章 基于深度残差学习和多损失函数的图像去噪算法研究

数字图像在采集、传输过程中因为环境、设备、人为因素等影响最容易引入噪声，噪声的微小变化，对人眼视觉感知和图像信息的获取影响最大。为了有效去除噪声，同时使去噪后的图像有更好的视觉效果，本章实现了一种基于深度残差学习和多损失函数的图像去噪方法。该方法首先对卷积进行改进，引入空洞卷积来扩大网络的感受视野，然后设计由多个残差单元模块组成的残差层，在每个残差单元模块之间添加跳跃连接，构成多级残差网络，在训练损失函数时，使用均方误差损失和感知损失进行联合训练，以更好地实现图像增强。本章对设计的深度残差网络思路以及结构进行详细介绍。

3.1 研究思路

2015 年，学术界提出了一种基于空洞卷积的模型[1]用于图像语义分割，空洞卷积通过在卷积核元素间增加空洞的方式来扩大神经元的感受野。2017 年 Zhang 等[2]人将空洞卷积应用于图像修复任务，并取得较好的效果。扩张卷积可以在不增加参数的基础上扩大感受野的范围，这一特性非常适合像素级的预测回归问题，如图像增强任务。Zhang 等[3]人提出一个 17 层的深度卷积神经网络 DnCNN，首次将残差学习和批标准化引入图像去噪，是目前去噪领域中最先进的去噪算法之一，其算法模型结构如图 3-1 所示。

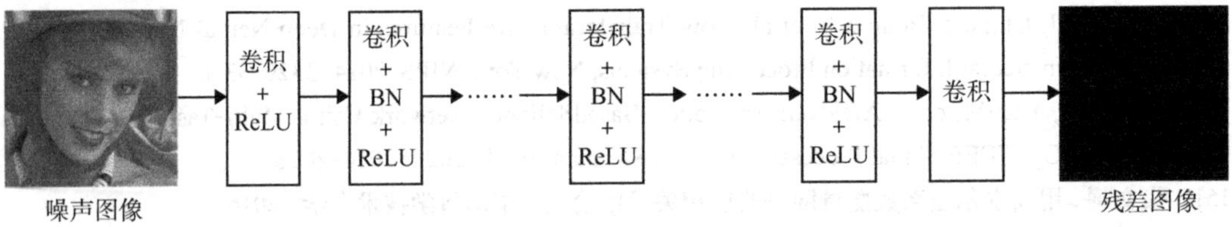

图 3-1 DnCNN 网络结构图

该网络主要由多个卷积层和激活函数串联堆叠组成，网络第一层使用 64 个 3×3 的卷积核和激活函数 ReLU 来进行特征提取，中间层使用 64 个 3×3 卷积核和 ReLU，并加入批标准化，最后一层使用一个卷积层来重建生成残差图像。实验证明结合残差和批标准化的方法可以有效加快深层网络的训练，并能提升去噪效果。

虽然 DnCNN 的效果不错，但也只是普通卷积层简单堆叠的结构，且没有考虑损失函数学习机制的负面影响，如细节过于平滑、边缘信息丢失等，其去噪结果还有待改善。针对以上问题，本章基于 DnCNN 算法思想，提出一个由多个残差单元模块组成的残差层，对残差单元块中的卷积使用空洞卷积对卷积层进行改进，然后在每个残差单元模块之间添加跳跃连接，最后添加一个全局跳跃连接来实现端对端的网络，构成一个多级残差网络用于图像去噪，为了改善去噪图像过平滑等问题，使用逐像素损失和感知损失定义联合损失函数，使得网络训练时能更好地学习图片间感知和语义层面的差别，从而得到更清晰的图像结果。

3.2 算法设计

本章在传统残差网络的基础上设计了一个深度的网络模型，为了解决随着网络的加深不易训练等问题，同时在隐含层引入多个具有跳跃连接的残差单元模块，信号可以从一个残差模块直接传到另一个单元模块，有助于训练的稳定性，避免梯度消失问题，然后在每个残差单元块的卷积层通过引入空洞卷积代替卷积层来增大神经元的感受野范围，最后添加一个从输入直接通往输出的全局跳跃连接，将含噪图像通过该网络学习端到端的非线性映射方式来重建去噪图像[4]，对于训练时的损失函数，结合多损失函数来进行训练，这将在后面章节进行介绍。深度残差网络框架如图 3-2 所示[4]，该模型主要由四部分组成：输入输出层、特征提取层（Conv+ReLU）、残差单元模块、网络重构层（Conv）。

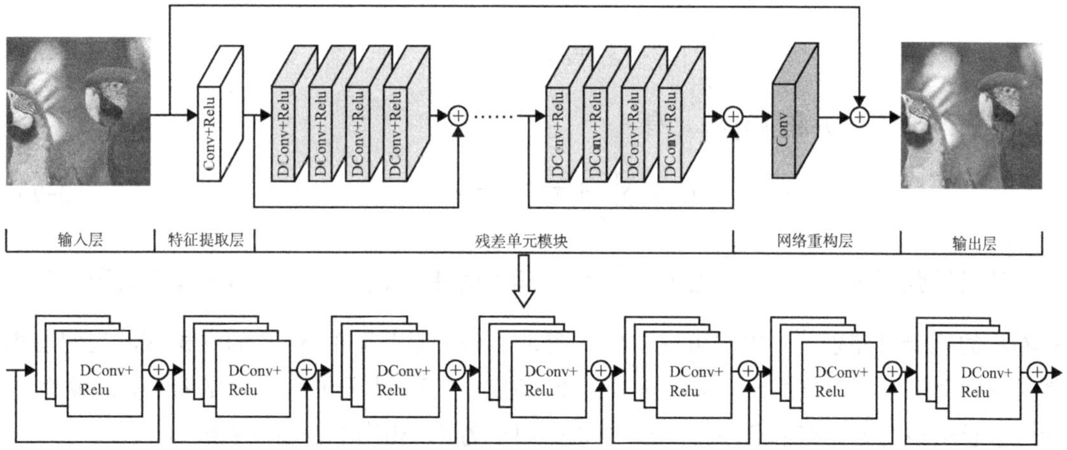

图 3-2　深度残差网络框架

3.2.1 空洞卷积层

空洞卷积与普通卷积相比，卷积核尺寸不变，通过增加空洞的方式使得每个卷积输出都包含更大范围的感受野信息，随着层数的线性叠加，空洞卷积的感受野指数级增长，因此本文引入空洞卷积来增大网络的感受野范围。论文[5]使用傅里叶分析得到的结果来计算空洞卷积的感受强度，基于一维和单通道情况下的感受强度，本文直接推广到二维数据和多通道更复杂的情况。u（t）表示为输出中心像素的一维信号，v_l（t）表示扩张因子为 l 的卷积核[6]，其定义如公式（3-1）所示。

$$u(t)=\sigma(t),v_l(t)=\sum_{m=-r}^{r}\sigma(t-lm) \tag{3-1}$$

式（3-1）中 r 为卷积核的半径，真实的感受野强度 Y^n 表示为 $u^*v^*v^*v^*......^*v$，即用 n 个卷积核 v 对输入信号 u 做卷积运算，然后将 u（t）和 v_l（t）转化到频域[7]为

$$U(\lambda)=1,W_l(\lambda)=\sum_{m=-r}^{r}e^{-j\lambda lm} \tag{3-2}$$

根据卷积定理，得到 Y^n 的傅里叶变换为

$$f(Y^n)=U(\lambda),W_l(\lambda)=\{\sum_{m=-r}^{r}e^{-j\lambda lm}\}^n \tag{3-3}$$

再进行逆变换，得到

$$Y_t^n=\frac{1}{2\pi}\int_{-\pi}^{\pi}\{\sum_{m=-r}^{r}e^{-j\lambda lm}\}^n e^{-j\lambda t}d\lambda \tag{3-4}$$

进行扩展后，

$$Y_t^n=\frac{1}{2\pi}\int_{-\pi}^{\pi}\{\sum_{s=-lm}^{lrn}A_s e^{-j\lambda s}\}^n e^{-j\lambda t}d\lambda \tag{3-5}$$

A_s 为扩展式二项式系数。

$$\frac{1}{2\pi}\int_{-\pi}^{\pi}e^{-j\lambda s}e^{-j\lambda t}d\lambda=\sigma(s-t) \tag{3-6}$$

根据公式（3-5）和（3-6），有

$$Y_t^n=\sum_{s=-lrn}^{lrn}A_s\sigma(s-t)=A_t \tag{3-7}$$

感受域强度等于扩展式 $\sum_{m=-r}^{r}e^{-j\lambda lm}$ 和 $e\text{-}j\lambda t$ 的系数。图 3-3 中给出了普通卷积核与扩张卷积的感受野差别[1]。由图可以看出，图 3-3（a）是基础的 3×3 的卷积核，空洞卷积就是在这个基础卷积核加入间隔；图 3-3（b）对应 3×3 的扩张因子为 2 的卷积，间隔为 1，相当于卷积核变为 7×7；图 3-3（c）的扩张因子为 4，相当于普通卷积核为 3×3。

由图 3-3 可以看出扩张卷积核中间是有间隔的，为了消除这些感受野中的盲点，将连续排布的扩张卷积的扩张率（dilation rate）设置为锯齿状，那么卷积中心就不存在盲点的问题，如图 3-4 所示[1]。设置扩张因子 l=2 的扩张卷积来替代 3×3 的标准卷积，以此来增加卷积层的感受野强度。

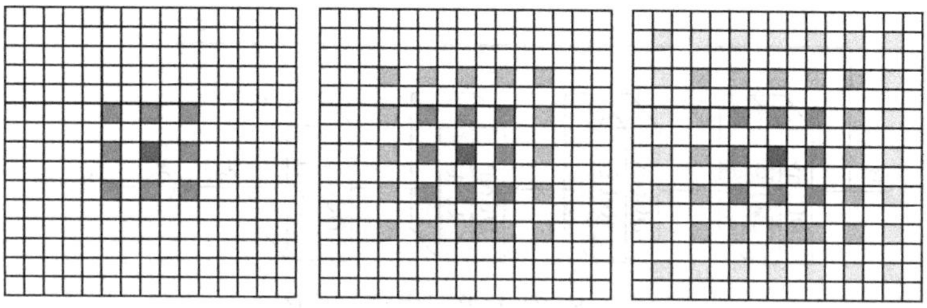

（a）3×3普通卷积　（b）扩张因子为2的卷积　（c）扩张因子为4的卷积

图 3-3　扩张卷积与普通卷积的比较

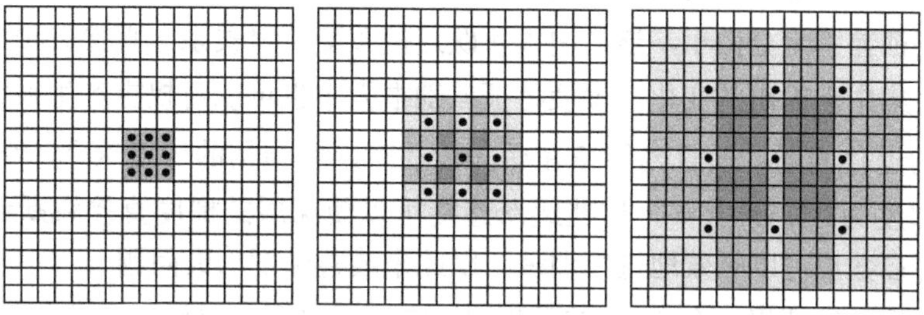

图 3-4　扩张率为锯齿状的扩张卷积

3.2.2　基于多级残差的链式网络

越来越多的文献证明，随着网络的加深，实验效果会越来越好，因为学习到的特征的抽象程度更高，也更丰富全面。但是随着网络加深，训练难度也会提高，过多卷积层的堆叠容易导致梯度消失问题，造成网络无法收敛。不同于普通网络中卷积层之间简单堆叠的模式，本文在多个残差单元模块中使用恒等映射作为捷径连接，并添加一个从输入直接通往输出的全局跳跃连接来构成多级残差网络结构。

首先在特征提取层，使用 RelU 激活函数和一个 3×3 核大小的卷积层，用来提取图像块的特征值。这里采用 40×40 大小的图像块进行训练，因为使用来自不同图像的局部结构、图案、形状和颜色混合组成的图像块补丁，有助于网络特征的提取。将这些小块样本从图像空间映射到特征空间，学习图像的特征，然后将这些特征作为滤波器与整个原始图像作卷积运算，从而得到原始图像中任意位置上不同特征的激活值。然后将该层中获得的每个神经元传递到由多个残差单元模块组成的链式网络中。

本文的残差模块层使用多个串联的残差单元组成链式结构，并在每个残差单元块添加跳跃连接，每个残差单元模块由卷积层加 RelU 激活函数组成。如图 3-5 所示，包括四个扩张卷积和激活函数 RelU 串联组成，加一个跳跃连接（Skip connection）连接输入和输出。每个残差单元的数学表达式如式（3-8）所示。

$$G^{V}=F\left(G^{V-1}\right)+G^{V-1} \tag{3-8}$$

式（3-8）中，G 为每个残差单元块；V 为每个单元块的个数，V=1，2，3，…；F 为残差映射函数。

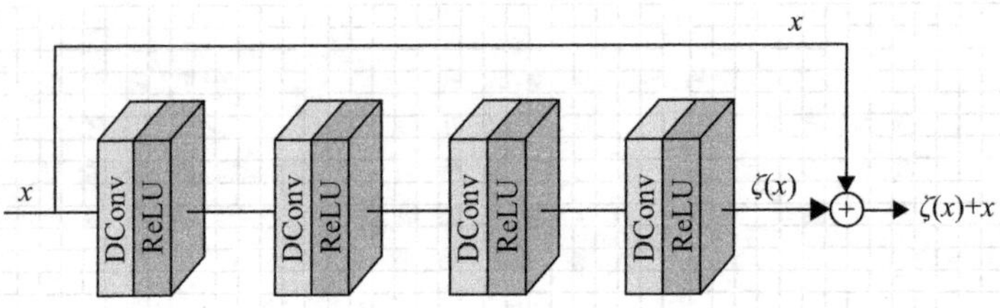

图 3-5　残差单元内部结构图

假设残差单元的输入 x 直接加到原输出 $\zeta(x)$ 上，然后 $\zeta(x)+x$ 作为下一层的输入。在没有引入残差映射之前，网络映射几乎为恒等映射，深层网络学习到最后，相邻卷积层能学习到的特征差别十分微小，通过引入跳跃连接改变映射关系，直接去预测残差部分，使得网络主要集中于输出的变化，即使特征差别很微小也可以对权重产生很大的影响，从而解决网络的退化问题。而且当网络在后向传播时，原结构的梯度为 $\partial\zeta(x)/\partial x$，加上恒等映射后的梯度为 $\partial\zeta(x)/\partial x+1$，这些跳跃连接可以使深层的梯度直接跳跃到前几层，让浅层网络层的参数也可以有效地进行训练，以此来改善梯度消失问题。

网络的最后一层使用一个 3×3 的卷积层。在网络最后一层设置单独的 3×3 的卷积层作为网络输出层，通过前面的多级残差链式结构输出图像块的特征图，馈送到最后的卷积层，将信息从特征空间映射回图像空间，如下式：

$$y=x-f(x) \tag{3-9}$$

整个去噪网络先学习包含噪声信息的残差图像 $f(x)$，然后由一个从输入直接通往输出的全局跳跃连接从目标图像 x 中减去网络学习到的残差图 $f(x)$，得到最终的去噪图像 y。

3.2.3　联合损失函数

传统的图像复原任务普遍将输出图像与真实图像的逐像素差距作为损失函数，使用逐像素损失输出的图像边缘容易出现过平滑等问题，有很多研究表明，使用高级语义特征层面的感知损失与人眼视觉感受表现出很好的一致性，可以重建更多的图像细节和边缘，但是仅使用感知损失也可能会因为像素空间覆盖不均匀而产生彩色伪影等问题 [6]。因此，本章在训练损失函数时，使用逐像素损失和感知损失的加权和来定义联合损失函数，以获取更好的效果，如公式（3-10）所示。

$$L(x,\tilde{x})=L_D(x,\tilde{x})+\gamma_P L_P(F_D(x),\tilde{x}) \tag{3-10}$$

其中，$L_D(x,\tilde{x})$ 代表逐像素损失函数，$L_P(F_D(x),\tilde{x})$ 表示高级语义的感知损失函数。下面分别介绍这两种损失函数。

（1）逐像素损失（MSE）。

本章的逐像素损失函数采用传统的均方误差 MSE 方法，计算重构后的去噪图像与原图像的均方根误差，使两者通过逐像素点进行比较，公式为

$$L_D(x,\tilde{x})=\frac{1}{HW}\sum_{i=1}^{H}\sum_{j=1}^{W}(F_D(x)_{i,j}-\tilde{x}_{i,j})^2 \tag{3-11}$$

式（3-11）中，H 和 W 分别为输入图像的高度和宽度；x 为输入图像；$\tilde{x}$ 为真实图像，F_D 代表残差去噪网络，F_D（x）为重构图像，F_D（x）$_{i,j}$ 中的 i 和 j 分别代表 F_D（x）中第 i 行和第 j 列的像素。

（2）感知损失（Perceptualloss）。

与逐像素损失不同，感知损失衡量图像在特征表示中的相似性，感知损失在衡量图像相似性上比逐像素损失具有更好的视觉感知结果，感知损失的实现需要有效提取图像中丰富且较抽象的语义特征信息。牛津大学和 Google 公司 Deep Mind 团队合作研发了深度卷积网络 VGGNet[8]，当前的 VGG 网络可以很好地提取图像的语义特征，表明 VGG 网络适合于构建本章所用的感知损失函数。具体地，将经过前面的多级残差网络初始处理的残差重构图 F_D（x）和真实的图像 $\tilde{x}$ 输入到 VGG 网络中，本章使用预训练的 VGG-19 网络中第五层池化层前的第四层卷积层作为特征映射，来提取两者的特征信息，根据式（3-12）来计算两者语义特征的欧氏距离。

$$L_P(F_D(x),\tilde{x}) = \frac{1}{H_\varphi W_\varphi}\sum_{i=1}^{H_\varphi}\sum_{j=1}^{W_\varphi}(\varphi(F_D(x))_{i,j} - \varphi(\tilde{x})_{i,j})^2 \tag{3-12}$$

其中，φ 表示图像在 VGG-19 网络中的特征映射。

联合损失流程如图 3-6 所示，将噪声图输入到残差去噪网络中，通过逐像素损失函数来比较预测图与真实图像之间的差异，得到较为模糊的去噪结果，然后将该结果和真实图像再输入 VGG-19 网络中进行感知特征提取，学习两者在语义特征上的差异，使两者在特征感知上更相似，最终得到较清晰的去噪结果。

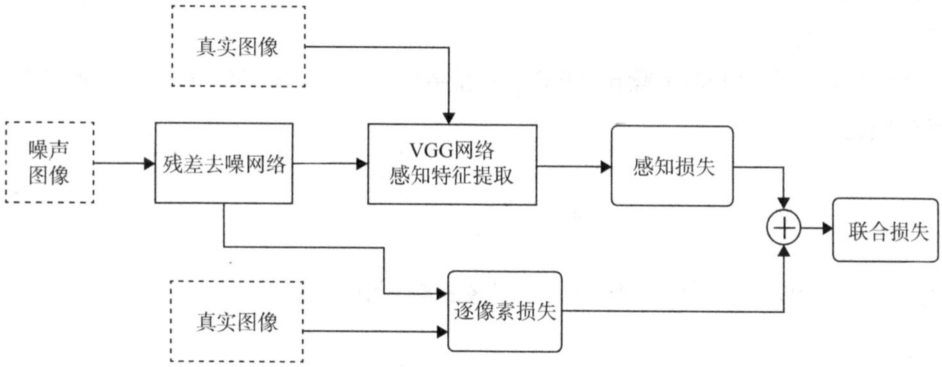

图 3-6　联合损失流程

3.3　实验结果与分析

3.3.1　数据集和评价指标

（1）数据集。

①训练集：同 DnCNN 一样，本章使用 CBSD400[9] 中的彩色图作为真实图 ground-truth，将这些无噪图像分成大小为40×40的子块，并添加不同噪声级别的高斯噪声$\sigma \in (0, 50)$图像子块，形成图像对作为训练集。为了增加训练数据量使网络得到更优的性能，本章对以上数据集进行数据扩充，将训练集中的每张图像进行镜像翻转，然后再对其分别逆时针旋转0°、90°、180°、270°，如图3-7所示。

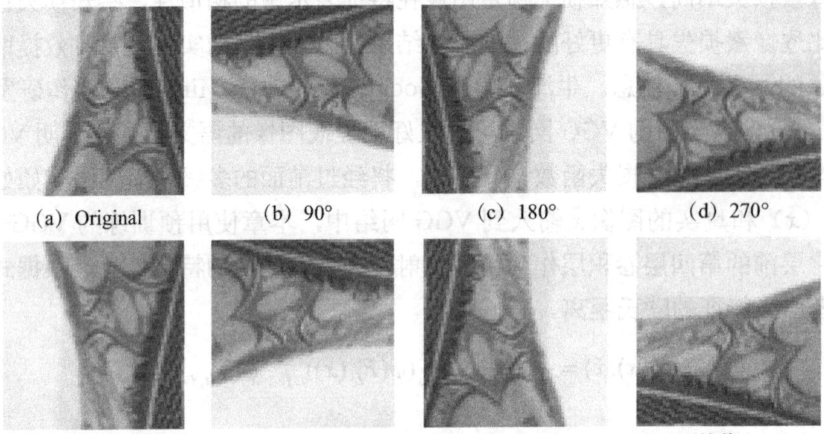

(a) Original　(b) 90°　(c) 180°　(d) 270°

(e) 镜像　(f) 镜像&90°　(g) 镜像&180°　(h) 镜像&270°

图3-7　训练数据扩充

②测试集：采用经典的Kodak24数据集和CBSD100作为测试集，Kodak24数据集是图像处理领域常用的测试图像，CBSD100来自CBSD500数据集，包含信息丰富的真实自然场景图，使评价更具有现实意义。

（2）评价指标。

①客观评价。采用峰值信噪比（PSNR）和结构相似性（SSIM）作为定量的评价指标，其定义分别为

$$P_{\mathrm{PSNR}} = 10 l\mathrm{g}\left[\frac{(2^n - 1)^2}{L_{MSE}}\right] \tag{3-13}$$

式（3-13）中，L_{MSE}为原图像与去噪图像的均方根误差。

$$S_{\mathrm{SSIM}}(x, y) = \frac{(2\varepsilon_x \varepsilon_y + d_1)(2\sigma_{xy} + d_2)}{({\varepsilon_x}^2 + {\varepsilon_y}^2 + d_1)({\sigma_x}^2 + {\sigma_y}^2 + d_2)} \tag{3-14}$$

式（3-14）中，x和y为2幅图像；ε_x，ε_y为均值；${\sigma_x}^2$和${\sigma_y}^2$为方差；σ_{xy}是x和y的协方差；$d_1=(k_1L)^2$，$d_2=(k_2L)^2$；L是像素值的动态范围；$k_1=0.01$，$k_2=0.03$。PSNR值为0~100，SSIM的值为0~1，2幅图像越相似，PSNR和SSIM值越大，即去噪效果越好。

②主观评价。人眼主观评价MOS值，进行视觉打分。分数为1~5，1是最低分，代表图像质量差，5是最高分，代表图像质量好。

3.3.2 实验参数设置

本章训练了针对高斯白噪声的单级别去噪网络，其标准偏差（std）范围设置为 $\sigma \in$（0，50），除了感知联合损失训练网络外，还使用 MSE 损失进行训练。网络的训练和测试都在深度学习平台 Caffe[10] 工具上进行，实验硬件设备为 Intel Core i3-4790k 4.0 GHz，NVIDIA Quard T4000 GPU。

每个网络都是从训练集中随机生成大小为 40×40 的噪声图像与原图像块对，网络中的卷积层采用 64 个尺寸为 3×3 的滤波器，最后的重建层使用 3 个 3×3 卷积核，采用批大小为 10 的随机梯度下降算法（SGD）对回归目标进行优化训练，初始学习率设定为 0.001，并设置每 4×10^4 次迭代后学习率自动除以 10，动量参数为 0.9，根据文献 [11] 中的方法，通过随机初始化卷积权重来训练网络和正则化强度，即权重衰减为 0.0001，训练 100000 次迭代后终止训练。

3.3.3 层数选择分析

针对每个残差单元模块中的不同卷积层数进行训练，分析了每个残差单元模块中不同网络层数对去噪结果的影响规律，以 CBSD100 测试集为例，在噪声等级为 30 时不同层数下的平均 PSNR 值，见表 3-1。由表 3-1 可以看出，每个残差模块的卷积层为 2 时，PSNR 值较低，随着层数的增加，PSNR 值也相应增加，当层数为 4 层以后，PSNR 值的变化趋势几乎稳定，见图 3-8。随着网络的不断加深，训练时间及成本变大，为了快速并有效去除噪声，选择每个残差单元为 4 个卷积层的模块，以下实验结果都是在此层数下训练后测试的结果。

表 3-1 每个残差模块不同卷积层数下的平均 PSNR 值

层数	2	3	4	5	6
CBSD100	30.29	30.38	30.44	30.44	30.45

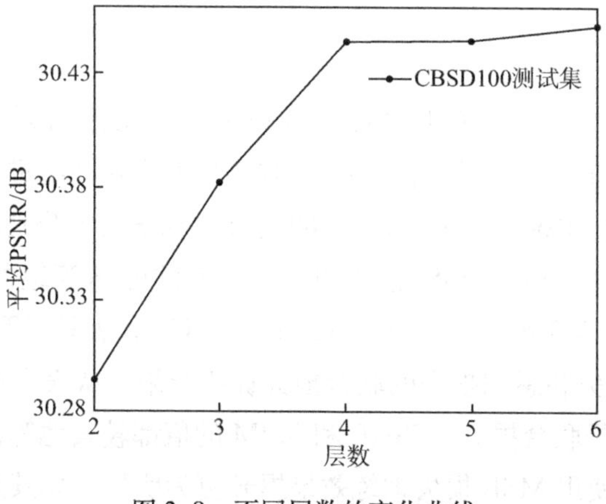

图 3-8 不同层数的变化曲线

3.3.4 模块数选择分析

深度学习中增加网络的深度，往往能够使网络学习到更多的细节，得到更优的效果，但是网络也不是越深越好。为了对比不同数量的残差单元模块对去噪性能的影响，训练了不同模块数的网络，结合训练所用时间及去噪效果，来选择最优的残差单元模块。以CBSD100测试集为例，在噪声等级为30时不同层数下的平均PSNR值见表3-2。可以看出，在残差单元模块数相对较少时，PSNR值较低，随着残差模块数的增多，网络逐渐加深，其PSNR值先上升后趋于稳定，但以相应的时间损耗作为代价，见图3-9。4个残差单元的模块处理一张图像需要0.24 s，而8个残差单元模块则需要1.46 s。在训练网络的过程中差距表现得更加明显，相同的训练周期，4个残差模块的网络比8个残差模块的网络所用时间多几个小时，结合时间及去噪性能的影响，选择去噪效果较好、耗时较少的残差模块数。

表3-2 不同残差模块数的平均PSNR值

残差模块数	4	6	7	8	9
CBSD100	30.25	30.31	30.37	30.38	30.39

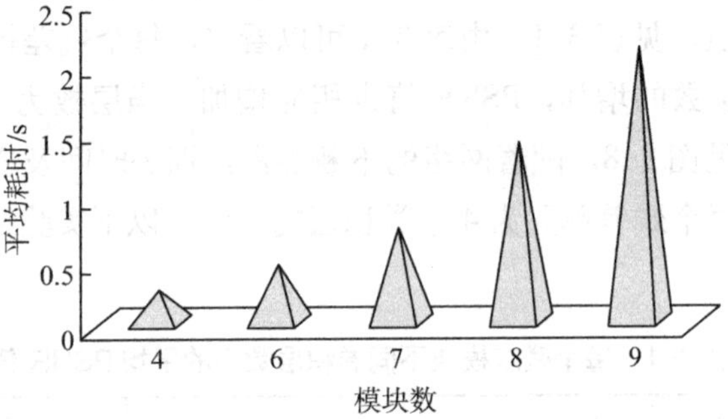

图3-9 不同残差模块数测试图像的平均耗时

3.3.5 结果分析

为了验证算法的有效性，采用主观评价和客观评价进行对比实验，与CBM3D、MCWNNM、DnCNN和FFDNet等当前最具有代表性的去噪网络进行比较。

（1）客观评价比对。Kodak24和CBSD100等2种测试集上分别添加标准差为$\sigma \in (0, 50)$的高斯白噪声，这里展示标准差为10、30、50的噪声等级的结果，其PSNR值和SSIM值分别见表3-3和表3-4。在表3-3、表3-4中，MSE代表只使用MSE损失训练的结果，Joint表示结合MSE损失和感知损失的联合损失训练结果。从表中可以看出，本文算法不论是使用MSE损失还是联合损失，PSNR和SSIM的值都较其他算法有所提高，使用联合损失训练Joint比单独使用MSE损失训练效果提升更为明显，尤其是噪声相对较严重时，相比CBM3D、MCWNNM、DnCNN、FFDNet和MSE，在CBSD100测试集30噪声级别时的 PSNR 值分别提高了约 0.88、1.53、0.32、0.3、0.11dB。仅使用 MSE 损失的 SSIM 值在 Kodak24 测试集 10 噪声级别时和 FFDNet 相当。但在其他噪声等级相对较大时，不论是 MSE 损失还是联合损失，其 SSIM 均比其他算法高，联合损失结果较 MSE 损失效果更佳，这说明基于联合损失的深度残差网络可以得到质量最好的去噪结果。

表 3-3　两种测试集在不同方法不同噪声级别下的 PSNR

数据集	Noise	CBM3D	MCWNNM	DnCNN	FFDNet	MSE	Joint
Kodak24	10	36.42	36.27	36.66	36.69	36.71	36.81
	30	30.74	30.16	31.19	31.27	31.38	31.47
	50	28.46	27.15	28.85	28.98	29.25	29.30
CBSD100	10	35.75	35.20	35.92	35.97	35.98	36.05
	30	29.54	28.89	30.10	30.12	30.31	30.42
	50	27.19	25.85	27.72	27.76	27.92	28.01

表 3-4　两种测试集在不同方法不同噪声级别下的 SSIM 值

数据集	Noise	CBM3D	MCWNNM	DnCNN	FFDNet	MSE	Joint
Kodak24	10	0.9417	0.9402	0.9455	0.9455	0.9453	0.9470
	30	0.8447	0.8313	0.8597	0.8582	0.8612	0.8646
	50	0.7759	0.7462	0.7965	0.7941	0.7972	0.7995
CBSD100	10	0.9052	0.9015	0.9526	0.9529	0.9531	0.9556
	30	0.8104	0.8490	0.8549	0.8531	0.8556	0.8587
	50	0.7323	0.7643	0.7789	0.7754	0.7798	0.7823

（2）主观评价比对。为了更真实反映本章联合损失算法与其他方法在主观视觉上的差异，分别从 2 个测试集中选取几张样本图片的去噪结果进行主观的可视化比较，Kodak24 和 CBSD100 测试集在噪声等级为 30 时的去噪结果见图 3-10 和图 3-11，CBSD100 测试集在噪声等级为 50 时的去噪结果见图 3-12。（图 3-10 为整幅图像，图 3-11 选取石像的局部细节，图 3-12 截取花瓶的花纹部分）。

由图可以看出，CBM3D 虽然去除了噪声，但是明显产生边缘模糊的光滑部分，MCWNNM 在图像边缘区域产生伪影，且这两种方法去噪后的图像细节丢失严重，视觉效果很差。DnCNN 和 FFDNet 较前两种方法保留了更多部分细节，但还是不够完善；相比之下，本章 Joint 联合算法去噪效果最接近原图，恢复出更多的细节信息，视觉效果更佳，尤其石头粗糙不同的表面细节，小孩的嘴唇边缘部分以及花瓶的花纹部分，这说明本章中采用的方法可以得到质量最好的去噪效果。

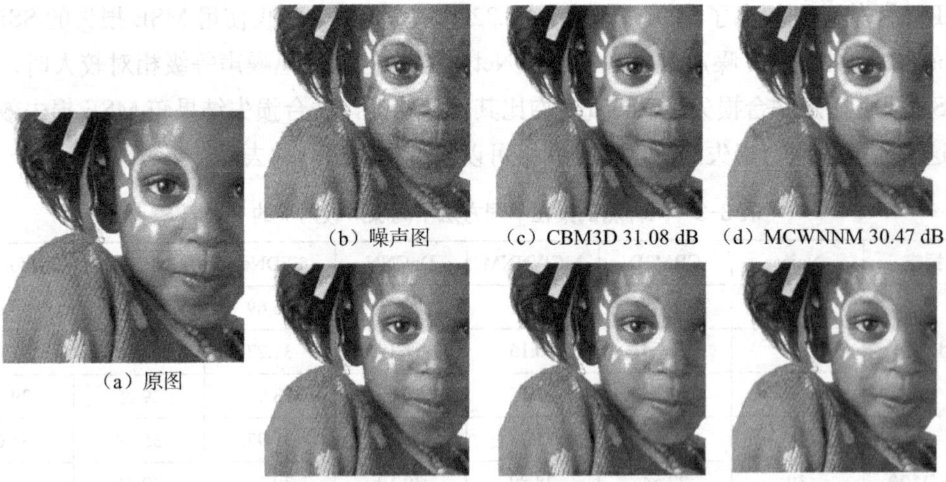

（a）原图 （b）噪声图 （c）CBM3D 31.08 dB （d）MCWNNM 30.47 dB （e）DnCNN 31.25 dB （f）FFDNet 31.27 dB （g）Joint 31.58 dB

图 3-10 不同算法在 σ=30 时去噪结果比较（彩图 1）

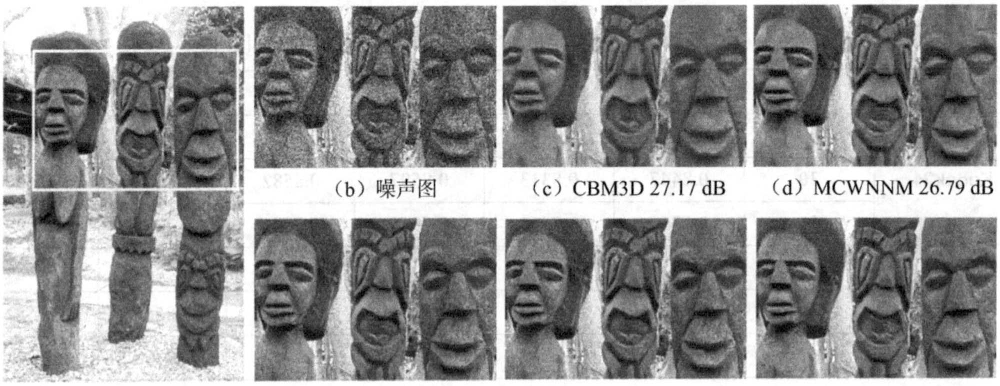

（a）原图 （b）噪声图 （c）CBM3D 27.17 dB （d）MCWNNM 26.79 dB （e）DnCNN 27.66 dB （f）FFDNet 27.66 dB （g）Joint 28.01dB

图 3-11 不同算法在 σ=30 时去噪结果比较（彩图 2）

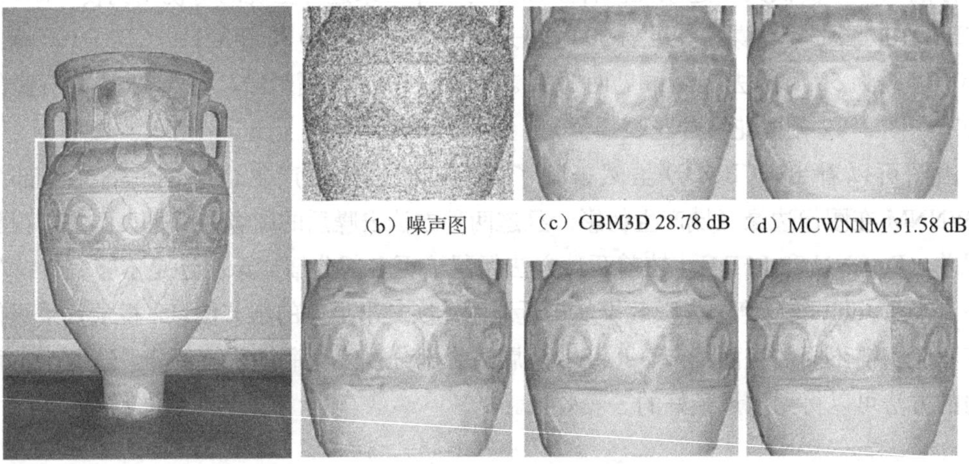

（a）原图 （b）噪声图 （c）CBM3D 28.78 dB （d）MCWNNM 31.58 dB （e）DnCNN 29.09 dB （f）FFDNet 29.13 dB （g）Joint 29.46 dB

图 3-12 不同算法在 σ=50 时去噪结果比较（彩图 3）

为了更好地评价去噪结果，本章还采用了主观打分的方法对图像质量进行评价。主观评价结果最接近人的主观视觉感受，结果也最准确，其评价尺度见表 3-5。在每次测试中，随机选取 5 幅来自 Kodak24 测试集的图像和 15 幅来自 CBSD100 测试集的图像，邀请 30 名评估者对选取图像的去噪结果进行打分，使用从 1~5 的分数来表示从低质量图像到高质量图像，并取其平均值得到最终的分数。主观打分 MOS 值见图 3-13。

表 3-5 主观质量评价尺度

质量尺度	分数	等级
看不出图像质量好坏	5	非常好
能看出图像质量变化但不妨碍观看	4	好
清楚看出图像质量变差，稍有妨碍观看	3	一般
对观看有妨碍	2	差
严重妨碍观看	1	非常差

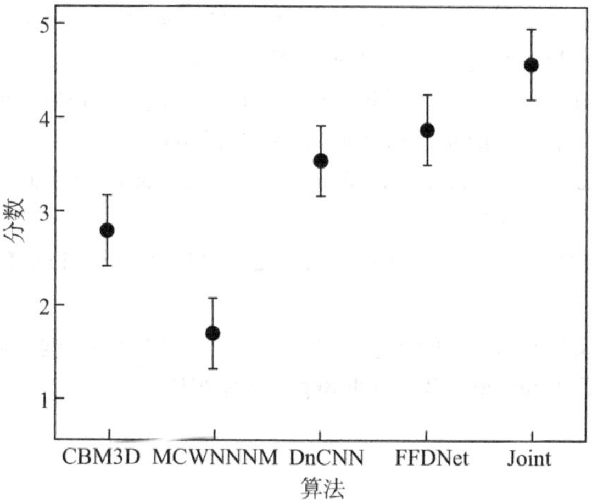

图 3-13 不同去噪方法的平均主观打分

3.4 本章小结

本章提出了一个基于深度残差学习和多损失函数的图像去噪方法，通过引入扩张卷积来扩大感受视野，设计多个残差单元模块，然后在每个残差单元块间添加跳跃连接，构成端到端的多级深度残差网络，使用联合损失训练了针对不同噪声等级的去噪模型，并分析了不同数量的残差单元模块及每个残差单元模块的不同层数对去噪效果的影响。实验表明随着层数及残差模块数在一定范围内增多，去噪效果会随之越来越好。基准测试数据的实验说明，改进后的联合损失算法与其他去噪方法相比，不论从视觉上的主观评价，还是定量的客观评价，所提出的方法能取得更佳的去噪效果，这为后续的图像分割及识别的研究奠定了基础。但是，仍然存在一些不足，在实际应用中，数字图像的噪声并不只是高斯噪声，而是未知类型的真实噪声，甚至是被混合失真污染。所以下一章进一步对混合失真图像的增强进行研究。

参考文献：

[1] Yu F, Koltun V. Multi-scale context aggregation by dilated convolutions[J]. ar Xiv preprint ar Xiv: 1511. 07122, 2015.

[2] K. Zhang, W. Zuo, S. Gu, et al. Learning deep cnn denoiser prior for image restoration. CVPR, 2017.

[3] K . Zhang, Wangmeng Zuo, Yunjin Chen, el al. Beyond a Gaussian Denoiser: Residual Learningof Deep CNN for Image Denoising. IEEE Transactions on Image Processing, 26 (7) , 2017.

[4] 王晓红 , 刘芳 , 麻祥才 . 基于深度残差学习的彩色图像去噪研究 [J]. 包装工程 , 2019, 40 (17) : 235-242.

[5] Luo W, Li Y, Urtasun R, et al. Understanding the effective receptive field in deep convolutional neural networks[C]. Advances in neural information processing systems. 2016: 4898-4906.

[6] 陈曦 . 基于深度卷积神经网络的图像去噪 [D]. 合肥 : 合肥工业大学 , 2019.

[7] Zhang Z, Wang X, Jung C. DCSR: Dilated Convolutions for Single Image Super-Resolution[J]. IEEE Transactions on Image Processing, 2019, 28 (4) : 1625-1635.

[8] Johnson J, Alahi A, Fei-Fei L. Perceptual losses for real-time style transfer and super-resolution[C]. European conference on computer vision. Springer, Cham, 2016: 694-711.

[9] Simonyan K, Zisserman A. Very deep convolutional networks for large-scale image recognition[J]. ar Xiv preprint ar Xiv: 1409. 1556, 2014.

[10] JIA Yang-qing, SHELHAMER. Caffe: Convolutiona Architecture for Fast Feature Embedding[J]. 2014, 675-678.

[11] HE K, ZHANG X, REN S, et al. Delving Deep into Ectifiers: Surpassing Human-Level Performance on Imagenet Ssification[J]. Computing Research Repository, 2015.

第 4 章
基于注意力机制和生成对抗网络的低照度图像增强算法

由于外界环境光照条件的不稳定，低照度环境下获得的图像存在亮度过低、视觉效果差等问题。由于对抗机制的存在，生成对抗网络在低照度图像增强的任务中逐渐崭露头角，但是生成对抗网络在对暗区域的增强表现上有待提高。为了通过生成对抗网络实现对低照度图像更好的增强效果，对低照度图像中的暗区域进行有效的增强，本章引入基于通道域的软注意力机制，通过在卷积过程中对权重的有效分配，提高了对图像暗区域的增强效果，从而有利于视觉效果更加高级的计算机视觉任务。本章提出算法的增强效果与传统图像增强算法及生成对抗网络方法进行对比，实验结果表明，本章方法在提高图像对比度的同时，可以实现低照度图像中暗区域的有效增强。

4.1 基于注意力机制和生成对抗网络的低照度图像增强算法设计

4.1.1 算法框架

由于光照条件的不均匀，低照度条件下获取的图像会出现相对暗光的区域，为了在增强过程中实现对暗光区域的有效增强，本文设计了注意力图模块，首先提取本文将低照度图像从 RGB 颜色空间转换到 HSI 颜色空间，取得 I 通道后，对 I 通道做逆变换从而得到注意力图。经过逆变换后，注意力图可以实现暗光区域和高光区域的线性逆转，从而为卷积过程中暗区域的权重偏向性分配提供条件。注意力图获取过程如图 4-1 所示。

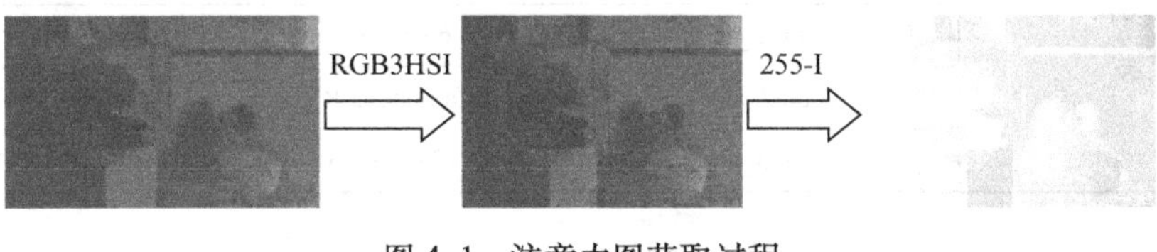

图 4-1 注意力图获取过程

基于注意力机制的生成对抗网络架构如图 4-2 所示，该网络分为生成器和判别器两个部分，生成器的输入为低照度图像和注意力图，经过卷积后可以得到增强图像，并且生成器分为注意力图模块和低照度图像模块。为了避免注意力图与低照度图像在卷积过程中由于尺寸不同所带来的诸多问题，本章将注意力图模块与低照度图像模块设置了相同的卷积参数；判别器的输入是 ground-truth 图像和生成器的增强图像，通过计算生成图和 ground-truth 图的差距判断真伪，输出是真或假的逻辑判断。

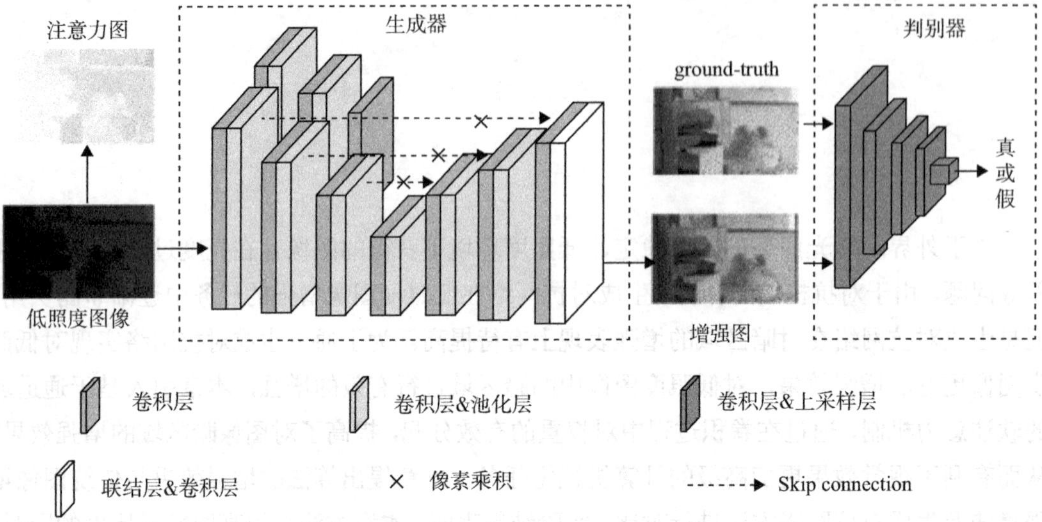

图 4-2　基于注意力机制的生成对抗网络架构

注意力图模块是与低照度图像模块的编码器尺寸相同的卷积层，注意力图经过卷积之后，每一层的卷积结果都会与低照度图像模块中的相同尺寸的对应位置进行像素乘积，从而实现对暗光区域权重的有效分配，进而实现对暗光区域的有效增强。注意力图模块具体网络参数见表 4-1，结合表 4-1 与表 4-2 可知，注意力图模块的卷积参数与低照度图像模块编码器尺寸相同，以此可使注意力图像在与低照度图像进行像素乘积时更好地适应低照度图像模块的尺寸，避免尺寸改变带来的其他问题。

表 4-1　注意力图模块网络参数

	层命名	卷积核（像素）	输出尺寸（像素）
注意力图模块	Conv1_att Pool1_att	32×3×3 Max pool 2×2	256×256×32 128×128×32
	Conv2_att	64×3×3	128×128×64
	Pool2_att	Max pool 2×2	64×64×64
	Conv3_att	128×3×3	64×64×128

低照度图像模块是 4 层的类 U-Net 网络结构，中间通过 skip-connection 增加解码过程中的细节，可避免出现梯度消失的情况，具体网络参数见表 4-2。编码器中，图像经过卷积和最大池化后层进入下一层卷积层，达到 32×32×256 的尺寸后开始进入解码过程，

经过卷积和上采样后恢复原有尺寸。此外，编码器与解码器之间设有跳跃连接（skip-connection），并且编码过程中的特征块先与对应尺寸的注意力图模块中的注意力特征块按照像素相乘，之后通过跳跃连接到对应的解码器的位置。为有效地保护收敛过程，提高收敛速度，本文在每层卷积后都使用批归一化（Batch Normalization），保持卷积过程中数据的分布稳定性，同时为提高生成质量，选用激活函数 lrelu。

表 4-2 低照度图像模块网络参数

	层名	卷积核（像素）	输出尺寸（像素）
低照度图像模块	Conv1	32×3×3	256×256×32
	Pool1	Max pool 2×2	128×128×32
	Conv2	64×3×3	128×128×64
	Pool2	Max pool 2×2	64×64×64
	Conv3	128×3×3	64×64×128
	Pool3	Max pool 2×2	32×32×128
	Conv4	256×3×3	32×32×256
	Conv1×=Conv1_att	—	—
	Conv2×=Conv2_att	—	—
	Conv3×=Conv3_att	—	—
	Up5+Conv3	2×2	64×64×256
	Conv5	128×3×3	64×64×128
	Up6+Conv2	2×2	128×128×128
	Conv6	64×3×3	128×128×64
	Up7+Conv1	2×2	256×256×64
	Conv7	32×3×3	256×256×32
	Out	3×1×1	256×256×3

判别器经过训练之后，可以对生成器生成的增强图进行判断，将判断结果反馈给生成器从而可以提高生成质量，使生成图更加自然、逼真，直到判别器无法识别生成图的真假。判别器的网络详细参数见表 4-3，生成图输入判别器后，会经过卷积和池化形成高维特征，然后通过线性转换函数和激活函数形成判别器的判断结果并输出，越接近 1 表示生成图像越逼真，接近 0 表示生成图无法通过判别器的判断。当输出的判别结果为 1 时，判别器将会更新自身的权重，使自身对真实图像的判断能力得到训练；当输出的判别结果为 0 时，则会更新生成器的权重，使生成器能够生成更加逼真、自然的图像。

表 4-3 判别器的网络参数

	层名	卷积核（像素）	输出尺寸（像素）
Discriminator	Conv-1	32×3×3	256×256×32
	Pool-1	Max pool 2×2	128×128×32
	Conv-2	64×3×3	128×128×64
	Pool-2	Max pool 2×2	64×64×64
	Conv-3	128×3×3	64×64×128
	Pool-3	Max pool 2×2	32×32×128
	Conv-4	64×3×3	32×32×64
	Pool-4	Max pool 2×2	16×16×64
	Conv-5	3×3×3	16×16×3
	Linear-1	—	768×1
	Linear-2	—	256×1
	Linear-3	—	64×1
	Linear-4	—	1×1
	Sigmoid	—	—

4.1.2 损失函数设计

为了使网络的收敛效果更适应本章所述的增强任务，本章设计了灰度值总和的损失函数 L_{GV}，定义如式（4-1）所示。

$$L_{GV}=\frac{1}{mn}\sum_{i=1}^{m}\sum_{j=1}^{n}\| S(G(x,\Theta))_{i,j}-S(y)_{i,j}\| \tag{4-1}$$

其中，x 和 Θ 分别是生成器的输入：低照度图像及其对应的注意力图，y 是对应的 ground-truth 图，G 是生成器，m 和 n 是图像的尺寸。$S(\cdot)$ 是对三通道求和的函数。在灰度值总和损失函数的引导下，经过训练的生成器可以生成三通道灰度值总和接近 ground-truth 图的增强图，从而实现整体亮度的提升。

另外，为使网络避免出现过拟合的现象，本文还在总损失函数中添加了 L-1 范数惩罚项，总损失函数的定义如式（4-2）所示。

$$L_{BEM}=L_{mse}+L_{norm}+L_{adv}+L_{GV} \tag{4-2}$$

其中，L_{mse} 是均方差损失函数，L_{norm} 是 L-1 范数惩罚项，L_{adv} 是生成对抗损失函数，L_{GV} 是本文设计的灰度值总和损失函数。四个损失函数相加，得到了本章所用的总损失函数。

4.2 实验结果与分析

4.2.1 数据库

本章采用 Low Light paired dataset[1] 作为训练集，该数据集含有不同场景（房屋、校园及街道等）下的 500 对 400×600 像素大小的低照度和正常光照的图像组合，其中 485 对用于训练，15 对用于测试。

图 4-3 LOL 数据集中部分低照度图和 ground-truth 图

该数据集是通过改变 ISO 及修正部分相机参数获取的，同时还通过技术手段排除了诸如镜头倾斜、相机晃动等导致误差的诱因，从而保证了数据集的准确性。为了避免过拟合现象的发生，本章对训练集进行了扩容，包括翻转和转置等操作。

4.2.2 实验设置

本章实验是在 Windows Server2010 平台上实现的，详细训练框架及版本如表 4-4 所示。本章实验所采用的 CPU 型号是英特尔公司的 Intel Xeon Bronzes，内存为 128G，所采用的显卡型号是英伟达公司的 NVIDIA Quadro P4000，所采用的编程语言是 Python 3.6，所采用的深度学习框架及版本是谷歌公司的 Tensorflow-gpu 1.11 版本。

表 4-4 训练配置型号及版本

配置名称	型号及版本
CPU	Intel Xeon Bronzes
RAM	128G
显卡	NVIDIA Quadro P4000
编程语言	Python 3.6
深度学习框架	Tensorflow-gpu 1.11

本章训练集批处理大小设置为 256×256 像素，学习率设置为 10-5，同时采用 Adam[2] 优化器实现神经网络的收敛学习。如图 4-4 所示，为平衡计算成本和收敛效果，本章将训练代数设置为 800。

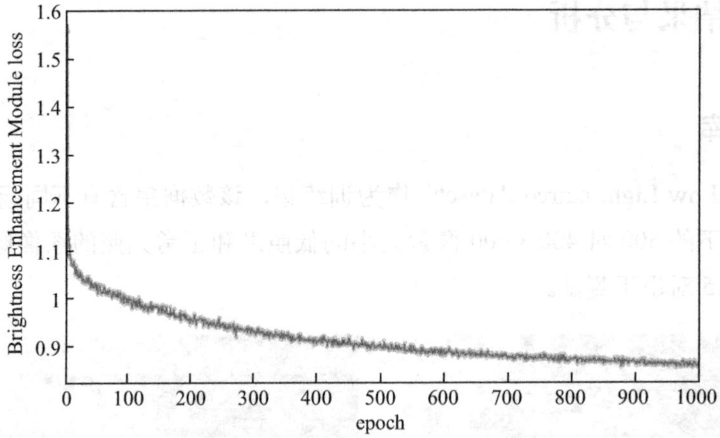

图 4-4　损失函数随训练代数变化曲线

4.2.3　实验结果与分析

为了更好地验证本章方法的有效性，本节将基于照度估计的方法 LIME[3]、基于相机模型的方法 MF[4]、基于卷积神经网络的方法以及基于生成对抗网络的方法作为比较，从客观指标和主观评价两方面对增强效果进行评价。

（1）客观指标评价。

本节选取峰值信噪比 PSNR（Peak Signal to Noise Ratio）和盲图像质量指数 BIQI（Blind Image Quality Indices）[5] 对增强效果进行客观评价。PSNR 是一种常用的图像质量评价指标，单位是 dB，分数越高，意味着增强图像失真越少，图像质量越高。BIQI 是常用的无参考图像评价质量指标，通过混合各种失真评价，从而实现对图像整体质量的准确描述，分数越高，说明增强过程中产生的新型失真就越少，算法对图像的增强效果就越平衡。客观评价指标得分如表 4-5 所示。

表 4-5　客观评价指标及得分情况

评价指标	LIME	MF	CNN	GAN	GAN+attention
PSNR	20.03	14.96	17.29	19.48	20.56
BIQI	74.91	73.54	74.61	74.74	75.07

从表 4-5 可以看出，本章提出方法在提高图像照度的同时，有效地保护了图像的质量，并且增强过程中并没有造成新型的失真，从而实现了较为平衡的增强效果。

（2）主观评价。

为了更好地评价本章方法的有效性，本节将本章算法增强效果图与其他算法增强效果图进行对比，如图 4-5、图 4-6、图 4-7 以及图 4-8 所示。

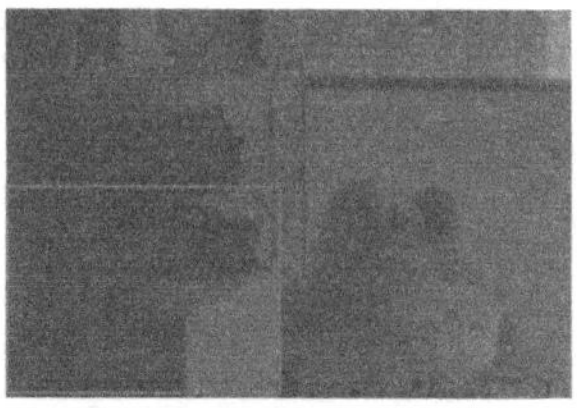
(a) 原图

(b) LIME

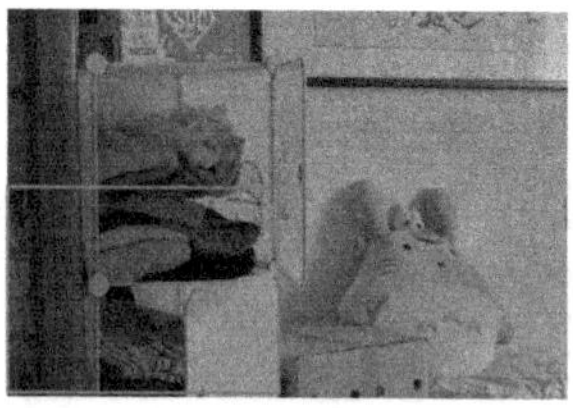
(c) MF

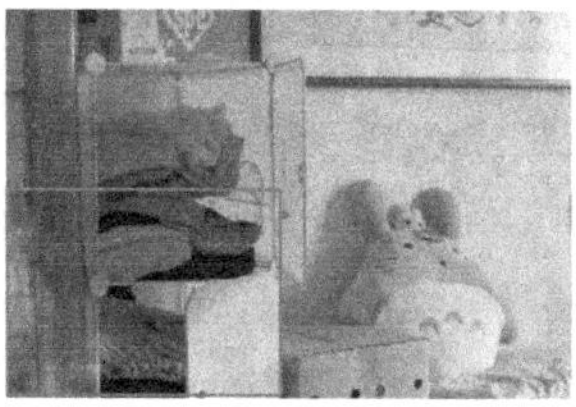
(d) CNN

(e) GAN

(f) GAN + attention

(g) ground-truth

图 4-5　本章算法与其他算法的主观视觉比较（一）（彩图 4）

(a) 原图

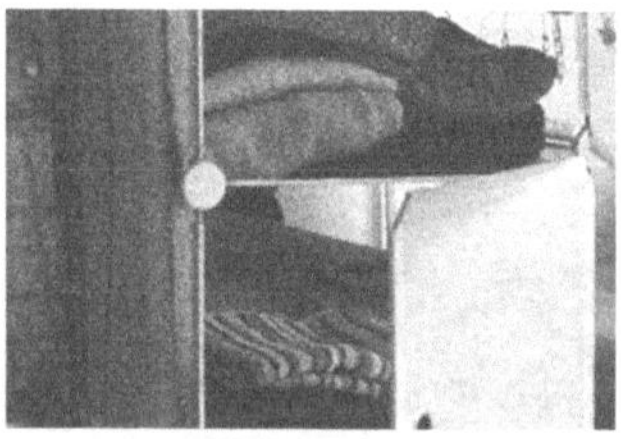
(b) LIME

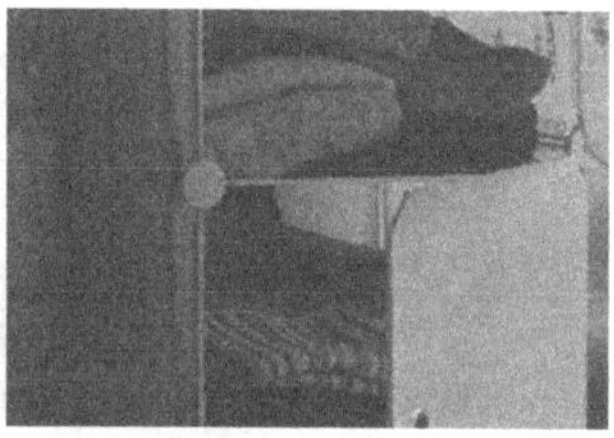
(c) MF

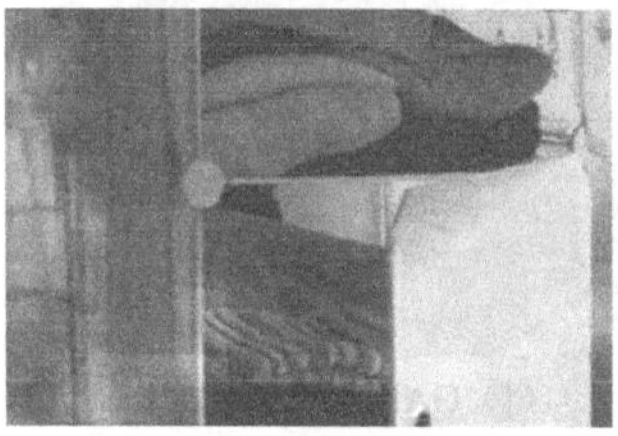
(d) CNN

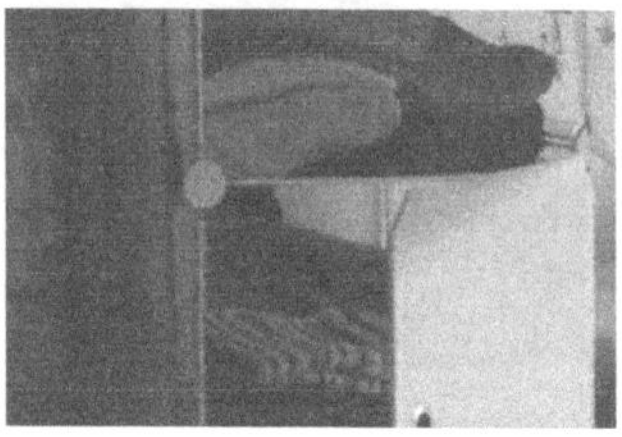
(e) GAN

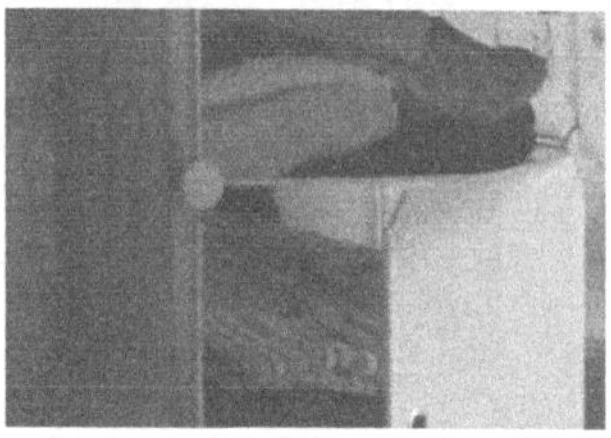
(f) GAN+attention

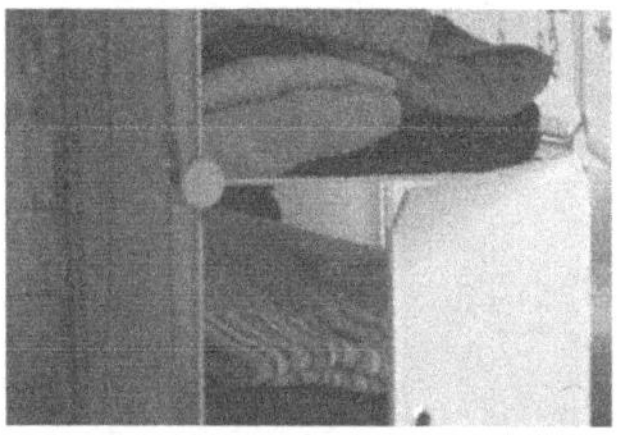
(g) ground-truth

图 4-6　本章算法与其他算法的主观视觉比较（二）（彩图 5）

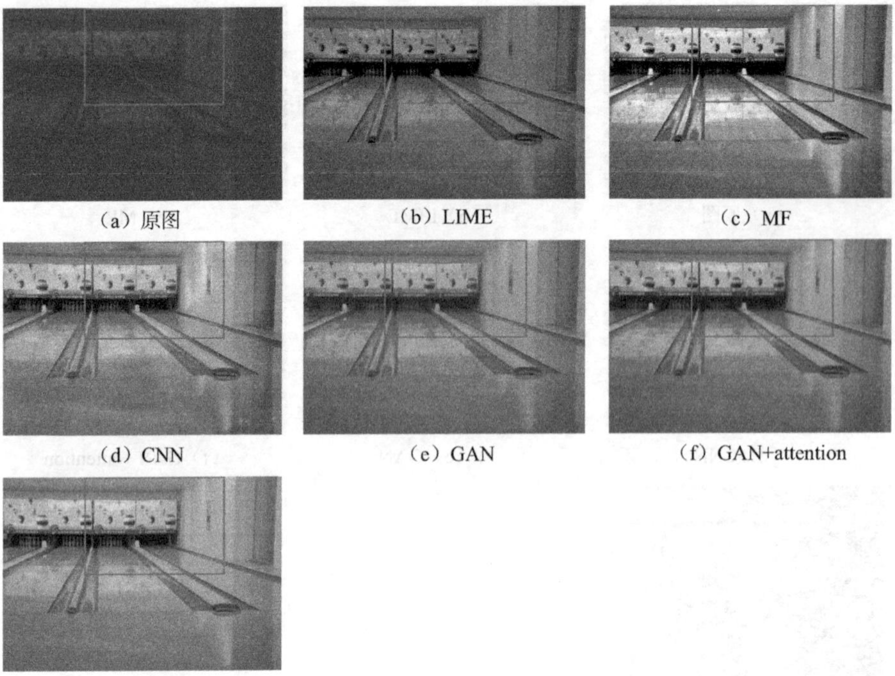

（a）原图 （b）LIME （c）MF
（d）CNN （e）GAN （f）GAN+attention
（g）ground-truth

图 4-7　本章算法与其他算法的主观视觉比较（三）（彩图 6）

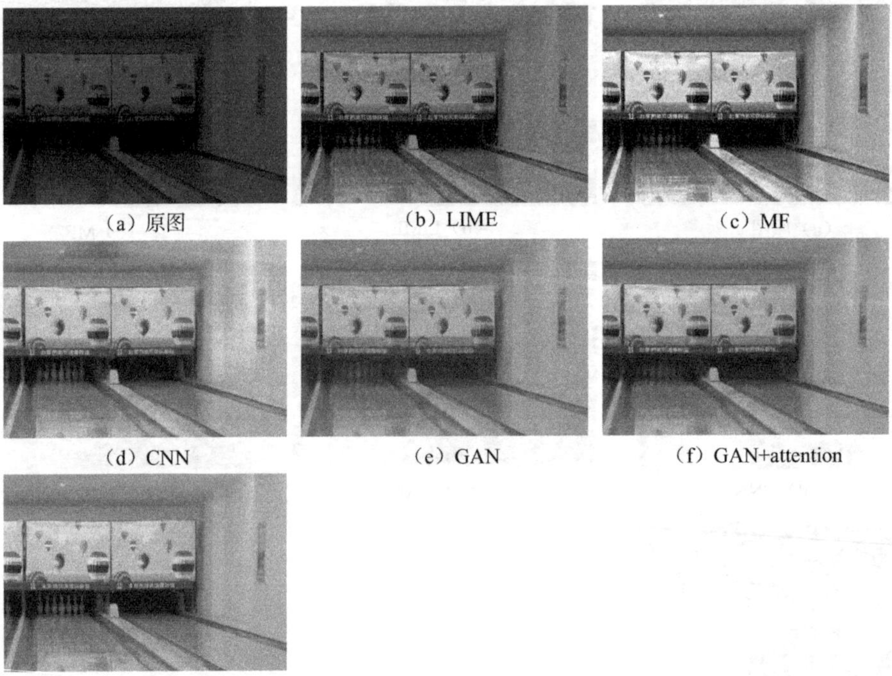

（a）原图 （b）LIME （c）MF
（d）CNN （e）GAN （f）GAN+attention
（g）ground-truth

图 4-8　本章算法与其他算法的主观视觉比较（四）（彩图 7）

图 4-5 中，（b）方法虽然在对比度上实现了有效的提高，但增强过程中出现了严重的噪声放大现象，同时高光区域过度增强现象比较严重，丢失了很多细节。（c）方法虽然提高了图像的整体视觉效果，但是对低光区域的增强效果不佳，导致低光区域丢失了很多细节信息。基于卷积神经网络的方法（d）虽然提高了图像的对比度，但由于缺少对抗机制对生成过程进行控制，增强图像会出现块状效应的问题，降低了图像的视觉效果。基于生成对抗网络的方法（e）在对抗机制的协助下，增强图像的块状效应消失了，图像看起来更加自然了，但未实现对暗光区域的有效增强，暗光区域增强效果不明显，并且整体亮度提高得不够理想，颜色也出现了一定程度的失真现象。本章提出的（f）方法在注意力机制的协助下，在卷积过程中实现了对暗光部分权重的偏向分配，从而实现了对暗光区域的有效增强，提高了增强图像暗光区域的视觉效果。

图 4-6 显示了图 4-5 中红色方框的细节部分。红色方框部分是原始低照度图像中照度相对较低的地方，并且含有比较丰富的颜色信息，因此此处的增强效果具有代表性。从细节图中可以看出，（b）方法虽然提高了图像的照度，但是在门框区域和衣服区域产生了很多噪声，严重影响了视觉效果。（c）方法同样在门框区域产生了很多噪声，并且在图像的整体照度提高方面效果不佳，图像中各种信息恢复的效果不好。基于卷积神经网络的方法（d）虽然提高了图像的照度，但是在门框及左侧区域产生了较为严重的块状效应，这种块状效应甚至导致了部分区域的模糊，严重影响了增强图像的视觉效果。基于生成对抗网络的方法（e）在对抗机制及判别器的协助下，块状效应不再产生，并且图像看起来更加真实自然，但是并不能有效地增强暗区域的照度，门框及细节图左侧部分整体仍旧处于较暗的亮度。本章提出的（f）方法通过在生成对抗网络中添加注意力图模块，相比 GAN 实现了对暗区域有效增强的效果，从细节图中可以看到，门框及门框左侧的暗区域中的信息得到了有效的恢复。

如图 4-7 所示，（b）方法虽然提高了图像的整体亮度，但是在增强过程中在图像的很多区域都产生了很多噪声，破坏了视觉效果，并且对高亮度区域进行了过度增强。MF（c）方法同样在增强过程中产生了噪声，并且对图像的整体增强效果不佳，同时没有提高图像的照度，低照度图像的信息得不到有效恢复。基于卷积神经网络的方法（d）的增强效果图中存在较严重的块状效应，由于没有相应的对抗机制对卷积效果进行判定，因此增强效果图中的块状较难避免，并且图像整体亮度并没有得到很好的提升。基于生成对抗网络的方法（e）在增加了判别器的对抗机制之后，使生成效果更加自然真实，因此该方法在增强图像时不会有块状效应的产生，并且图像整体颜色更加自然。但是对暗区域的增强还是不够充分，导致低光部分的信息无法得到凸现。本章提出的基于注意力机制的生成对抗网络方法（f）由于在生成对抗网络的基础上，通过让注意力图在卷积过程中实现权重的有效分配，得以对暗光区域有偏向性的增强，低光部分的信息得到了有效的体现。

图 4-8 是图 4-7 中红色方框区域的细节展示，红框部分包括低照度图像中的暗区域，比较此部分的增强效果具有代表性。（b）方法的增强效果明显可以看到存在较为严重的

噪声污染，并且在广告板上的亮区域出现了过度增强的现象。（c）方法对低照度图像的整体亮度增强效果不佳，并且从地板和墙壁处可以看出噪声现象。（d）方法的效果图从天花板、右侧墙壁等处可以看到较为明显的块状效应。（e）方法由于增加了判别器，效果图相比（d）方法显得更加自然真实，天花板、墙壁以及地板等处的块状效应随之消失。但是从保龄球等处的增强效果可以看出，该方法对暗区域的增强效果有待增强。（f）方法在生成对抗网络的基础上增加了注意力机制，从而有效地提高了对暗区域的增强效果，从保龄球等处可以看出，本章提出的方法可以有效地恢复暗区域的信息，并且在增强过程中没有块状效应以及噪声的生成。在不破坏图像质量的同时，提高了图像的视觉效果，通过注意力的有效分配实现了对暗区域的增强，恢复了暗区域的图像信息。

4.3 本章小结

本章针对生成对抗网络用于低照度图像增强时对暗光区域增强不佳的问题，提出了基于注意力机制的生成对抗网络。由于低照度图像获取时外界光照环境的不均匀，因此在增强图像质量时需充分考虑到对暗区域的着重增强，获得低照度图像 I 通道并进行逆变换后输入注意力网络，注意力网络每层的特征都与低照度网络中相同尺寸的特征进行像素乘积，从而实现权重的均衡分配，进而实现对暗区域的有效增强。在对抗机制的协助下，网络又可以生成更加自然、真实的图像。本章方法与传统方法（LIME、MF）及深度学习方法（CNN、GAN）进行对比，结果证明本章方法得到了更好的增强效果。

虽然本章方法有效地提高了低照度图像的质量，但在颜色恢复方面还有待提高。后续将针对这一问题在第 5 章中进行解决。

参考文献：

[1] Wei C, Wang W, Yang W, et al. Deep retinex decomposition for low-light enhancement[J]. arXiv preprint arXiv: 1808. 04560, 2018.

[2] Kingma D P, Ba J. Adam: A method for stochastic optimization[J]. arXiv preprint arXiv: 1412. 6980, 2014.

[3] GUO X, LI Y, LING H. LIME: Low-Light Image Enhancement Via Illumination Map Estimation[J]. IEEE Transactions on Image Processing, 2017, 26 (2) : 982–993.

[4] Z Ying, G Li, Y Ren, R Wang, W Wang. A New Low-Light Image Enhancement Algorithm Using Camera Response Model[C]. // 2017 IEEE InternationalConference on Computer Vision Workshops (ICCVW) . Venice, Italy: 2017: 3015–3022. doi: 10. 1109/ICCVW. 2017. 356.

[5] MOORTHY A K, BOVIK A C. a Two-Step Framework for Constructing Blind Image Quality Indices[J]. IEEE Signal Processing Letters, 2010, 17 (5) : 513–516.

第5章 基于颜色恒常性的低照度图像增强颜色保真算法研究

根据前期实验数据发现，低照度图像的RGB三通道比率与正常光照下图像RGB三通道的比率具有高度的相关性，并且由于极暗环境下图像颜色信息发生了波动，因此直接使用原始图像颜色信息是不可取的。本章将通过神经网络建立直接低照度图像与对应正常光照图像的颜色关系。

5.1 基于比率图的卷积神经网络设计

本章设计了基于颜色恒常性的低照度图像增强颜色保真方法。根据颜色恒常性原理，图像颜色是物体固有的物理属性，而人眼对图像的感知是图像本身颜色以及外界环境光照叠加之后形成的效果，因此可以通过去除外界环境光照即低照度影响的方法恢复颜色信息。但前期实验发现，暗区域RGB比率相对正常光照下发生了波动，说明极暗的外界光照环境，使得成像后的图像的颜色信息相较正常光照下的图像颜色信息发生了较大的变化，人眼虽然由于极低的照度无法直观地感知这种变化，但是如果直接将低照度图像的颜色信息不加改变地用于图像增强中的颜色保真，那么得到的图像在颜色恢复方面效果是不理想的，这种方法是有待提高和改进的。因此通过卷积网络构建低照度图像与ground-truth图像比率图之间的关系是有必要的。建立起两者之间的非线性映射关系之后，通过训练好的网络可以获得低照度图像对应的正常曝光图像的比率信息，再通过这种比率信息对图像的每个像素进行RGB比率关系的重构，从而在增强过程中实现颜色的保真性。

5.1.1 算法框架

首先对低照度图像及对应的ground-truth图像求解其比率图，然后根据比率一致性设计了损失函数，通过卷积神经网络构建两者比率图之间的映射关系。比率图定义见式(2-4)，值得注意的是，由于在低照度图像中经常会出现三通道像素值和为0的情况，为了避免零除问题，因此需要对式（4-4）进行如下修正。

$$M(x,y)=\begin{cases}\left(\dfrac{r(x,y)}{sum(x,y)},\dfrac{g(x,y)}{sum(x,y)},\dfrac{b(x,y)}{sum(x,y)}\right) & \\ 0 & if\,(sum(x,y)=0)\end{cases} \tag{5-1}$$

其中，$sum(x,y)$ 为在 (x,y) 位置处的灰度总值。

$$sum(x,y)=r(x,y)+g(x,y)+b(x,y) \tag{5-2}$$

即如果低照度原图 RGB 三通道灰度总值不为 0，则在计算比率图时就按照 RGB 三通道各自占总值的比率进行计算，如果 RGB 三通道之和为 0，则直接将该像素位置的比率图设置为 0。经过如此修正之后，原始低照度图像和 ground-truth 图像各自的比率图可以避免出现零除问题。分别获取比率图之后便可以通过卷积神经网络进行训练，网络模型如图 5-1 所示。

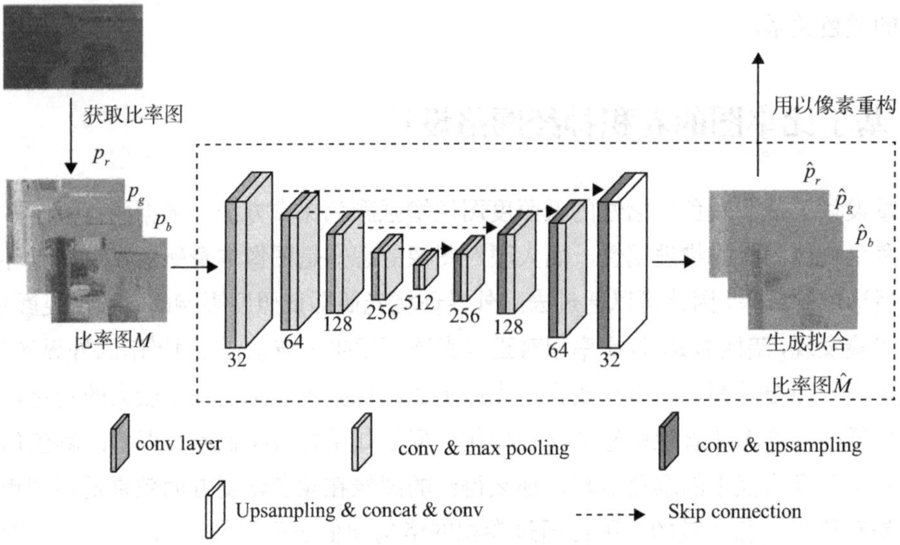

图 5-1　颜色保真网络框架结构

颜色保真网络框架包括三个部分，首先是对低照度图像进行比率图的计算，经过式（5-1）的计算得到比率图，然后对 ground-truth 图像进行相同公式的计算，这样就分别得到了低照度图像的 RGB 三通道的比率图和其对应的 ground-truth 图像的 RGB 三通道比率图。

其次是通过卷积神经网络，在两组比率图之间构建非线性映射关系，在设计好的损失函数的约束下，能够实现从低照度图像比率图到对应高曝光图像比率图的映射，从而获得该图像在正常光照下的 RGB 三通道比率关系的拟合数据，该拟合数据代表着该低照度图像在正常光照下的颜色信息。

最后通过该拟合数据，对第 3 章中得到的增强图像进行像素重构，即根据得到的 RGB 三通道的比率关系对每个像素的灰度总值进行乘积操作，得到在该比率关系约束下的 RGB 三个通道的灰度值，从而实现对每个像素 RGB 关系的重构。后续实验也证明了，直接使用低照度图像的比率关系进行像素重构，得到的图像会出现严重的色偏现象。

该网络的具体网络参数如表 5-1 所示。

表 5-1　颜色保真网络的具体参数

	层	卷积核尺寸（像素）	输出尺寸（像素）
颜色保真模块	Conv1	32×3×3	256×256×32
	Pool1	Max pool 2×2	128×128×32
	Conv2	64×3×3	128×128×64
	Pool2	Max pool 2×2	64×64×64
	Conv3	128×3×3	64×64×128
	Pool3	Max pool 2×2	32×32×128
	Conv4	256×3×3	32×32×256
	Pool4	Max pool 2×2	16×16×256
	Conv5	512×3×3	16×16×512
	Up6+Conv4	Max pool 2×2	32×32×512
	Conv6	256×3×3	32×32×256
	Up7+Conv3	Max pool 2×2	64×64×256
	Conv7	128×3×3	64×64×128
	Up8+Conv2	Max pool 2×2	128×128×128
	Conv8	64×3×3	128×128×64
	Up9+Conv1	Max pool 2×2	256×256×64
	Conv9	32×3×3	256×256×32
	Conv10	12×3×3	256×256×12
	Out	3×1×1	256×256×3

经过颜色保真网络（CFN）得到的比率图如式（5-3）所示。

$$\widehat{M}=\left(\widehat{P}_r,\widehat{P}_g,\widehat{P}_b\right)=CFN(M) \tag{5-3}$$

其中，M 是输入网络的低照度图像比率图，$\widehat{M}=\left(\widehat{P}_r,\widehat{P}_g,\widehat{P}_b\right)$ 是颜色保真网络的输出，包含三通道各自的比率信息。在得到颜色保真网络的输出比率图后，可根据该比率对经过本书第 3 章方法增强后的图像进行像素重构，增强图中某位置（x, y）像素的重构方式如式（5-4）所示。

$$\begin{bmatrix}\hat{r}\\\hat{g}\\\hat{b}\end{bmatrix}=\begin{bmatrix}\hat{p}_r\\\hat{p}_g\\\hat{p}_b\end{bmatrix}\bullet sum(r,g,b) \tag{5-4}$$

其中，$\hat{r},\hat{g},\hat{b}$ 是位置 (x, y) 重构后的像素值，$sum(r, g, b)$ 是经过第 3 章增强后的图像在位置 (x, y) 的像素值之和，$\hat{p}_r,\hat{p}_g,\hat{p}_b$ 是该低照度图像的比率图经过颜色保真网络的输出结果。经过重构之后，图像在原有灰度值不变的前提下，RGB 三通道之间的比率关系得到了调整，从而实现了颜色的保真。

5.1.2 损失函数设计

为了使网络能够更好地实现颜色保真性，本章根据比率一致性（Ratio Consistency）设计了比率一致性损失函数 L_{RC}，定义如式（5-5）所示。

$$L_{RC}=\frac{1}{mn}\sum_{i=1}^{m}\sum_{j=1}^{n}\left\|S(\widehat{M})_{i,j}-1\right\| \tag{5-5}$$

其中，m、n 是图像尺寸，$S(\cdot)$ 是求和操作，$\widehat{M}$ 是颜色保真网络的输出比率图，在该损失函数的协助下，颜色保真网络生成的比率图三通道 $(\hat{p}_r,\hat{p}_g,\hat{p}_b)$ 之和会尽可能地接近 1，从而在颜色保真过程中实现比率的一致性。

除此之外，为了避免在收敛过程中出现过拟合等问题，本章还添加了 L_1 范数作为损失函数，L_1 范数与 L_{RC} 共同构成颜色保真网络的损失函数，如式（5-6）所示。

$$L_{CFM}=L_{norm}+L_{RC} \tag{5-6}$$

在两个损失函数的共同影响下，颜色保真网络可以更有效地生成符合比率一致性的比率图，建立起低照度图像与 ground-truth 在比率之间的映射关系。

5.2 实验结果

5.2.1 实验设置

本章数据库同样采用了 LowLight paired dataset 作为数据库，并在喂入网络之前分别自适应地计算了低照度图像及其 ground-truth 的比率图，训练配置型号及版本与第 3 章相同，如表 5-2 所示。

表 5-2 训练配置型号及版本

配置名称	型号及版本
CPU	Intel Xeon Bronzes
RAM	128G
显卡	NVIDIA Quadro P4000
编程语言	Python 3.6
深度学习框架	Tensorflow-gpu 1.11

为了选择最佳循环次数，本章同样绘制了循环次数与损失函数曲线图，如图 5-2 所示。

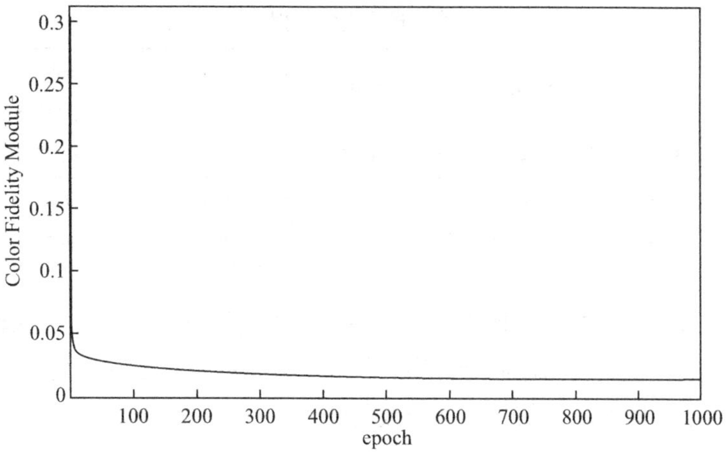

图 5-2　损失函数随训练代数变换曲线

因此，本章选择 800 次循环作为低照度图像增强颜色保真网络的循环代数，同时将块尺寸设置为 256×256 像素，选择 Adam 作为优化器用来实现网络的收敛。

5.2.2　实验结果与分析

为了更好地验证本章提出的基于颜色恒常性的低照度图像增强颜色保真方法的有效性，本节通过客观评价指标和主观评价两方面来验证。

（1）客观评价指标。

本节选择 CIEDE2000 色差公式及皮尔逊相关系数来评价各个方法在颜色恢复方面的表现情况。其中 CIEDE2000 色差公式是由 CIE 的色相和明度相关修正技术委员会在 2000 年对现有的色差公式和视觉评价数据的改进后得到的，是目前为止最新的色差公式。通过计算生成图和 ground-truth 图之间的色差情况，可以以此评价不同方法在颜色保真方面的效果。

皮尔逊相关系数由于可以刻画两个变量之间的线性关系，因此被广泛用于衡量两个变量之间的线性相关性，结果位于 -1 至 1 之间，-1 意味着负相关，1 意味着正相关，而 0 意味着非线性相关。在增强图和 ground-truth 图中选择相同位置的直线，该直线穿过颜色信息比较丰富的区域，通过计算增强图和 ground-truth 图在相同位置的像素值之间的皮尔逊相关系数，可以从像素准确性的角度评价不同方法在恢复颜色信息方面的效果。

各个方法的色差公式及皮尔逊相关系数结果如表 5-3 所示，表中的 GAN+ 代表基于注意力机制的生成对抗网络，GAN+ 原始比率代表通过低照度图像的原始颜色比率对 GAN+ 的效果图进行像素重构，proposed 是本章提出的方法，即通过卷积神经网络在低照度图像比率图和 ground-truth 比率图之间建立映射关系，最后通过网络的输出结果对 GAN 生成图像进行像素重构。

表 5-3　色差公式及皮尔逊相关系数比较

Metrics	input	MSRCR	GAN	GAN+	GAN+原始比率	proposed
DE2000	39.93	14.01	10.37	9.68	12.77	8.25
Pearson	0.56	0.55	0.42	0.61	0.42	0.86
BIQI	54.98	65.17	74.74	75.07	66.57	77.07

从表 5-3 中可看出，在颜色保护方面，注意力机制的添加并没有过多地影响 GAN 的生成效果。并且通过低照度图像原始比率进行像素重构的效果图在颜色上发生了较大的变化，这也就证明了对原始颜色信息不加修改的使用并不能很好地保护颜色，反而会造成更严重的颜色漂移。

（2）主观评价。

为了更好地评价本章方法的效果，本节将本章方法与其他对比算法的效果图进行主观比较，如图 5-3、图 5-4、图 5-5 以及图 5-6 所示。

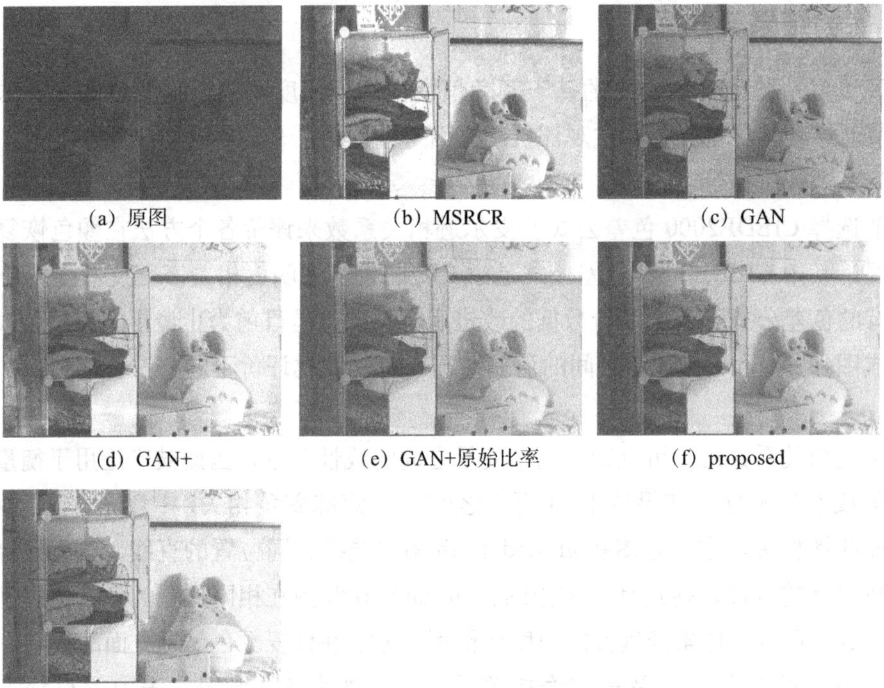

(a) 原图　(b) MSRCR　(c) GAN

(d) GAN+　(e) GAN+原始比率　(f) proposed

(g) ground-truth

图 5-3　本章算法与其他算法的主观视觉比较（一）（彩图 8）

从图 5-3 的增强效果图中可以看出，(a) 原始低照度图像整体照度偏低，整体颜色信息和细节部分视觉效果都很差，红色方框框出的部分是低照度图像中照度极暗的部分。(b) 算法可以在一定程度上增强图像的照度，能够使原图的信息得到恢复，但是图像整体存在过度增强的现象，并且图像大范围存在严重的噪声，影响了视觉效果。基于生成对抗网络的方法（c）虽然可以提高图像的整体照度，但是在极暗的地方对图像的增强效果不佳，整体出现了偏暗的现象，并且在颜色保护方面效果不好，整体上颜色也出现了饱和度不够的现象。第 3 章提出的基于注意力机制的生成对抗网络算法（d）相对方法（c）在暗区域可以实现图像信息的恢复，虽然也能够实现一定程度的颜色保护，但是颜色整体效果还是有待提高。直接将低照度图像的比率信息用来重构像素的方法（e）出现了严重的色偏现象，并且这种现象集中出现在极暗区域，这也印证了前面的论述，即在极暗区域图像的颜色信息会发生严重的漂移。本章提出的方法（f），在对（d）方法进行像素重构后，可以在不破坏图像增强质量的前提下实现对颜色的保真操作，有效恢复了颜色信息。

图 5-4 是图 5-3 红色方框中的细节图，该红色方框既是颜色信息比较丰富的区域，又是低照度图像中的暗区域。从细节图可以看出，（b）方法在一定程度上恢复了部分颜色，但是在门框以及图像左侧部分出现了严重的噪声，并且存在过度增强的现象。（e）方法是直接使用了低照度图像的原始比率信息，对增强后的图像进行像素的重构，虽然可以大体上还原颜色信息，但是在暗区域（例如门框以及图像左侧区域等处），由于原图像照度过低，RGB 比率信息相较正常光照下的比率信息发生了巨大的波动，因此不加改变地直接使用便会导致这种类似噪声的现象出现，从（d）图也可以看出，这种“噪声”现象并不是真实的图像噪声，而是在进行像素重构时使用了丢失颜色信息的原始比率数据导致的颜色漂移现象。另外，从（c）图、（d）图到（f）图可以看出，本章提出的基于颜色恒常性的图像颜色保真方法可以实现在不对图像质量进行破坏的同时，实现色彩的有效恢复。

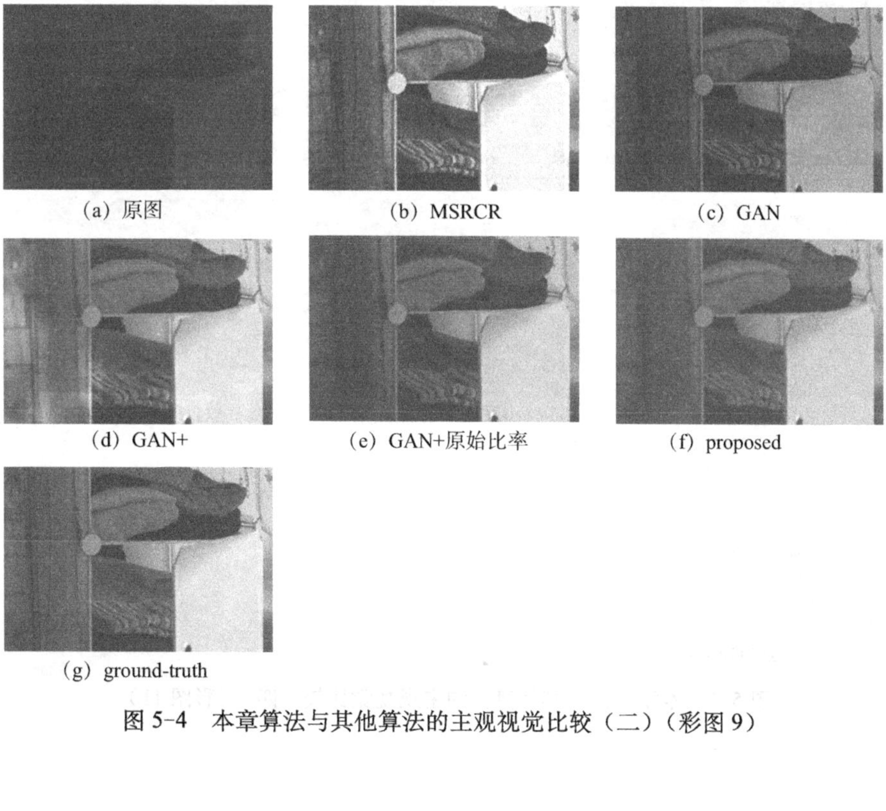

图 5-4　本章算法与其他算法的主观视觉比较（二）（彩图 9）

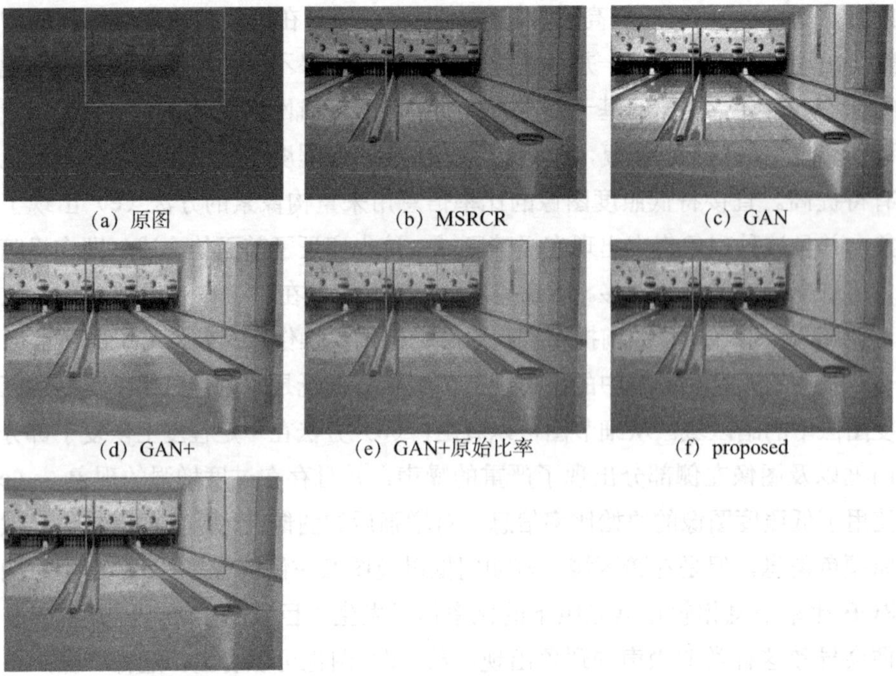

(a) 原图　(b) MSRCR　(c) GAN

(d) GAN+　(e) GAN+原始比率　(f) proposed

(g) ground-truth

图 5-5　本章算法与其他算法的主观视觉比较（三）（彩图 10）

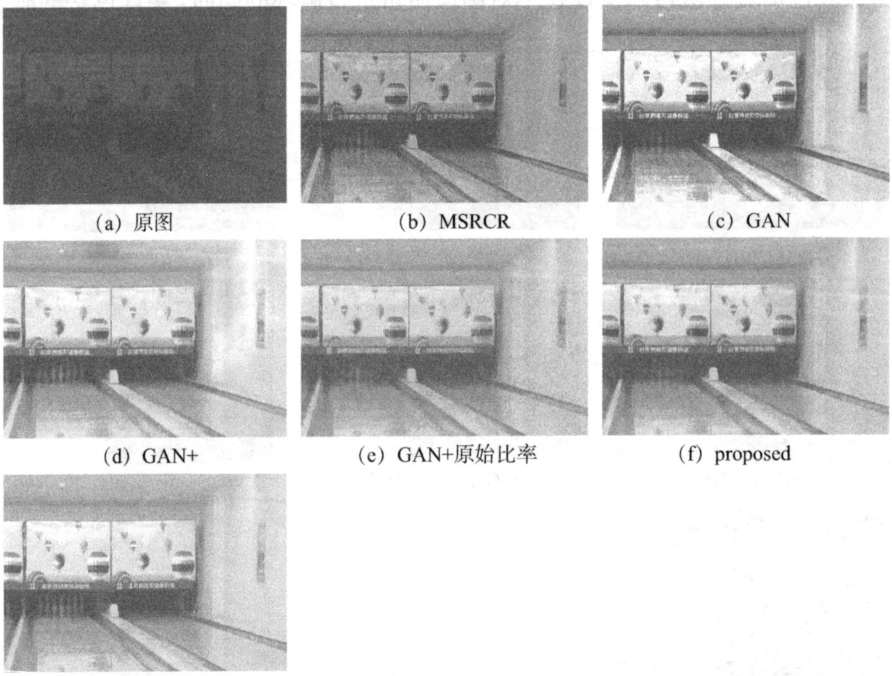

(a) 原图　(b) MSRCR　(c) GAN

(d) GAN+　(e) GAN+原始比率　(f) proposed

(g) ground-truth

图 5-6　本章算法与其他算法的主观视觉比较（四）（彩图 11）

从图 5-5 的增强效果图可以看出，（b）图含有颜色恢复效果的 MSRCR 算法虽然在一定程度上实现了对比度的提高和颜色的恢复，但是造成了噪声放大，并且在某些区域出现了过度增强的现象。（e）图是通过低照度图像原始的 ratio 比率对 GAN+ 的增强效果图进行像素重构，由效果图可以看出，在原始输入图像中非极暗部分，像素重构实现了较为理想的颜色恢复，但在暗区域，出现了严重的噪声现象。造成这种现象的原因是在极暗环境下，直接使用了低照度图像原始的比率信息对增强图进行了重构，而在极暗环境下，低照度图像的原始比率信息相比正常光照环境下的发生了剧烈的波动，以至于对极暗部分的诸多像素点实现了不准确的重构，所以这些像素点的颜色信息相比周围像素点发生了较大的变化，出现了这种“噪声”的现象。本章提出的（f）方法在图像中的广告背景及地板等处都可以实现颜色信息较好的恢复，可以在不破坏图像本身质量的前提下实现对颜色的有效保真。

图 5-6 是图 5-5 的细节展示，从细节图中可以看出，（b）方法虽然可以在一定程度上实现照度和颜色的恢复，但是从墙壁、天花板以及广告板可以看到较为严重的噪声以及过度增强的现象。（e）方法由于使用了低照度图像的原始 RGB 比率信息，所以在暗区域（保龄球周边等处）出现了严重的颜色漂移现象，因为原始低照度图像的 RGB 比率信息在暗区域发生了较大的波动，因此直接使用该比率信息对像素进行重构会导致这种颜色漂移的问题出现。本章提出的（f）方法在（d）基础上，通过训练好的 RGB 比率信息对像素进行重构，可以实现对颜色较好的恢复，并且对比（c）图、（d）图以及（f）图可以看出，本章提出的方法可以在不破坏图像质量的前提下实现颜色的恢复，即可以在保留对低照度图像暗区域有效增强的基础上，实现对颜色的保真。

5.3 本章小结

本章提出了基于颜色恒常性的低照度图像颜色的恢复方法，首先对低照度图像和 ground-truth 图像进行比率图的计算，然后通过卷积神经网络（CNN）构建低照度图形及 ground-truth 各自比率图之间的关系。通过网络的输出比率图对第 3 章基于注意力机制的对抗生成网络的增强效果图实现像素重构，重构后的图像即为经过颜色恢复后的图像。该方法通过像素重构的方法有效地对 RGB 三通道实现了比率重新配置，客观指标和主观评价都显示该方法在不破坏图像质量的同时，实现了对颜色的有效恢复。

第 6 章 基于图像底层质量指标的真实彩色图像增强算法

从前述章节的分析研究中可以得到如下结论：图像的底层质量指标可以聚合为三大类别，即图像的噪声 / 模糊、亮度 / 颜色、对比度。其中，噪声 / 模糊的失真程度决定了图像主要信息的可读性，故图像噪声 / 模糊的增强也成为图像增强领域中的首要任务，而图像的亮度 / 颜色与对比度底层质量指标则主要以视觉感受为主，并不影响图像主要内容的阅读。所以本章提出了一种基于深度强化学习的真实彩色图像噪声 / 模糊增强方法，该算法基于深度强化学习框架，将无参考图像质量评价体系作为网络的奖励函数，解决了网络训练缺乏参考图像的问题，定义了多种图像去噪 / 去模糊增强工具，以此在智能体的迭代决策中达到真实彩色图像噪声 / 模糊底层质量指标增强的目的，从而提高真实彩色图像主要信息的可读性。为了有效地提高真实彩色图像亮度 / 颜色与对比度的美学质量，提出了一种基于模型的迁移学习方法，将图像的对比度增强与亮度 / 颜色增强模型知识迁移到真实彩色图像上，从而提高真实彩色图像的视觉感受。

6.1 基于深度强化学习的真实彩色图像噪声 / 模糊增强

图像作为信息传递的重要载体之一，其主要信息的完整性与可读性就变得尤为重要，但真实彩色图像在被获取、处理、传递与接收的过程中或多或少都会受到外界环境与内部设备等不确定因素的影响，从而导致真实彩色图像不可避免地产生噪声与模糊的失真，严重影响人眼对图像主要信息的识别，研究表明真实彩色图像的噪声 / 模糊失真也是真实彩色图像中最主要的降质机理。所以，本章节将针对真实彩色图像噪声 / 模糊失真的问题，提出一种基于深度强化学习的真实彩色图像增强方法，在深度强化学习的框架下，利用可行动作的多样性，使模型可以处理图像的噪声与模糊失真，将无参考图像质量评价模型作为框架内的奖励函数，从而解决真实彩色图像没有参考图的问题。实验结果证明该方法能够有效地解决真实彩色图像噪声 / 模糊失真的问题。

6.1.1 奖励函数

深度强化学习与深度学习有着类似的约束机制，深度学习利用的是损失函数来引导网络的学习方向，深度强化学习则是通过奖励函数来引导智能体的学习方向，因此网络的约束机制是驱动算法学习的关键。为了使网络进行有针对性的训练学习，通常情况下都是采用传统的约束函数，如峰值信噪比、均方误差、*n* 阶范数等，虽然它们有着计算精确度高、计算效率快等优点，但都是要利用参考图像对来做计算，通过将两张图像之间的差异量化，从而可判断增强图像是否逐渐接近目标参考图像。然而，针对真实彩色图像增强所存在的缺乏参考图像的问题，不能利用传统的约束函数来引导智能体的学习，故本章节引入无参考质量评价体系作为深度强化学习中的奖励函数，以此解决了真实彩色图像在学习中缺乏目标参考图像的问题。

无参考质量评价体系中包括两个真实彩色图像评价机制，分别是真实彩色图像底层质量指标预测机制与全局质量指标回归机制，本章节将这两个机制联合作为深度强化学习中的奖励函数，不仅要对真实彩色图像的模糊或噪声底层质量指标进行增强，而且要求在底层质量指标增强的基础上，同时保证图像的全局质量， 从而达到真实彩色图像质量的整体提升。无参考质量评价体系奖励函数在深度强化学习中的作用原理如图 6-1 所示。

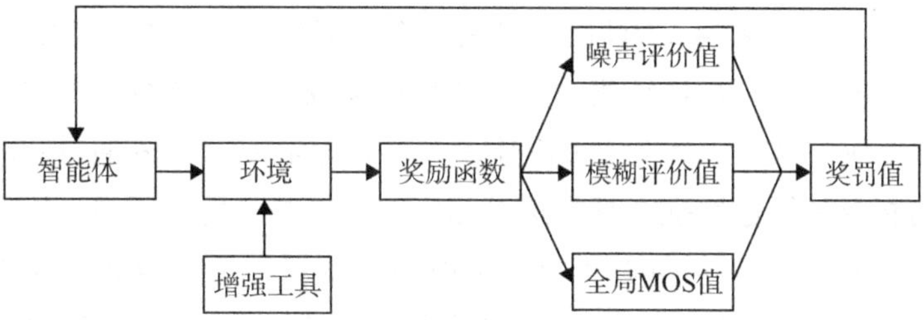

图 6-1　无参考质量评价体系奖励函数作用原理

在网络的训练过程中，智能体首先通过预测得到真实彩色图像的增强动作检索值，然后输入图像在增强工具中应用相应的增强工具，得到该时刻的增强图像，再将增强图像通过利用无参考图像质量评价体系的奖励函数计算出噪声评价值、模糊评价值和全局 MOS 值，而后在增强图像评价值与输入图像评价值之间作差得到相应的奖罚值并反馈给智能体，使其做出下一步决策，通过如此的迭代学习，最终使奖励值收敛于某一数值，从而得到最优的增强策略。

6.1.2　深度强化学习与增强动作

深度强化学习框架是将深度神经网络与强化学习决策相结合，使网络算法更接近人类的思维方式，其通过对智能体（Agent）的训练，寻找最佳的图像增强策略。本章节提出一种基于深度强化学习框架的方法，该网络针对真实彩色图像的噪声 / 模糊底层失真问题，将无参考质量评价方法作为网络中的奖励函数来指导模型的学习，从而解决了真实彩色图像缺乏参考图像的问题。利用针对图像不同程度失真的去噪声网络和去模糊网络作为增强工具，以解决图像噪声 / 模糊混合失真的问题。整个网络可分为两大部分，第一部分是基于深度强化学习的决策部分；第二部分是基于 CNN 网络的增强工具部分，通过环境将状态、动作与奖励值在两者之间进行交互，其网络框架如图 6-2 所示。

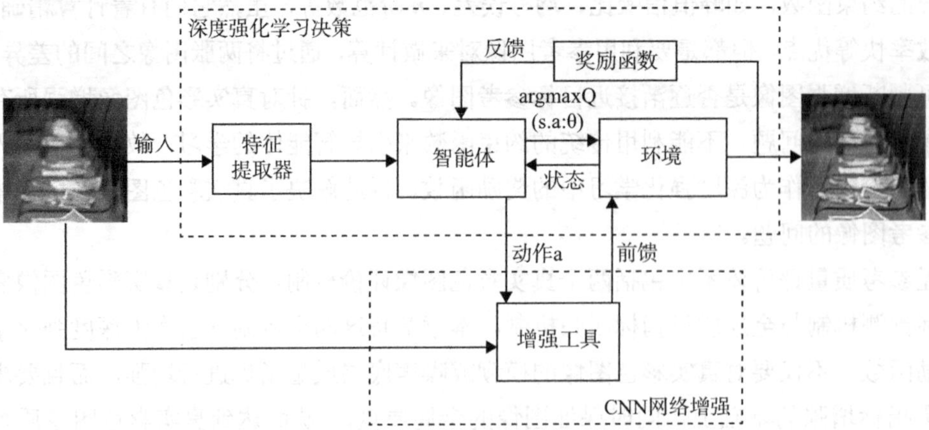

图 6-2　基于深度强化学习的图像增强框架

该框架将深度强化学习与 CNN 网络结合，在智能体进行学习的过程中，寻找最佳增强策略。首先将真实彩色图像训练集输入一个特征提取器中，该特征提取器由 4 个卷积层和 1 个全连接层组成，输出一个 32 维的特征矩阵，然后将特征矩阵通过智能体进行决策，而后智能体发出指令从图像增强工具中选择相应的动作并应用于图像，再将其增强结果输入环境（Environment）中来判断真实彩色图像是否得到有效的增强，判断依据即在环境中利用无参考质量评价奖励函数计算当前奖罚值并累积记录，之后反馈当前图像状态给智能体进行下一步增强决策。通过反复循环迭代此训练过程，使累积奖励值达到最大，逐步得出图像最优修复策略，最终输出增强图像。其中网络定义的增强工具如表 6-1 所示。

表 6-1　噪声 / 模糊增强工具

失真类型	失真程度	网络深度
模糊 σ	[0, 1.25], [1.25,2.5]	3
	[2.5, 3.75], [3.75,5]	8
噪声 σ	[0, 12.5], [12.5, 25]	3
	[25, 37.5], [37.5, 50]	8

表 6-1 包含了 8 个不同程度、不同深度的 CNN 网络作为深度强化学习中的增强工具，每种工具都指定用于不同的增强任务，其中 3 层网络结构用于轻量级的图像失真，8 层网络结构用于严重的图像失真，通过智能体预测的动作，在环境中调用与之相应的图像增强工具，从而达到真实彩色图像增强的目的。

6.2　基于模型的迁移学习的真实彩色图像对比度与亮度 / 颜色增强

在利用深度学习方法的图像增强中，含有标签的数据（低 - 高质量图像对）对网络的训练至关重要，然而真实彩色图像由于各种因素的限制无法获得相应的高质量图像，从而难以进行端对端的训练学习。迁移学习的出现则为这种无参考的图像增强提供了强有力的可能，在源任务与目标任务相同的情况下，将知识从源域模型中迁移到目标域，从而不需要消耗大量成本重新训练模型。所以，本章节利用了基于模型的迁移学习真实彩色图像增强方法，针对真实彩色图像的对比度与亮度 / 颜色失真问题，在共享模型权重的基础上，分别迁移不同的模型将目标域失真真实彩色图像进行增强，从而修复真实彩色图像的对比度或亮度 / 颜色底层质量指标的失真。

6.2.1 真实彩色图像对比度增强

真实彩色图像的对比度是质量感知中的一个重要指标，对比度的降低是在光照条件差或图像采集设备动态范围有限的情况下所产生的一种图像失真的现象，它使图像出现曝光不足或者过度曝光的情况，从而导致的真实彩色图像对比度的失真，影响人眼的直观视觉感受，甚至会降低计算机视觉和图像后续处理算法的性能，所以。真实失真图像的对比度增强也是提高图像质量的关键步骤。

在文献[1]中，所提出的一种端对端的深度学习方法就能很好地对图像对比度进行增强。由于图像对比度失真往往都是以低色彩动态范围呈现出来的，真实彩色图像之间的对比度失真特征分布存在着一定的相关性，同时基于模型的迁移学习就是通过共享已有的模型及参数从而完成特定的目标任务。所以，本章节在此算法的基础上，利用基于模型的迁移学习方法，将网络模型原有的知识迁移到真实彩色图像的对比度增强中，从而对真实彩色图像进行有效的增强。

该增强网络框架的结构是一个全卷积网络结构，第一层是一个 9×9 的卷积层，之后连接了 4 个残差块，其中每个残差块中包含两个 3×3 的卷积层与两个批处理归一化层交替组成，最后连接上两个 3×3 的卷积层与一个 9×9 的卷积层构成整个增强网络。该网络框架如图 6-3 所示。

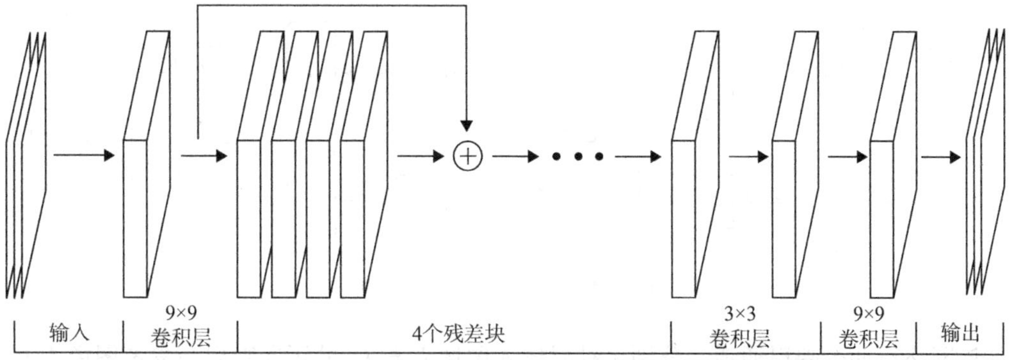

图 6-3　对比度增强框架

网络中对比度损失被定义为一个通过高斯模糊处理后的失真图像与参考图像之间的欧几里得距离，其表达式如式（6-1）所示。

$$L(X,Y)=\| X_b - Y_b \|_2^2 \tag{6-1}$$

其中，X、Y 表示增强图像与参考图像，X_b, Y_b 表示经过高斯模糊后的增强图像与参考图像，图像高斯模糊的过程如表达式（6-2）所示。

$$X_b(i,j)=\sum_{k,l} X(i+k, j+l)\cdot G(k,l) \tag{6-2}$$

其中，（i, j）表示图像像素点坐标位置，$G(k, l)$ 表示高斯模糊核，该过程可以表示为利用一个含有高斯模糊因子的卷积核与图像进行卷积处理，得到高斯模糊图像以计算其 MSE 损失值。该损失函数主要评估图像之间的对比度的差异，同时消除图像纹理与内容对图像对比度增强影响，从而得到对比度优化的效果，提高图像质量。

6.2.2 真实彩色图像颜色 / 亮度增强

真实彩色图像的亮度和颜色主要影响人眼对图像的视觉感受，即图像中的色彩丰富度带给人的感受，其往往是由图像采集设备的感光性能决定，虽然不会影响图像中主要内容的识别，但也在一定程度上影响人们对美的追求，文献 [2] 则通过一种非配对的学习方法（ULGAN）有效地对图像色彩进行增强。由于真实彩色图像的亮度 / 颜色表现往往都呈现出图像整体偏暗且色彩丰富度低，这就意味着真实彩色图像在失真特征分布上有着一定的相似性，故本章节在该算法优异性能的基础上，利用基于模型的迁移学习方法对真实彩色图像的亮度 / 颜色进行增强，通过共享该算法的模型与参数的方式达到对真实彩色图像的亮度 / 颜色进行增强的目的。

该增强算法是基于一种改进双向 GAN（Two-way GAN）的结构，其结构类似于循环 GAN[3]（Cycle GAN）和对偶 GAN[4]（Dual GAN），能有效地解决传统单向 GAN 不稳定的问题，该双向 GAN 结构如图 6-4 所示。

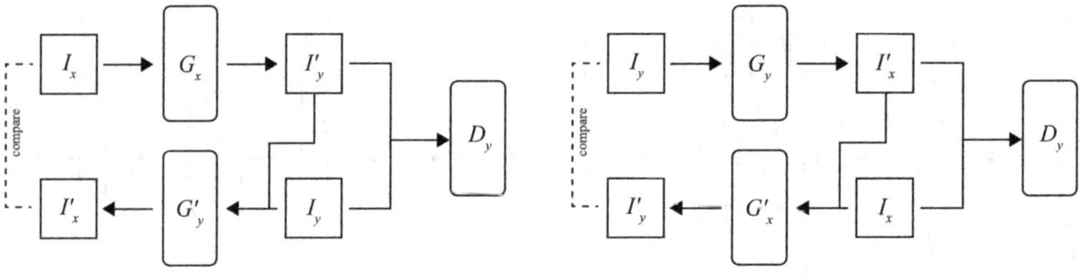

图 6-4　Two-way GAN 结构

该网络有两个映射通道，分别是针对输入图像 $I_x \in D_x$ 的正向映射与参考图像 $I_y \in D_y$ 的反向映射，通过 $G'_{(y,x)}(G_{(x,y)}(I_x, I_y))=I'_x, I'_y$，将输入图像 I_x 经过两个生成器 G_x 和 G'_y 的映射得到的 I''_x，并比较两者之间的差异。同理，参考图像也通过两次生成器映射得到映射

样本 I''_y，并比较两者之间的差异。其中生成器 G_x 与 G_y 和判别器结构仍然遵循单一 GAN 的原理进行图像的增强与判别，其中生成器与判别器的结构如图 6-5 所示。

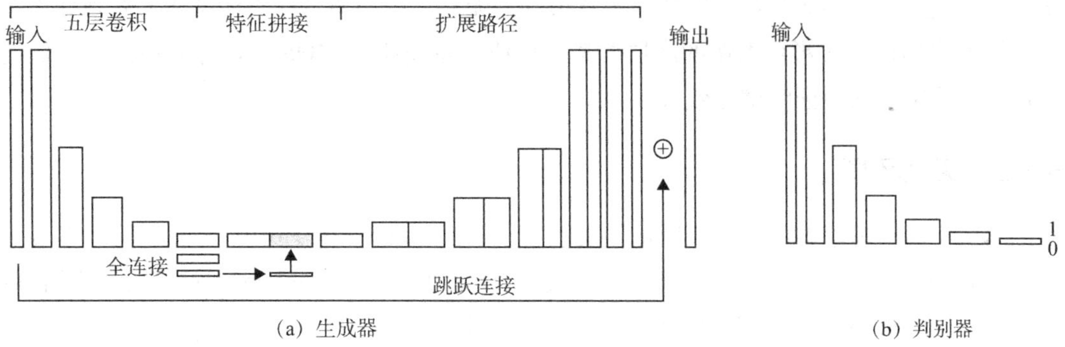

图 6-5　生成器与判别器网络结构

生成网络结构如图 6-5（a）所示，它是通过全局特征提取通道与 U-Net 网络共享前五层卷积层、激活层与批归一化层，得到第五层的特征图后，全局特征提取通道进一步将图像特征池化后通过全连接层得到图像全局特征，为了将全局特征提取通道所提取的图像高维度特征与 U-Net 的低维度特征相融合，通过拷贝的方式将全局特征复制多层与 U-Net 进行拼接，之后利用 U-Net 的扩展路径恢复出增强图像，该结构还利用残差的思想，学习输入图像与输出图像之间的差异，有利于网络的收敛。判别网络结构则是由卷积层与全连接层组成的一个简单二分类网络，其结构如图 6-5（b）所示。

6.3　实验结果与分析

6.3.1　实验数据集与评价方法

针对真实彩色图像噪声 / 模糊失真增强实验，本章利用真实彩色图像数据集 KonIQ-10K 数据集进行训练，KonIQ-10K 数据集包括 10073 张 224×224 像素大小的真实彩色图像，每一张图像都有相应的底层质量指标标签与全局质量指标标签，为了有效地减小数据不足所带来的影响，将数据集裁剪为 63×63 像素的图像块，并通过旋转、镜像操作来增加训练数据，得到共 362628 张真实彩色图像块。

针对真实彩色图像对比度失真增强实验，本章利用 DPED 数据集进行训练，DPED 数据集共有 22000 张对比度失真图像与相应的高质量图像，通过切片操作将图像切割成 100×100 像素大小的图像块，得到 160000 张图像块。针对真实彩色图像亮度 / 颜色失真增强实验，本章节利用 MIT Adobe FiveK 数据集，该数据集包含 5000 张高清图像，每一张图像都经过 5 位调色专家进行了色彩的优化，得到 5 种不同等级的色彩优化图像，本章选用好评度最好的专家 C 作为参考图像进行训练。

本章利用 KonIQ-10K 真实彩色图像数据集进行测试，筛选出底层质量指标与全局质量分数都偏低的真实失真图像 21 张，并利用训练好的模型来进行测试。由于真实彩色图像缺乏与之对应的高质量参考图像，本章节利用无参考图像质量评价体系作为客观评价指标，计算出测试真实彩色图像的底层质量指标值与全局质量 MOS 值，并利用测试图像的平均增量值来定量地证明增强效果。

6.3.2 实验环境

本章实验环境配置如表 6-2 所示。实验基于 Linux 系统进行环境的配置，CPU 型号为 Intel Xeon Bronze 3106，GPU 型号为 Nvidia Quadro P4000，采用 Python3.5 计算机编程语言，基于 TensorFlow-gpu1.4 深度学习平台进行训练及测试。

表 6-2 实验环境配置

硬件配置	软件			
	CPU	GPU	Python	TensorFlow
信息	Intel Xeon Bronze 3106	Nvidia QuadroP4000	3.5	gpu-1.4

6.3.3 噪声 / 模糊增强实验结果

本章节展示出了四组低质量真实彩色图像噪声 / 模糊增强前后效果图，并与 DnCNN 算法和 DbGAN 算法进行比较，其主观视觉效果如图 6-6 所示。

从主观视觉图像图 6-6 可以看出，本章算法对四组真实彩色图像的噪声 / 模糊失真有明显的增强，从图 6-6（a）Chair、（b）Chicken 中的报纸、毛发可以看出，本章优化后的图像纹理更加明显，且能有效去除图像中的噪声影响，而 DnCNN 与 DbGAN 则稍显不足，在图 6-6（c）Foot 与（d）Boy 中，本章方法在边缘细节处的处理更加平滑，能有效去除真实彩色图像内前后景之间过度模糊的问题，且对图像整体噪声也有明显的优化，而 DnCNN 方法与 DbGAN 所优化的图像则在处理效果上不明显。为了更好地证明算法的优良性能，利用无参考图像质量评价体系，对真实彩色图像噪声 / 模糊失真进行客观评价，将其测试结果与算法 DnCNN 和算法 DbGAN 的结果进行比较，结果如表 6-3 所示。

从表 6-3 可以看出，真实失真图像噪声 / 模糊增强前后的底层质量客观评价值与全局质量客观评价值都得到了一定的提升，其中 21 张图像噪声指标的平均增量为 +0.27，图像模糊指标的平均增量为 +0.16，图像全局质量指标的增量为 +1.87，与其他两种算法相比较，不仅在噪声 / 模糊两者上均有增强，且增强效果略强于对比算法。由此可见，本章节算法能有效地对真实彩色图像的噪声 / 模糊失真进行增强。

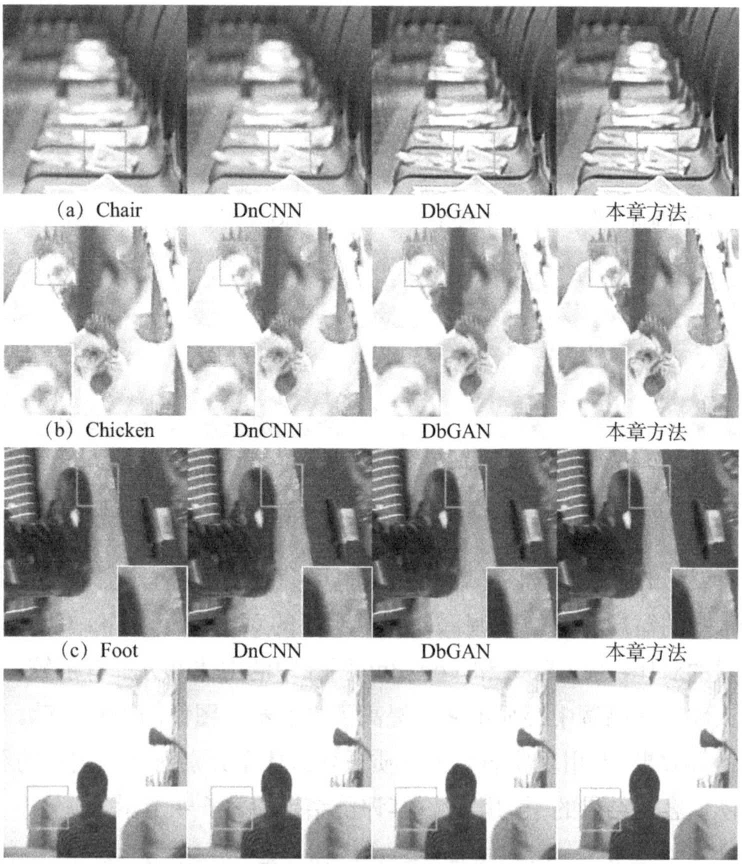
(a) Chair DnCNN DbGAN 本章方法
(b) Chicken DnCNN DbGAN 本章方法
(c) Foot DnCNN DbGAN 本章方法
(d) Boy DnCNN DbGAN 本章方法

图 6-6 真实彩色图像噪声 / 模糊增强主观视觉（彩图 12）

表 6-3 真实彩色图像噪声 / 模糊增强无参考图像质量评价

真实图像	Chair		Chicken		Foot		Boy		本文平均增量	DnCNN 平均增量	DbGAN 平均增量
	原图	增强	原图	增强	原图	增强	原图	增强			
噪声	0	0.27	0	0.29	0	0.22	0	0.31	+0.27	+0.26	+0.06
模糊	0	0.13	0	0.18	0	0.17	0	0.19	+0.16	+0.08	+0.16
MOS	1.26	2.75	1.19	2.33	1.29	2.18	1.19	2.57	+1.87	+1.02	+1.28

6.3.4 对比度增强实验结果

本章节利用与上一章节相同的一组图像进行对比度的增强测试，其主观视觉效果如图 6-7 所示。

(a) Chair 原图　　增强图　　(b) Chicken原图　　增强图

(c) Foot原图　　增强图　　(d) Boy原图　　增强图

图 6-7　真实彩色图像对比度增强主观效果对比图（彩图 13）

从图 6-7 所展示的主观视觉图来看，四组真实彩色图像的对比度都得到了有效的提高，其中（a）Chair 中的窗户与图像暗调部分有了明显的对比提升，（b）Chicken 中前后景部分也有了更明显的对比，（c）Foot 和（d）Boy 图像中的主体部分都有了较为突出的优化，其中的鞋子与人物都从暗调中突显出来，提高了真实彩色图像的视觉观感。为了定量的评价图像对比度增强效果，利用真实彩色图像质量评价体系分别对增强前后的图像进行评价，并计算出测试图像客观结果的平均增量，其评价结果如表 6-4 所示。

表 6-4　真实彩色图像对比度增强无参考图像质量评价

真实图像	Chair		Chicken		Foot		Boy		平均增量
	原图	增强	原图	增强	原图	增强	原图	增强	
对比度	0.74	0.83	0.83	0.86	0.72	0.85	0.80	0.89	+0.11
MOS	1.26	1.52	1.19	1.35	1.29	1.47	1.19	1.54	+0.36

从客观评价角度来看，测试图像的对比度底层质量指标分数和全局质量分数 MOS 值在增强后都得到了一定的提升，由于选取的测试图像的对比度底层质量指标分数偏高，故客观指标增量较低，21 张测试图对比度平均增量为 +0.11，全局质量分数 MOS 值平均增量为 +0.36，但同时也能证明该模型能对对比度失真的真实彩色图像进行增强。

6.3.5　亮度 / 颜色增强实验结果

本章节同样展示了同一组真实彩色图像亮度 / 颜色增强前后对比效果图，其主观视觉效果如图 6-8 所示。

（a）Chair 原图　增强图　（b）Chicken原图　增强图

（c）Foot原图　增强图　（d）Boy原图　增强图

图 6-8　真实彩色图像亮度 / 颜色增强主观视觉图（彩图 14）

从图 6-8 主观评价图像可以看出，该算法能有效地对真实彩色图像在亮度 / 颜色底层质量指标方面进行增强，从（a）Chair 可以看出，增强后真实彩色图像中座椅呈现出少许偏黄质感，图像也更符合人眼的真实感受；（b）Chicken 中增强后的毛发质感更加白净且鸡冠的红色也更加鲜艳；（c）Foot 中的铁质地板在增强后也更加符合自身特性；（d）Boy 中的男孩在增强后突显出来，背景中红色沙发的色彩也更为鲜艳。为了更充分地证明该算法对真实彩色图像亮度 / 颜色增强的有效性，采用无参考图像质量评价体系给其做出定量的评价，并计算出测试图像的亮度 / 颜色质量指标与全局质量分数 MOS 的平均增量，其结果如表 6-5 所示。

表 6-5　真实彩色图像亮度 / 颜色增强无参考质量图像评价

真实图像	Chair		Chicken		Foot		Boy		平均增量
	原图	增强	原图	增强	原图	增强	原图	增强	
亮度	0.01	0.24	0.02	0.23	0.03	0.25	0	0.21	+0.21
颜色	0.24	0.43	0.14	0.36	0.24	0.47	0.19	0.41	+0.23
MOS	1.26	1.82	1.19	1.91	1.29	1.84	1.19	1.81	+0.61

从表 6-5 可以得到，测试图像的亮度 / 颜色底层质量分数都得到了一定的正增长。由于真实彩色图像质量的主要决定因素在于其噪声 / 模糊的质量优劣，故从全局质量分数来看出现少许的偏差，21 张测试图像亮度的平均增量为 +0.21，颜色的平均增量为 +0.23，全局质量分数 MOS 值为 +0.61，证明了该算法对真实彩色图像亮度 / 颜色方面的优化具有一定的增强作用。

6.4 本章小结

本章依据真实彩色图像底层质量指标影响机制所完成的分类类别，提出了一种基于深度学习的噪声 / 模糊增强算法，并利用基于模型的迁移学习分别对真实彩色图像的对比度、亮度 / 颜色进行底层质量增强。

针对真实彩色图像的噪声 / 模糊失真，基于深度强化学习框架，将无参考图像质量评价模型引入作为网络的奖励函数，解决了网络学习中真实彩色图像缺乏参考图像的问题，提供了多种 CNN 网络作为真实彩色图像增强工具，将工具的选择看作智能体的决策过程，从而使存在噪声 / 模糊混合失真的真实彩色图像得到有效的增强。此外，针对真实彩色图像的对比度失真与亮度 / 颜色失真，通过基于模型的迁移学习方法，分别利用 CNN 算法与 Two-way GAN 算法对其进行优化增强。

从本章实验的主观视觉展示与客观数据结果，并结合第 2 章真实彩色图像底层质量指标影响机制的研究分析可以得到：真实彩色图像对比度增强算法在对图像对比度进行有效增强的同时，几乎不会对其他底层质量指标造成负面影响，所以该算法可以作为真实彩色图像增强的预处理部分。真实彩色图像亮度 / 颜色算法虽然在单类别底层质量指标增强中有显著的效果，但增强的同时也影响到了图像噪声 / 模糊的质量，进而导致图像全局质量分数提升甚微。所提出的真实彩色图像噪声 / 模糊增强算法则不仅在噪声 / 模糊底层质量指标上有良好的效果，且对全局质量分数也有一定的提升。然而，现实世界中大量真实彩色图像往往不只有单一类别的底层质量指标失真，其往往都是包含多种类别的底层质量指标失真，所以下一章将针对多类别底层质量指标失真的真实彩色图像增强进行研究，进一步对算法做出合理的改进。

参考文献：

[1] Ignatov A, Kobyshev N, Timofte R, et al. DSLR–Quality Photos on Mobile Devices with Deep Convolutional Networks[C]. //Proceedings of the IEEE International Conference on Computer Vision. Honolulu: IEEE, 2017: 3277–3285.

[2] Chen Y S, Wang Y C, Kao M H, et al. Deep Photo Enhancer: Unpaired Learning for Image Enhancement from Photographs With GANs[C]. //Proceedings of The IEEE Conference on Computer Vision and Pattern Recognition. Chen Du: IEEE, 2018: 6306– 6314.

[3] Zhu J Y, Park T, Isola P, et al. Unpaired Image–to–Image Translation Using Cycle–Consistent Adversarial Networks[C]. //IEEE International Conference on Computer Vision, New York: IEEE, 2017: 386–399.

[4] Yi Z, Zhang H, Tan P, et al. DualGAN: Unsupervised Dual Learning for Image–to– Image Translation[C]. // IEEE International Conference on Computer Vision, New York: IEEE, 2017: 256–277.

第 7 章 基于深度迁移强化学习的真实彩色图像增强算法研究

本章在基于底层质量指标增强研究的基础上，针对含有多种底层质量指标失真类型的真实彩色图像，提出一种基于深度迁移强化学习的真实彩色图像自适应增强的方法。该方法在深度强化学习强大的自主决策的框架下，结合有效的图像底层质量指标增强工具（噪声 / 模糊增强模型与亮度 / 颜色增强模型）作为网络可行性动作，并利用无参考图像质量评价方法作为框架中的奖励函数，为了提高网络的学习效率与性能，在深度强化学习的智能体学习器中引入了基于迁移学习 Fine-tune 的失真图像特征提取器，实现了真实彩色图像的自适应增强。本章首先探究了真实彩色图像多底层质量指标失真类型增强机制，以此作为模型构建的前提条件，其次研究了基于迁移学习 Fine-tune 方法的特征提取器，并通过定义多种底层质量指标增强动作，从而对真实彩色图像进行全局增强，最后通过实验验证的方式对结果进行分析。

7.1 基于多类别失真的真实彩色图像增强机制研究

从真实彩色图像底层质量指标影响机制分析，真实彩色图像的底层失真类型并不是相互独立的，而是存在一定的关联性，故本文将真实彩色图像的底层失真指标失真类型又聚合为 3 类，即噪声 / 模糊失真、对比度失真、亮度 / 颜色失真。

从前述章节的影响机制结论并结合第 3 章单类型底层质量指标增强的结果还可以得到，对比度失真类型与其他失真类型普遍呈现较低的相关程度，故本文将对比度增强作为真实彩色图像对比度失真程度判定后的一个预处理部分，利用基于模型的迁移学习方法针对真实彩色图像对比度失真进行增强。为了使真实彩色图像的全局质量得到有效的提升，本节在控制真实彩色图像对比度底层质量指标与整体 MOS 值基本一致性的基础上，研究真实彩色图像在亮度 / 颜色与噪声 / 模糊失真的情况下，对真实彩色图像增强机制进行实验研究，利用前述第 3 章所提出的基于深度强化学习的噪声 / 模糊增强方法与基于模型的迁移学习的 ULGAN 方法，通过先亮度 / 颜色增强后噪声 / 模糊增强，或者先噪声 / 模糊增强后亮度 / 颜色增强的方式，探究两种增强模式在底层质量指标值提升的前提下，是否同时会对其全局质量 MOS 值产生正面影响，同时不会对真实彩色图像进行负增强，从而使真实彩色图像整体达到增强的效果。其流程结构如图 7-1 所示。

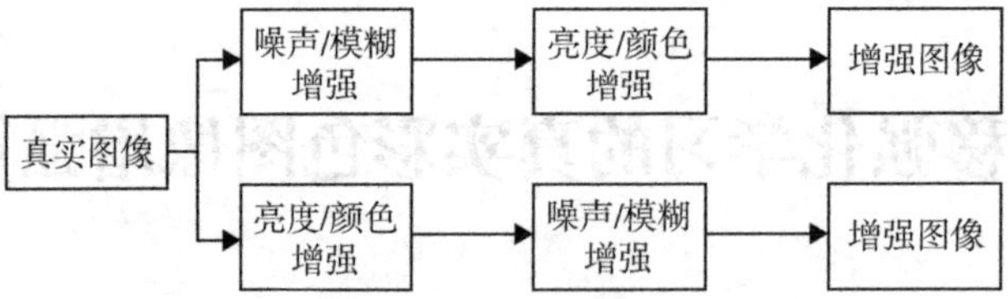

图 7-1　真实彩色图像增强机制研究

7.2　基于深度迁移强化学习的真实彩色图像增强

在真实世界中，人眼对事物总是以图像的形式捕捉信息，图像就成了人们对现实世界理解的载体，而真实彩色图像往往会受到各种不利因素的影响，从而导致人眼对图像信息的捕捉不全面，在艺术层面来说也会导致图像美学质量的下降。对计算机来说，其对图像的理解则是通过高维特征量的层面，这就需要对真实彩色图像质量的把控更加精确，否则就会在实际应用中造成不可估量的不良后果。所以，本章节针对真实彩色图像，提出一种基于深度迁移强化学习真实彩色图像增强算法：在所提出的深度强化学习增强框架中，引入真实彩色图像特征提取模块，从而减小网络整体参数的复杂度，在去噪 / 去模糊动作库基础上迁移亮度 / 颜色增强模型，从而使真实彩色图像达到全局质量增强的目的。

7.2.1　基于迁移学习 Fine-tune 的真实彩色图像特征提取网络

在 2012 年举办的第一次 ImageNet 图像分类大赛中，AlexNet[1] 网络模型以 15.3% 的错误率获得冠军，从此拉开了对图像特征理解的序幕，在之后的比赛中，网络错误率越来越低，这也意味着网络对图像理解得到了进一步的提升。但深度学习是大数据时代下的产物，学习一个用于理解图像特征的模型往往需要大量的图像数据作为支撑，且重新开始训练也需要耗费大量的成本，迁移学习则为此类问题提供了有效可行的解决方法。研究学者基于迁移学习的两个负面影响，提出一种解决小规模数据集的训练量不足的 Fine-tune（微调）方法，它是通过在先前模型参数的基础上，对目标域进行重训练，从而保证模型在目标域中分类准确率的同时，大大提高了网络重新训练的效率。迁移学习 Fine-tune 方法的基本原理是通过在源域数据中训练一个基本网络得到预训练模型，然后根据目标数据集的大小及其与源域数据集的相似性，将预训练模型中的部分卷积层（通常是靠近输入层的多数卷积层）复制应用到目标网络上，随机初始化参数训练剩下的卷积层（通常是靠近输出层的部分卷积层）和全连接层，并且针对被复制的层，可以在预训练模型参数的基础上进行训练，或者是训练期间保持参数的不变（冻结参数）。其基本原理如图 7-2 所示。

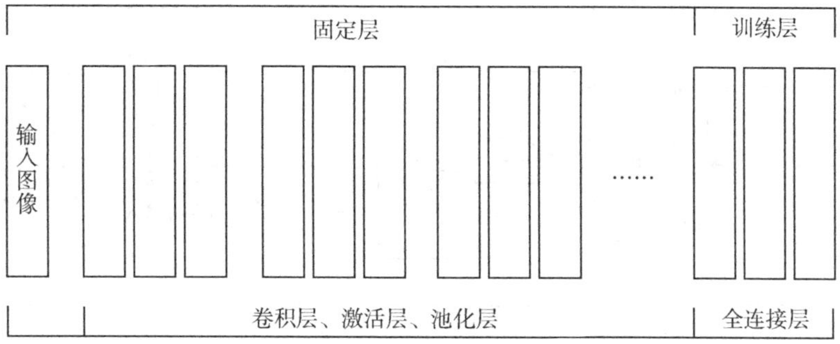

图 7-2　迁移学习 Fine-tune 基本原理

本章节基于迁移学习 Fine-tune 方法的原理，利用 ImageNet 分类大赛中的 Top5 预训练模型作为源域模型，分别是 AlexNet、VGG16[2]、VGG19、ResNet50[3]、ResNet101 五种预训练模型，以真实彩色图像数据集 KonIQ-10K 为目标域，对源域模型进行 Fine-tune 训练，使模型在目标域中的表征能力进一步得到提高，得到真实彩色图像更好的特征表示矩阵，从而更好地服务于深度强化学习的决策增强。

由于 ImageNet 预训练模型是将图像进行分类训练而得到的，故本章节首先根据真实彩色图像数据集 KonIQ-10K 图像的底层质量特征进行 k-means 聚类实现预分类，将所有图像分为 6 个类别，然后基于图像的预分类类别，利用源域模型进行迁移学习 Fine-tune 方法的分类训练。在目标域模型的设计中，本章将除最后一层全连接层外的所有层复制应用到目标网络，并添加一个全连接层将图像特征映射到 6 维，训练中前 n 层的参数在源域模型参数的基础上进行再训练，最后一层全连接层则重新随机初始化参数进行训练，从而提高模型在目标域的分类准确率。

为了将目标域模型所提取的特征给深度强化学习的决策提供有效的图像表征，本章节将利用训练分类准确率最高模型，并选取模型第六层输出的 4096 维特征作为真实彩色图像的特征表示，然后再将特征输入深度强化学习智能体中进行决策训练，从而更好地指导智能体对真实彩色图像进行增强。

7.2.2　基于深度迁移强化学习的真实彩色图像多底层质量指标增强

本章节通过设计一种深度迁移强化学习网络，基于深度强化学习框架，在第 3 章所提出的噪声 / 模糊增强模型上，将亮度 / 颜色增强模型迁移到网络可行性动作库中，并将对比度增强模型作为图像预处理步骤，提高了真实彩色图像增强性能。利用真实彩色图像无参考质量评价体系作为模型学习的奖罚函数，对真实彩色图像进行底层质量指标失真增强的同时，保证了真实彩色图像的全局质量。为了解决真实彩色图像表征难的问题，利用 ImageNet 预训练网络通过迁移学习 Fine-tune 方法得到一种更好的真实彩色图像表征模型，不仅更好地对真实彩色图像进行特征表示，且降低了网络模型参数的复杂度，提高了学习效率。该增强网络结构如图 7-3 所示。

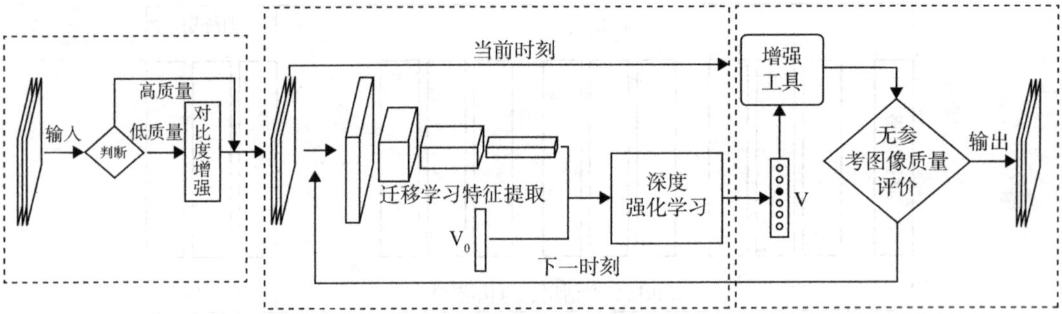

图 7-3　深度迁移强化学习的真实彩色图像增强

在图 7-3 中，由于在第 2 章中研究分析了真实彩色图像五个底层质量指标之间的影响机制，所以，本章节所设计的深度迁移强化学习首先将真实彩色图像输入无参考质量评价算法中，预测得到真实彩色图像的对比度底层质量指标评价值，根据所设定的阈值判断是否对真实彩色图像的对比度底层质量指标进行增强，若预测值小于该阈值，则通过基于模型的迁移学习对真实彩色图像的对比度失真进行前模块预处理，反之则直接将真实彩色图像输入下一个增强模块。

第二增强模块则是以深度强化学习为基础框架，将从上一模块的输出作为输入，利用智能体中的迁移学习 Fine-tune 特征提取器，提取出更符合真实彩色图像失真特征表示的高维特征，然后再通过智能体中的全连接层与长短期记忆网络（LSTM）预测出用于真实彩色图像的增强动作检索值，并以向量的方式将动作存储记录。本章定义了噪声 / 模糊和亮度 / 颜色增强模型作为可行性动作，由于亮度 / 颜色底层质量指标增强模型数据集的限制，并且根据底层质量指标之间的影响机制与亮度 / 颜色底层质量指标增强实验可以得到，亮度与颜色底层质量指标的增强可以同步进行，所以，本章利用 MITAdobe5K 数据集中的 3 组不同色彩表现的图像，通过基于模型的迁移学习训练了 3 种用于不同失真表现的亮度 / 颜色增强模型，结合前述章节中所提出的 8 个噪声 / 模糊增强网络组成 11 个可行性动作作为动作库，如表 7-1 所示。

表 7-1　真实彩色图像增强动作库

失真类型	失真程度
噪声 / 模糊	噪声 / 模糊低　噪声 / 模糊较低
	噪声 / 模糊较高　噪声 / 模糊高
色彩表现低	
亮度 / 颜色	色彩表现

接下来则是将增强处理过的真实彩色图像通过无参考质量评价体系，计算得到其底层质量指标值与全局质量 MOS 值，从而进一步得到该时刻真实彩色图像增强的奖罚值，根

据奖罚值的反馈使智能体做出下一时刻的决策，通过进行迭代训练使累计奖励值达到最大，最终输出增强图像。

7.3 实验结果与分析

7.3.1 数据集与实验参数设置

本章针对真实失真图像进行增强，利用 KonIQ-10K 数据集进行训练与验证，KonIQ-10K 数据集包含 10073 张附有标签的真实彩色图像，每一张图像的大小为 224×224 像素，由于训练需要大量数据，本章将该数据集通过旋转、镜像等操作扩大其数据量，并裁切成 63×63 像素大小的真实彩色图像块，总计 271917 张进行训练与验证。为了证明本章节真实彩色图像增强算法的有效性，实验测试图像仍使用上一章节中相同的 21 张真实彩色图像，并通过主观视觉评价与客观数据分析的方式进行对比说明。

实验环境所用的硬件与软件配置与第 3 章相同。在真实彩色图像特征提取网络的训练中，利用 SGD 优化器，设置学习率为 10^{-4}，动量参数为 0.9 进行随机梯度下降。在真实彩色图像多底层质量指标类型增强的深度迁移学习网络中，基于 TensorFlow 深度学习平台，通过深度 Q-Learning（DQL）算法进行训练学习，批处理大小为 32，使用 Adam 优化器对网络参数进行优化，初始化学习率为 10^{-4}，学习率衰减为 0.5，学习率衰减步数为 10^6，学习率衰减最小值为 0.25×10^{-4}，折扣因子为 0.99，重放存储器的大小为 5×10^5，网络每迭代训练 2500 步进行参数更新，LSTM 单元个数为 50，直到 5×10^5 次迭代终止。

7.3.2 真实彩色图像增强机制研究实验结果与分析

为了更合理地说明真实彩色图像增强机制的有效性，本章节同样利用第 3 章中同一组测试图像进行增强机制的实验，并通过主观视觉与客观数据两种评价方式，对实验结果进行分析，实验主观视觉效果则如图 7-4、图 7-5 所示。

从图 7-4 和图 7-5 综合比较可以看出，不管是先亮度 / 颜色增强后噪声 / 模糊增强，还是先噪声 / 模糊增强后亮度 / 颜色增强，最终得到的增强图像都在原图的基础上得到了有效的提升。为了更好地展示出增强前后的效果，利用客观数据评价方法真实彩色图像无参考质量评价体系，分别计算出真实彩色图像增强前后底层质量指标值与全局质量分数 MOS 值，并通过平均增量来定量地表示真实彩色图像增强机制的实验结果，其结果如表 7-2 所示。

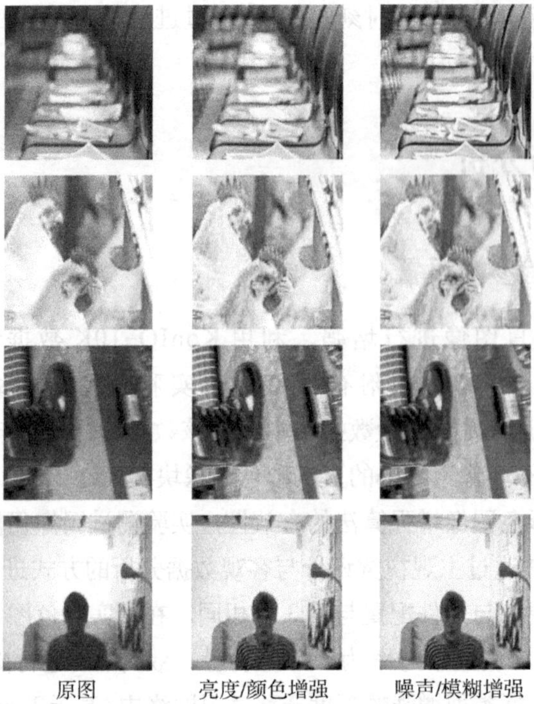

图 7-4　先亮度 / 颜色增强后噪声 / 模糊增强主观视觉效果图（彩图 15）

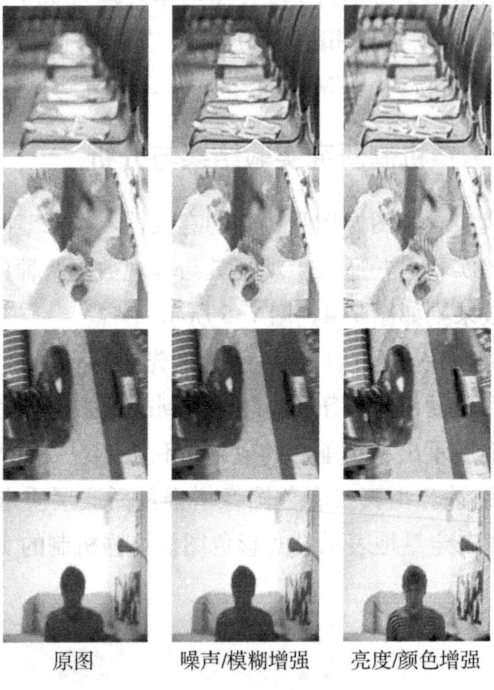

图 7-5　噪声 / 模糊增强与亮度 / 颜色增强主观视觉效果图（彩图 16）

表 7-2　真实彩色图像增强机制无参考质量评价

	噪声	模糊	亮度	颜色	MOS
原图	0	0	0.02	0.18	1.23
噪声 / 模糊	+0.27	+0.16	+0.01	0	+1.87
亮度 / 颜色	+0.01	0	+0.22	+0.24	+2.33
亮度 / 颜色	0	0	+0.21	+0.23	+0.61
噪声 / 模糊	+0.28	+0.17	+0.22	+0.25	+2.35

从表 7-2 中数据也可以看出，针对真实失真图像多种失真类型混合的问题，无论通过何种机制的增强处理，最终都会使真实彩色图像的底层质量指标值与全局质量 MOS 值有一定的提升，从而证明了两种真实彩色图像增强方法即使作用在同一图像上也能够在多方面更好地提高图像质量。

综合主观视觉评价与客观数据分析可以得出，利用图像亮度 / 颜色增强模型与噪声 / 模糊增强模型对同一失真进行增强时，最终结果并不会造成真实彩色图像负增强的效果，但从主观视觉感受来看，真实彩色图像的亮度 / 颜色增强会不可避免地引起噪声 / 模糊的质量降低，且第 2 章图像底层质量指标影响机制的研究结果也能有效地佐证该结论，说明在后续基于深度迁移强化学习的真实彩色图像自适应增强框架的设计中，将这两类增强网络作为深度强化学习动作库中的增强工具是一种必要且可行的方式。

7.3.3　特征提取网络结果与分析

本章节通过 Fine-tune 的方法，利用 ImageNet 分类大赛中的 Top5 预训练网络作为源域模型，以 KonIQ-10K 数据集为目标域，建立迁移学习 Fine-tune 网络模型。本章节所利用的 5 个预训练网络作为源域模型分别是 AlexNet、VGG16、VGG19、ResNet50、ResNet101。

基于真实彩色图像的底层质量特征，先通过 k-means 方法将数据集中的真实彩色图像预分类为 6 个类别后，分别利用 Fine-tune 方法训练所构建的迁移学习网络，通过对比 5 个网络经过迁移学习 Fine-tune 后的分类精度选取最优特征提取网络。其实验结果如图 7-6 所示。

从图 7-6 可以看出，5 种不同的分类模型在目标域上有着不同的分类准确率，其中 VGG19 的分类准确率达到 0.84，为 5 个模型中准确率最高的网络，故本文选取 VGG19 的 Fine-tune 训练网络作为深度迁移强化学习网络中的特征提取模块，使真实彩色图像通过特征提取网络提取出 4096 维高维特征输入增强网络中，在更好地为深度强化学习中的智能体的学习提供准确真实彩色图像特征表示的同时，减少了网络整体参数的复杂性。

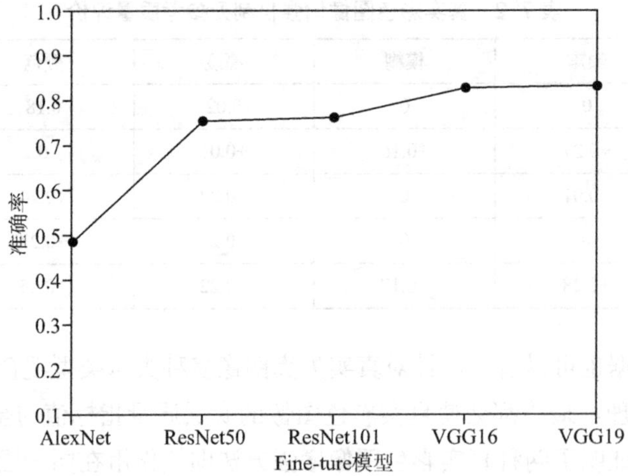

图 7-6　不同模型 Fine-tune 后分类准确率

7.3.4　基于深度迁移强化学习的真实彩色图像增强实验结果与分析

为了更好地证明本文算法的性能，本节仍然使用前文所用的 21 张真实彩色测试图像进行实验分析，利用所训练的深度迁移强化学习模型对真实失真图像进行增强，并通过主观视觉与客观数据的方式进行合理的分析评价，为了证明本文算法的增强性能，将本文算法的增强结果与DRLIR算法和ULGAN算法的增强结果进行比较。其主观视觉评价如图 7-7 所示。

从主观视觉对比图 7-7 可以看出，本章算法能有效地对真实彩色失真图像进行增强，增强后的真实彩色失真图像不仅在细节处的噪声模糊得到了有效的增强，同时在真实彩色失真图像的色彩丰富度及亮度上也得到了合理的提升。其中，(a) Chair 中的噪点有较为明显的减少，图像的整体亮度也得到了有效的提升与增强；(b) Chicken 中动物的羽毛有了较为明显的平滑，有效地对图像的噪声失真进行了增强，且图像的整体亮度得到了一定的提升，红色通道也更为鲜艳；在 (c) Foot 中，增强后的图像在鞋与地板过渡的边缘处得到了有效的增强，细节也得到了一定的提升，且图像色彩更为丰富；(d) Boy 则可以看出图像中的主体人物更加突出，衣服中的条纹不仅在细节上区分更加明显，而且在色彩上恢复出了其原始的蓝白色，沙发与墙面之间的过渡模糊也得到了有效的增强。通过对比 DRLIR 算法与 ULGAN 算法可以看出，它们虽然在单一底层质量指标类型的真实彩色失真图像增强中有一定的效果，但增强后的效果远远没有考虑真实彩色图像综合视觉感受，导致底层质量指标没有达到均衡提升。

为了更好地证明本章算法的有效性，通过真实彩色图像无参考质量评价体系对真实彩色图像的增强进行客观评价，分别计算出 21 张真实彩色失真图像增强后的底层质量指标值和全局质量分数 MOS 值的平均增量，并分别与 DRLIR 算法和 ULGAN 算法进行比较，结果如表 7-3 所示。

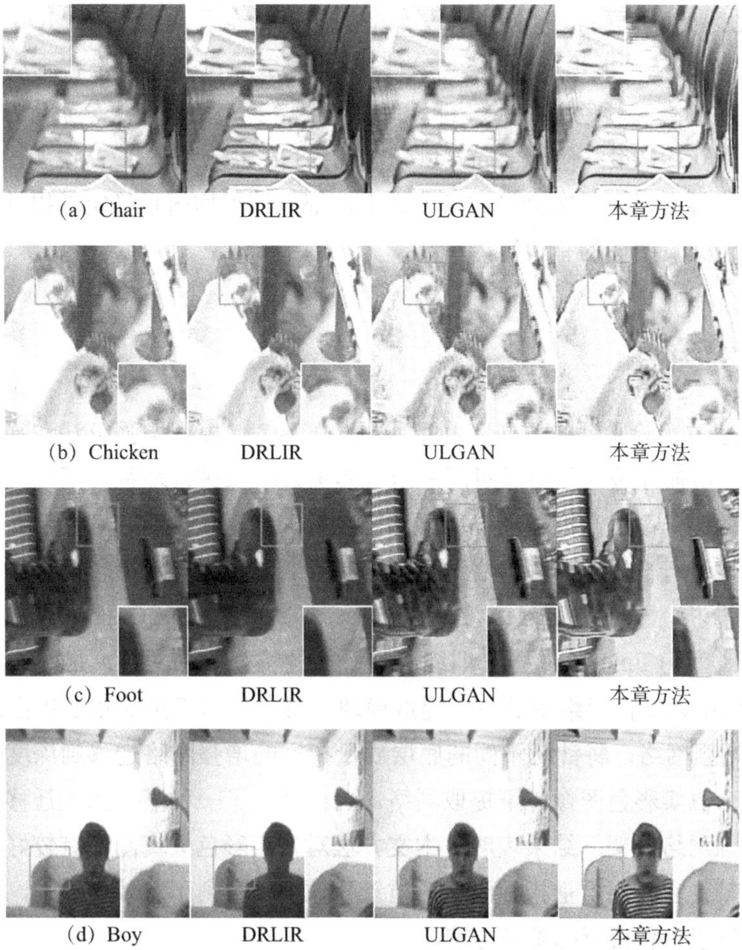

图 7-7　真实彩色图像增强效果对比（彩图 17）

表 7-3　真实失真图像底层质量指标与全局质量分数评价值

方法	DRLIR 增量	ULGAN 增量	本文增量
噪声	+0.23	0	+0.36
模糊	+0.14	0	+0.27
亮度	0	+0.21	+0.24
颜色	−0.08	+0.23	+0.31
对比度	0	+0.06	+0.19
MOS	+0.91	+0.61	+2.57

从表 7-3 的结果看可以看出，SRLIR 虽然在噪声 / 模糊底层质量指标上有所提升，增量分别为 +0.23 和 +0.14，但亮度 / 颜色指标上甚至出现负增强效果，导致全局质量分数 MOS 值的提升仅有 +0.91，ULGAN 则在亮度 / 颜色底层质量指标上提升量分别为 +0.21

和 +0.23，而在噪声 / 模糊指标上几乎没有增加，使得全局质量分数 MOS 值的提升仅为 +0.61。相比本文方法，无论是在真实失真图像的底层质量指标或是在全局质量分数上，本文方法增强后的真实彩色图像都得到了有效的正增长，增量依次分别为 +0.36、+0.27、+0.24、+0.31、+0.19，最终使得全局质量分数 MOS 值增量为 +2.57，说明了本章方法无论是在底层质量指标上，还是在全局质量分数上，都能达到均衡且稳定的提升，证明了本章方法对真实彩色失真图像的有效性。

7.4 本章小结

本章首先通过实验验证的方法，利用所提出的噪声 / 模糊增强算法和基于模型的迁移学习亮度 / 颜色增强方法，分前后对同一组真实失真图像进行增强，证明了对同一真实失真图像通过不同的角度进行增强后仍能展示出较好的质量，说明了利用深度迁移强化学习对真实彩色图像进行自适应增强的必要性与可行性。其次对真实彩色图像的特征提取网络进行了实验与分析，选取 AlexNet、ResNet50、ResNet101、VGG16、VGG19 五种预训练模型，利用迁移学习 Fine-tune 方法训练选取最优的特征提取网络，最终选取准确率最高的 VGG19 网络作为增强网络中的特征提取模块。最后，基于第 3 章所提出的深度强化学习噪声 / 模糊增强网络，将针对不同的底层质量指标的增强网络迁移到深度强化学习的动作库中，并结合真实彩色图像特征提取网络，由此建立了一种基于深度迁移强化学习的真实彩色图像增强网络框架。结果表明，本文方法对真实彩色失真图像有较好的增强性能，与其他算法比较，在底层质量指标与全局质量分数上都得到了有效的提升，为真实彩色图像增强领域提供了一种可行的参考方法。

参考文献：

[1] Krizhevsky A, Sutskever I, Hinton G. ImageNet Classification with Deep Convolutional Neural Networks[C]. //NIPS. Curran Associates Inc. 2012 (25) : 84–89.

[2] Simonyan K, Zisserman A. Very Deep Convolutional Networks for Large-Scale Image Recognition[J]. Computer Science, 2014 (4) : 56–63.

[3] He K, Zhang X, Ren S, et al. Deep Residual Learning for Image Recognition[C]. //IEEE Conference on Computer Vision and Pattern Recognition. Las Vegas: IEEE, 2016: 12–16.

第 2 单元

图像质量评价

现实生活中人们无时无刻不在接收着来自各个渠道的信息，其中有占比 80% 的信息是以图像的形式呈现出来的。在这个快速发展的多媒体信息化时代，我们始终追求用户体验第一。但是在数字图像进行获取、传输、显示或者存储时，都会在一定程度上引起图像的失真，这极大程度上降低了用户体验。因此有效、准确地评价数字图像的质量具有非常重要的现实意义。图像质量评价的核心任务就是对图像本身进行多角度分析，从而实现对图像失真信息准确的描述。现有的质量评价方法大部分还是面向人工合成失真图像展开研究的，而现实世界中图像的失真类型并不如人工合成的失真那么理想化，因此需要在真实失真图像数据库的基础上，结合卷积神经网络（Convolutional Neural Network，CNN）和集成学习等深度学习技术的思想预测出图像的底层质量特征，用来更全面具体地描述图像的质量优劣，然后结合高级语义特征进一步展开对真实失真图像质量分数的分析研究。

第 8 章 图像质量评价概述

8.1 研究背景及研究意义

数字图像作为人们获取关键信息的重要载体，清晰且含有丰富信息的图像对人们获取信息极为重要，但是在图像的采集、传输、存储等各个阶段中，会或多或少地受到源于各种设备、各种环境的信息损坏，从而无法保证图像传递信息的有效性。除此之外，图像质量评价在图像的修复、图像的融合和医学成像等视觉信号处理中也有着极其重要的意义，因此研究如何准确而又高效地量化图像的质量特征有着重大的实践意义[1,2,3]。

图像质量评价按照研究方法主要可以分成客观图像质量评价和主观图像质量评价。无论对图像叠加了何种失真，人眼视觉系统都是图像信息的最终接受体，所以主观感知上的图像质量才是最为准确的质量评价方法。但是在利用人眼感官来决定图像质量的好坏时，一方面，评价结果极易受到主观测试环境和观察者自身因素的影响，导致结果存在不稳定性；另一方面，主观质量评价的代价比较高昂，需要耗费大量的人力物力。客观的图像质量评价主要是利用数学和工程的方法，其目的在于寻找一个理想的算法模型模拟出视觉系统感知图像失真信息的过程，并对图像的质量给出具体分值，因此客观图像质量评价一直是质量评价方向的研究重点[4,5]。

随着大数据时代的到来，数字图像的数据量呈指数型增长，针对海量的图像数据进行智能质量评价成为学者们的研究热点。同时得益于计算机硬件技术的飞速发展和机器学习算法的普及，图像质量评价取得了许多优异的成绩。与一些传统的机器学习算法相比，深度学习的技术优势在于能够自动提取原始图像像素信息中蕴含的特征，不再依赖人工设计手动提取的特征，它通过一些简单非线性的模型组合将原始图像的像素信息数据转换成具有更佳特征表示的高级语义特征。由于传统的基于手动提取特征的图像质量评价方法过于依赖于人工去进行图像特征选取和特征统计，评价效果的好坏具有偶然性。近年来，研究重点转移到了基于深度学习的图像质量评价方法上。深度学习的实质是模拟人的思维过程去分析图像信息并给出响应的神经网络模型，其具体的实现过程涉及对图像的信息提取、识别和组合，最后保证较优的建模和分析效果。其中，CNN 凭借其高效捕捉图像像素信息的局部相关性的能力，为图像质量评价研究提供了新的思路和框架[6,7,8]。考虑到现有的客观质量评价多数都是针对人工合成的失真图像展开研究，其图像的失真类型都是人们为了模拟失真场景而将高质量的图片引入多种理想化的失真。然而，真实世界中的图像的失真往往是由多种未知类型的失真相互叠加作用的结果，这些失真与人工模拟出来的失真存在着很大的不同。因此，合理利用深度学习技术去有效地评价真实失真图像的质量具有十分重要的实践意义。

8.2 国内外研究现状

在如今这个快速发展的信息化多媒体时代，人们大多接收到的是视觉信息。数字图像作为视觉信息的主要载体，在传输有效信息的过程容易受到污染形成质量较差的图像，这极大程度地降低了用户体验，因此及时有效地评价出数字图像质量并进一步进行图像增强具有重要的实践意义。如今大部分的图像质量评价的研究方法按照所研究图像失真类型的差异性，可以分为两大类，即面向人工合成失真图像的质量评价和面向真实失真图像的质量评价。而图像质量评价的终极目标是实现普适化的特征提取，有效地提取出既具有判别性又能代表图像质量的特征。无论是国内还是国外，人们按照特征提取方法的不同将图像质量评价分为两种，最初始的基于传统手动提取特征的失真图像质量评价和现在常用的基于机器学习技术的失真图像质量评价[9,10,11,12]。

8.2.1 基于人工合成失真的两种图像质量评价方法

最原始的图像质量评价方法都是建立在人工合成的理想化失真的图像之上。Mittia 等[13]提出一种基于空间域图像质量评价算法（Blind/Referenceless Image Spatial Quality Evaluator，BRISQUE），该方法主要是在对图像进行预处理的基础之上，再统计出图像的形状和方差等特征来量化并预测出图像的质量分数。Saad 等[14]基于无参考评价方法，提出了一种基于 DCT 的无参考图像完整性统计质量评价算法（Blind Image Integrity Notator UsingDCT Statistics，BLINDS）及其改进算法（Blind Image Integrity Notator Using DCT Statistics-II，BLIINDS-Ⅱ），并通过实验研究及分析建立了支持向量回归模型。Moorthy 等[15]分析总结出了图像的失真信息与小波域下自然统计特性之间的量化规律性，并在此基础上构建出了一种基于自然统计特性的无参考图像质量评价算法（Blind Image Quality Assessment，BIQA）。Liu 等[16]分析总结了图像块间的统计学规律，通过计算图像块的信息熵，获得图像中的结构信息以及像素点的相互关系，提出了（Spatialand Spectral Entropies Quality，SSEQ）算法实现了对失真图像质量的预测。这些传统的基于特征统计的质量评价方法实现的“瓶颈”在于特征参数的选择以及特征参数之间如何结合。随着计算机硬件技术的极速发展和各界研究学者对机器学习研究的不断探索，越来越多的研究倾向于使用深度学习技术解决数字图像质量评价问题，该方法通过训练学习能够自动获取到描述图像质量的相关特征信息。所以近些年图像质量评价的研究重点渐渐转移到了用深度学习方法来解决该问题。Kang 等 [17] 提出基于 CNN 的无参考图像质量评价模型（Image Quality Assessmentusing Convolutional NeuralNetwork，IQA_CNN），将特征提取和回归嵌入 CNN 框架实现了端到端的训练学习图像的质量分数，但是并未考虑图像的对比度和亮度引起的质量差异。文献 [18] 提出了 DeepBIQ 算法使用预训练的 CNN 模型提取出的特征作为通用的图像描述，然后针对图像质量任务对从 CNN 提取的特征进行微调，最后通过平均合并在原始图像多个子区域上预测的分数来估计图像质量。文献 [19] 中提到的无参考图像质量评价算法（ADeep Neural Network for Image Quality Assessment, Bos ICIP）通过对大小为 32×32 像素的局部图像子块进行 CNN 训练学习，对图像子块进行 MOS 值平均得到整个图像的 MOS 值，但是图像的质量作为与视觉高度相关的属性，局部图像的 MOS 值并不能反映出整个图像的 MOS 值，从而影响质量评价的精度。上述的几种在人工合成的失真图像上的质量评价方法，虽然已经在一些应用场景上取得了不错的成就，但是其混合失真图像的失真类型主要是由理想化的几种失真叠加而成，而真实世界中的图像的失真往往是由多种未知类型的失真相互叠加作用的结果，所以针对真实失真图像的质量评价具有较重要的理论和现实意义。

8.2.2 基于真实失真的两种图像质量评价方法

由于面向人工合成失真图像的质量评价方法无法满足现实世界中图像多维度失真类型的需求，近几年学者们开始着手研究真实失真图像的质量评价问题。杨蓝平 [20] 结合图像的自然场景统计特征和人眼感知提出了一种无参考图像质量评价模型，该模型主要分为图像特征提取、特征数据处理和支持向量机学习回归三部分。Ghadiyaram 等 [21] 提出一种基于特征图的无参考图像质量评估（Featuremapsbased Referenceless Image Quality Evaluation Engine，FRIQUEE）算法，该方法通过综合利用广义高斯分布（Generalized Gaussian distribution，GGD）数学模型提取在多种色彩空间下的图像自然场景统计特征，然后利用支持向量机回归（Support Vector Regression，SVR）方法回归预测出图像的质量得分。随着学者们对机器学习技术的不断深入，基于深度学习的真实失真图像质量评价算法受到人们的关注。唐敏 [22] 提出了一种 DCNN 来捕获图像的局部和全局信息，并在 LIVE Wild[23] 图像库和 CID2013[24] 图像库上进行了有效验证。Li 等 [25] 提出一种基于高级语义特征的无参考图像质量评价方法（Semantic Feature Aggregationusing PLSR，SFA），提取图像子块的高层语义信息并将其输入线性回归模型实现图像质量的预测，该方法只针对真实模糊图像而未充分考虑到现实失真图像的其他失真特性。DomonkosVarga 等 [26] 结合迁移学习的思想提出了一种真实失真图像质量评价方法（DeepRN: A Content Preserving Deeparchitecture for Blind Image Quality Assessment，DeepRN），该算法运用预训练模型提取图像特征的方法在大规模真实失真图像库 KonIQ-10k[27] 上对算法性能进行测试，虽然在 MOS 值的预测精度上有了显著提高，但是该模型耗费了过高的计算成本和时间成本。

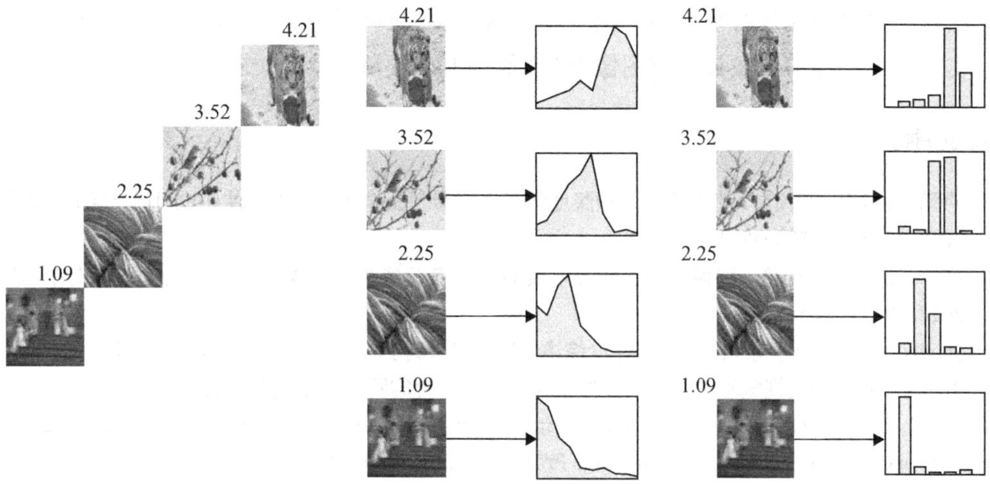

(a) MOS值按高低分级　　(b) MOS值的概率分布　　(c) 底层质量特征具体分值

图 8-1　图像质量评价的任务图解

通过上述研究发现，目前失真图像质量评价方法主要通过在图像整体特性与 MOS 值之间建立关系来进行图像的无参考质量评价，通常会给出失真图像一个具体级别的质量分数，如图 8-1（a）所示。虽然主观评价是最准确可靠的表征图像直觉感受的方法，但是常用的 MOS 值只是针对图像质量整体的数值概述，单纯的 MOS 值无法全面综合地去表达图像的失真信息，它忽略了在主观测试实验中经常会出现的主观多维性。因此为了替代 MOS 值更全面地表达图像失真信息，预测图像质量分数的概率分布已经开始引起人们的关注，如图 8-1（b）所示。Wu 作出了主观分数的概率分布用来描述图像质量的尝试，提出了一种结构回归算法对分数分布进行建模 [28]。Wang 等 [29] 将高斯分布拟合为质量分数的分布，训练出一个 DCNN 模型，并利用 Kullback–Leibler（KL）发散距离作为预测分布的低阶矩，完成了图像的美学评价任务。Anan Liu 等 [30] 认为预测主观质量分数的分布能够提供更丰富和更精确的失真信息，提出了一种基于 ResNet 网络的提取图像通用特征来综合评估图像质量的算法，使用 LDSVR 标签分布学习算法来学习从特征到主观分数分布的映射函数。鉴于 MOS 值忽略了在主观测试实验中经常会出现的主观多样性问题，它无法具体描述图像具体失真在哪些方面，这为量化图像失真并进行图像增强带来一定的难度。与图 8-1（b）所示任务不同的是，本章选用人眼对图像的五个底层质量特征的具体分值来更全面地描述图像的质量，如图 8-1（c）所示，图像的底层质量特征能够从主观方面的多维度更全面具体地反映图像的特性。不仅能与 MOS 值之间建立更直接的数值对应关系，能综合描述人眼对失真图像的感知信息，而且质量特征能够作为图像增强有力的可参考依据。与预测单 MOS 值这种单指标预测不同的是，图像的底层质量特征的最终预测输出为多个指标，多指标回归预测会因为数据内部的冗余导致预测精度不够理想，本文综合利用深度学习技术 CNN 和集成学习算法建立了从失真图像本身到底层质量特征的训练学习模型；结合图像底层质量特征和高级语义实现从真实失真图像到图像质量分数的回归预测模型，实现了在小样本图像集上对图像 MOS 值的准确预测。

参考文献：

[1] 卢鹏，林根巧，邹国良．基于信息熵和深度学习的无参考图像质量评价方法研究 [J]. 计算机应用研究，2018, 35 (11) : 3508–3512.

[2] 高影，富振奇，杨艳，邵枫．基于联合字典的无参考真实失真图像的质量评价 [J]. 光电子 · 激光，2018, 29 (1) : 105–112.

[3] 何南南，解凯，李桐等．图像质量评价综述 [J]. 北京印刷学院学报，2017, 25 (2) : 47–50.

[4] 刘玉红．基于生物视觉感知机制的图像增强及质量评价的研究 [D]. 成都：电子科技大学，2018.

[5] Ma K, Liu W, Zhang K, et al. End-to-End Blind Image Quality Assessment Using Deep Neural Networks[J]. IEEE Transactions on Image Processing, 2017, (99) : 1–3.

[6] 王同乐．多失真图像盲质量评估算法研究 [D]. 上海：华东师范大学，2019.

[7] 贾惠珍，王同罕，傅鹏．多特征融合的图像质量评价方法 [J]. 模式识别与人工智能，2019, 32 (7) : 669–675.

[8] 张爽爽．基于卷积神经网络的无参考图像质量评价及应用 [D]. 杭州：浙江科技学院，2019.

[9] Bosse S, Maniry D, Müller, Klaus-Robert, et al. Deep Neural Networks for No- Reference and Full-Reference Image Quality Assessment[J]. IEEE Transactions on Image Processing, 2017, 27 (1) : 206–219.

[10] Li J, Zou L, Yan J, et al. No-reference image quality assessment using Prewitt magnitude based on convolutional neural networks[J]. Signal Image &Video Processing, 2016, 10 (4) : 609–616.

[11] LinKY, WangG. Hallucinated-IQA: No-ReferenceImageQualityAssessmentvia Adversarial Learning[J]. Proceedings of the IEEE Computer Society Conference on Computer Vision and PatternRecognition, 2018: 732–741.

[12] Lin M, Li S, Fan Z, et al. Reduced-Reference Image Quality Assessment Using Reorganized DCT-Based Image Representation[J]. IEEE Transactions on Multimedia, 2011, 13 (4) : 824–829.

[13] Mittal A, Moorthy A K, Bovik A C. No- reference Image Quality Assessment in the Spatial Domain[J]. IEEE Transactions on Image Processing A Publication of the IEEE Signal Processing Society, 2012, 21 (12) : 4695.

[14] Saad M A, Bovik A C, Charrier C. Blind Image Quality Assessment: A NaturalScene Statistics Approach in the DCT Domain[J]. IEEE Transactions on Image Processing, 2012, 21 (8) : 3339–3340.

[15] Moorthy K, Bovik A C, Conrad A. Blind Image Quality Assessment: From Natural Scene Statistics to Perceptual Quality[J]. IEEE Transactions on Image Processing, 2011, 20 (12) : 3350–3364.

[16] Liu Li-xiong, Liu Bao, Huang Hua, et al. No-reference Image Quality Assessment Based on Spatial and Spectral Entropies[J]. Signal Processing: Image Communication, 2014, 29 (8) : 856–863.

[17] Le Kang, Ye Peng, Yi Li, et al. Convolutional Neural Networks for No-Reference Image Quality Assessment[C]. //2014 IEEE Conference on Computer Vision andPattern Recognition (CVPR) . Columbus: IEEE Computer Society, 2014: 1733–1740.

[18] Bianco S, Celona L, Napoletano P, et al. On the Use of Deep Learning for Blind Image Quality Assessment[J]. Signal, Image and Video Processing, 2018 (12) : 355–362.

[19] Bosse S, Maniry D, Wiegand T, et al. A Deep Neural Network for Image Quality Assessment[C]. //23th IEEE International Conference on Image Processing (ICIP) . Phoenix: IEEE, 2016: 3773–3775.

[20] 杨蓝平．基于真实失真图像无参考质量评价的研究 [D]. 北京：北京邮电大学，2017: 9–20.

[21] Ghadiyaram D, Bovik A C. Feature Maps-driven No-reference Image Quality Prediction of Authentically Distorted Images[J]. Proceedings of SPIE-The International Society for Optical Engineering, 2015 (9394) : 234-245.

[22] 唐敏 . 基于主观感知的真实图像质量评价方法的研究 [D]. 北京 : 北京邮电大学 , 2018: 21-30.

[23] Jayaraman D, MittalA, Moorthy AKetal. Objective Quality Assessment of Multiply Distorted Images[C]. // ASILOMAR: 2013 Conference Record of the Forty Sixth Asilomar Conference on Signals, Systems and Computers, Pacific Grove, CA, IEEE Computer Society, 2013: 1693-1697.

[24] Virtanen T, Nuutinen M, Vaahteranoksa M, et al. CID2013: A Database for Evaluating No-Reference Image Quality Assessment Algorithms[J]. IEEE Trans Image Process, 2015, 24 (1) : 390-402.

[25] Li Ding-quan, Jiang Ting-ting, Jiang Ming. Exploiting High-Level Semantics for No-Reference Image Quality Assessment of Realistic Blur Images[C]. //ACM2017: Proceedings of the 2017 ACM on Multimedia Conference. New York, NY: ACM, 2017: 378-385.

[26] Varga D, Saupe D, Sziranyi T. Deeprn: A Content Preserving Deep Architecture for Blind Image Quality Assessment[C]. //ICME 2018: 2018 IEEE International Conference on Multimedia and Expo (ICME) , San Diego, CA: IEEE, 2018: 1-6.

[27] Lin Han-he, Hosu V, Saupe D. KonIQ-10k: Towards an Ecologically Valid and Large-scale IQA Database[C]. //CVPR 2018: Proceeding of the 2018 IEEE Conference on Computer Visionand Pattern Recognition. Washington, DC: IEEE Computer Society, 2018: 1-5.

[28] O. Wu, W. Hu, and J. Gao. Learning to predict the perceived visual quality of photos[C]. // In IEEE International Conference on Computer Vision, 2011: 225-232.

[29] Z. Wang, D. Liu, S. Chang, F. Dolcos, D. Beck, and T. Huang. Image aesthetics assessment using deep Chatterjee's machine[C]. //In International Joint Conference on Neural Networks (IJCNN) , Anchorage: CCF, 2017: 941-948.

[30] Liu A, Wang J, Liu J, et al. Comprehensive image quality assessment via predict- ingthedistributionofopini onscore[J]. Multimedia Toolsand Applications, 2019, 78 (17) : 24205-24222.

第 9 章 图像质量评价相关理论

图像可以反映真实世界各种事物客观存在，它能更加高效生动地表达信息。随着对数字图像处理研究的不断深入，人们对图像质量的要求也越来越高。针对人工图像质量监督不仅费时费力，而且无法保证实时性的问题，学者们努力构建出自动准确预测人眼主观感受的客观质量评价方法。

9.1 图像质量评价方法

本章研究主要是结合高级语义的方法实现对真实失真图像的质量评价，图像质量评价的主要判定标准是主观质量评价中人眼感知出来的质量分数，客观图像质量评价的终极目标是无限接近于人眼感知，并与人眼感知出来的质量分数具有高度一致性[1,2]。

9.1.1 主观质量评价

无论是哪一种图像质量评价方法，人作为图像信息的终极接收者和评价者，人眼视觉对图像质量的主观评价代表的是最直接、可靠的。实际运用场景中基本都是使用主观实验统计出来的质量分数作为衡量质量评价结果好坏的参照标准。测试人员在判断一幅失真图像质量的好坏时，根据其是否有可供参考的标准原始图像，可将主观质量评价分为绝对质量评价和相对质量评价。绝对评价是指主观实验观察者按照预先给出的评价标准直接对图像质量的好坏做出评价。相对评价则是对一组图像进行相互对比，根据图像质量的好坏先判断出顺序，最后给出评级分数，如表 9-1 所示。

表 9-1　绝对质量评价方法和相对质量评价方法

MOS 值	绝对方法	相对方法
5	优	最好
4	良	偏好
3	中	中等水平
2	差	偏差
1	劣	最差

主观质量评价实验会统计出所有参与观测人员的打分情况，将质量分数综合起来最终得到代表图像质量的分值，具体的主观评价指标的计算方式分为 MOS 值和平均主观得分差值（Differential Mean Opinion Score，DMOS）。

$$MOS = \frac{1}{MN}\sum_{i=1}^{M}\sum_{j=1}^{N}S(i,j) \tag{9-1}$$

式（9-1）中，M 为观测人员的人数，N 为所观测图像的总数，$S(i, j)$ 表示的是第 i 个人对第 j 幅图像打出的质量分数。

DMOS 是建立在 MOS 值的基础上，在计算方式上作出了一些改进。

$$DMOS = \frac{1}{MN}\sum_{i=1}^{M}\sum_{j=1}^{N}S(i,j) \tag{9-2}$$

$$S(i,j) = \frac{O(i,j) - \min[O(i,j)]}{\max[O(i,j)] - \min[O(i,j)]} \tag{9-3}$$

式（9-2）中，$S(i, j)$ 表示的是第 i 个人对第 j 幅图像打出的意见得分差值。式（9-3）中，$O(i, j)$ 表示的是第 i 个人对第 j 幅图像打出的质量分数，$\max[O(i, j)]$、$\min[O(i, j)]$ 分别表示分值中的最大值和最小值，图像的质量越差则其对应的 DMOS 的值也就越大。

9.1.2 客观质量评价

图像质量评价是计算机视觉任务的基本技术之一，主要通过对图像进行特性分析研究，得到能够准确表达图像质量的特征，然后通过对特征进行多角度描述进而评估出图像的质量优劣。其中对图像特征的准确提取很大程度上决定了质量评价模型的性能好坏，因此实现普适化特征提取是图像质量评价的重要研究目标。客观质量评价主要是针对人类视觉系统的感知原理进行建模，通过模型计算出代表图像质量的分值。在实际应用中客观质量评价具有可量化的统一标准，因此人们致力于研究出能够自动地精确感知图像质量、符合人类视觉感受的客观质量评价方法。本章节将图像质量评价分为两部分进行阐述：基于手动提取特征和特征描述的图像质量评价方法及基于机器学习方法的图像质量评价方法。

1. 基于手动提取特征和特征描述的图像质量评价方法

在研究初期，图像质量评价方法主要是通过量化对比原始图像和失真图像像素之间或者其他统计特征之间的差异性来预测失真图像的质量，几种比较经典的方法如峰值信噪比（Peak Signal to Noise Ratio，PSNR）、均方误差（Mean Squared Error，MSE）、结构相似度（Structural SimilarityIndex，SSIM）。

$$l(x,y) = \frac{2\mu_x\mu_y + c_1}{\mu_x^2 + \mu_y^2 + c_1} \tag{9-4}$$

$$c(x,y) = \frac{\sigma_{xy} + c_2}{\sigma_x^2 + \sigma_y^2 + c_2} \tag{9-5}$$

$$s(x,y)=\frac{\sigma_{xy}+c_3}{\sigma_x\sigma_y+c_3} \tag{9-6}$$

式（9-4）、式（9-5）和式（9-6）中，$l(x,y)$ 表示的是亮度均值对比，$c(x,y)$ 是对比度标准差对比，$s(x,y)$ 表示的是结构协方差的对比，μ_x,μ_y 分别代表的是 x,y 的像素平均值，σ_x,σ_y 分别代表的是 x,y 的标准差，σ_{xy} 代表 x,y 的协方差 c_1,c_2,c_3 分别为正常数。

以上三种典型的全参考质量评价方法都过于依赖原始图像或者原始图像的特征信息，不能满足实际应用场景的需求，后期的相关研究为了降低对原始参考图像的依赖性设计出了一系列半参考性质量评价的方法，但实际应用场景中获取完全没有失真的图像是相当困难的，因此学者们致力于设计不依赖原始图像信息的图像质量评价方法，即无参考图像质量评价方法[3,4,5]。三种构建图像失真模型和质量预测方法的一般框架如图 9-1 所示。

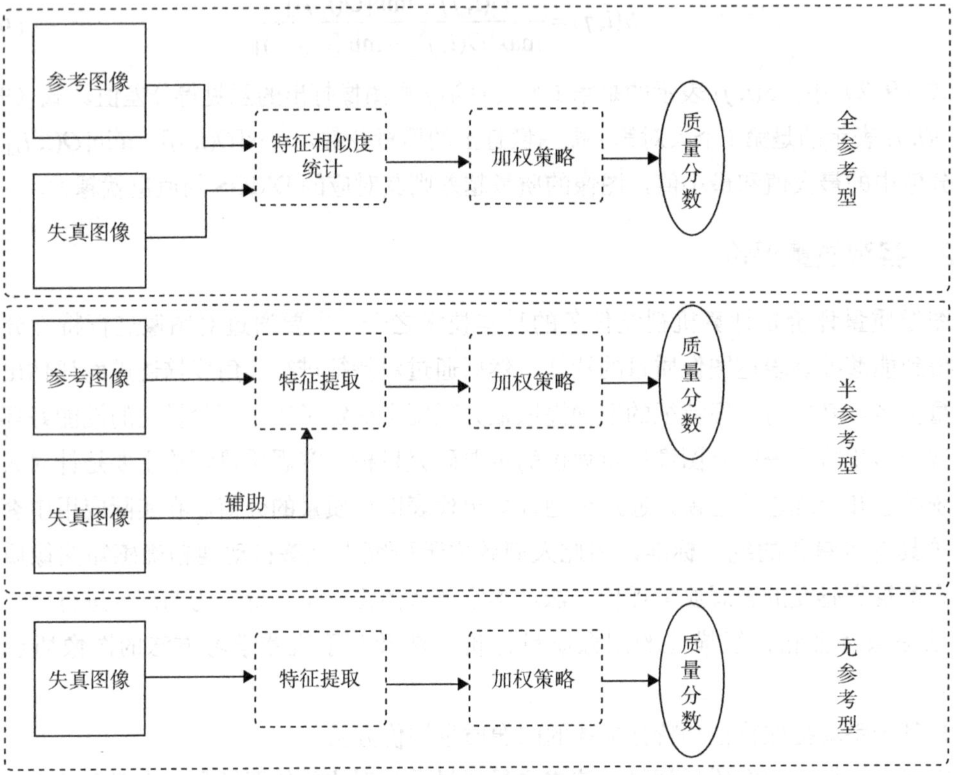

图 9-1 传统基于手动特征统计质量评价模型的一般框架

从图 9-1 中可以看出，无参考图像质量评价体系中不需要获取原始图像的相关信息，而是对失真图像本身进行特征统计处理。因此，无参考质量评价在实际生活中具有较大的实用价值，应用范围也更加广泛，本章所研究的真实失真图像质量评价均是建立在无参考图像质量评价的基础之上。

2. 基于机器学习的图像质量评价方法

随着计算机视觉和人工智能等领域的快速发展，机器学习技术得以盛行。基于机器学习的无参考图像质量评价技术得到了广泛研究，主要有三种思路。第一种方式也是最简单的一种，将机器学习引入质量评价问题上时，主要是利用神经网络模型解决质量分数的回归问题，即对图像提取出的特征信息进行回归映射，这种方法无法突出机器学习对图像的特征描述能力，因此也没有得到更深入的研究。第二种比较高效的方法利用神经网络对图像进行特征提取，再利用机器学习的方法对提取的特征进行回归分析得到最终的评价结果。最后一种是建立端到端的神经网络训练学习模型，深度学习技术作为机器学习中最关键的部分，新兴的质量评价研究方法多数都是建立在深度学习的技术之上。以端到端的 CNN 学习框架为例，该方法通过具有功能性的卷积层和池化层获取图像的有辨别性的特征，接着通过全连接层实现特征的组合并将其映射到样本标记空间，最后连接到输出层从而实现图像特征到图像质量分数的回归预测。该方法的主要框架如图 9-2 所示，CNN 在训练阶段是具有反馈机制的参数优化机制，作为一种有监督的训练学习模型，它可以不断优化中间的特征提取部分，并且迭代调节特征和输出标签的映射方式，以保证得到最优的参数，因此这种方法在当前具有较高的研究价值。

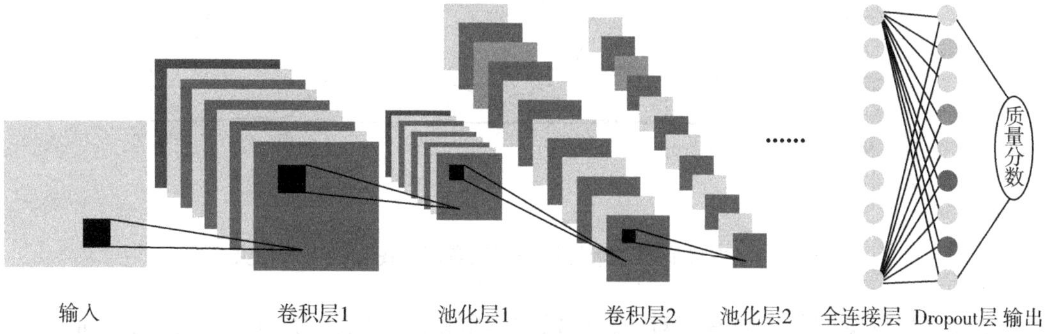

图 9-2　端到端的图像质量评价训练学习模型

9.2　图像的底层质量特征和高级语义

图像底层质量特征

视觉质量感知是图像的固有特征，但是不同于纹理形状等特征，图像质量特征与人脑视觉处理机制相关，因此对图像质量评价问题的准确建模一直是热点研究问题。虽然主观评价是最准确可靠的表征图像直觉感受的方法，但是常用的 MOS 值只是针对图像质量整体的数值概述，它不能全面地描述图像所表达的意义。而图像的底层质量特征能够多维度地更全面地反映图像的质量特性，综合描述人眼对图像的感知信息 [6,7]。图像的底层质量特征不仅要满足区分能力强、抗干扰能力强、鲁棒性好等特点，最重要的就是要做到无限接近于人的视觉感知。

图像可以通过自身特征多样性来表达不同的内容，这些特征的多样性表现在多个方面并且构成了人类视觉认知的基础[8]。研究者通过大量主观测试实验统计出了与人眼视觉感知密切相关的五项图像底层质量特征指标：亮度、颜色、对比度、噪声和清晰度，如图 9-3 所示。

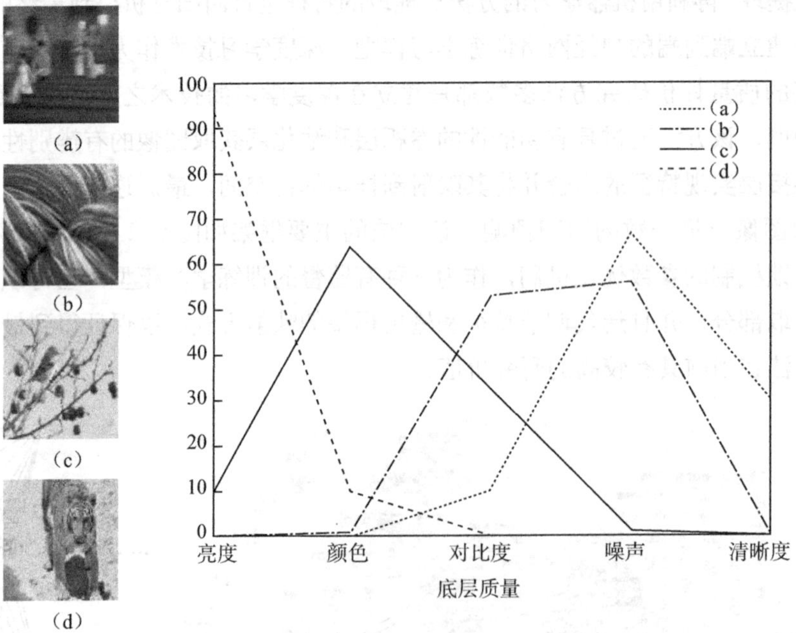

图 9-3　图像底层质量特征分布示意图及图像的高级语义

从计算机视觉的角度来看，对一幅图像的理解系统可以分为四层：数据层、描述层、认知层、应用层。其中，数据层主要是用来获取图像数据；描述层的主要功能是提取特征，并且度量特征之间的相似性从而得到有判别性的特征；认知层的主要功能体现在对图像的理解，即学习和推理的过程，该层一般是通过各种符号建立正确的认知；应用层则是根据任务需要设计相应的分类器还是回归器。由于大多数图像都是靠人类进行识别和理解的，所以图像的失真会在一定程度上影响人们的主观感知，在语义特征上也会有不同程度的体现。在对一幅失真图像的识别过程中，人眼首先会感知到图像的结构信息并进行识别，此过程是分层和抽象的。颜色和亮度是首先被人眼所感知到的，其次是局部的详细信息例如边、角、线，之后才会获得相似部位更复杂的信息，最后再对这些感知进行杂糅组合从而得到对图像质量好坏的最终概念[9,10]。

CNN 可以看作人类视觉机制的粗略模仿，并自动学习获取语义层面上的图像质量信息，视觉神经科学对这一视觉机制做出了证实[11]。卷积层的模型原理如图 9-4 所示，卷积的计算过程就是将图像局部的像素矩阵和卷积核矩阵各个位置的元素相乘，然后相加得到最终结果。

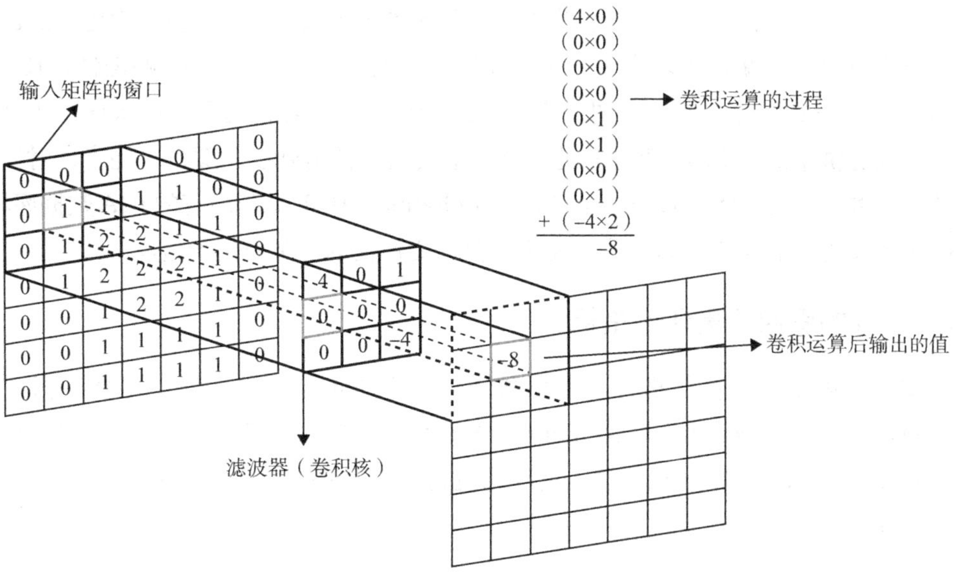

图 9-4　卷积层的模型原理示意图

CNN 可以通过级联的卷积层和池化层提取具有区分性的图像局部结构信息，然后通过全连接层将这些局部结构信息进行组合，从而获得图像的高级语义属性。自然图像通常在不同场景中具有多种局部结构，当将失真以不同的方式添加到图像时，不同的局部结构将遭受不同的降级。CNN 卷积层中的各种内核可以较好地量化这种降级程度，因为不同的内核会在图像中提取不同的结构，并且导致提取出丰富的语义特征。本章所指的图像的高级语义特征均是通过 CNN 框架提取出来的表达图像信息的特征。

9.3　实验图像库和评价指标

9.3.1　质量评价图像库

图像数据库一般包括原始参考图像和具有不同失真类型和失真程度的失真图像，额外还会提供所有失真图像的对应 MOS 值或者 DMOS 值，作为判定客观质量评价方法好坏的标准，因此质量评价图像库扮演着非常重要的角色。与传统的人工合成失真不一样，现实世界的图像遭受的失真通常是未知的多种失真的混合，为了解决这一问题，相关质量评价研究室创建了一些较为完善的真实失真图像库。LIVE Wild Challenge 图像库包含有 1162 张图片。这个数据库含有复杂混合失真的真实图像，其中有不同的失真类型和不同的失真严重程度，来自不同相机设备的图像和在不同的光照条件下的图像，失真类型纷杂。这些图像评估质量主观分数来自 8100 多个观察者，DMOS 值的范围是 0 ～ 100，分数越低表示人眼视觉认为图像的质量越差，给人的主观感受越糟糕。

CID2013 图像库是为了研究多重失真图像的无参考图像质量评价算法而创建的。数据库中包含有 6 个图像集，平均来说，有 79 种不同的摄像机，总共 480 幅图像，188 个主观分数。KonIQ-10K 图像库，该图像库从大约 480 万幅真实失真图像中采样了 10073 幅图像，并且提供了除了 MOS 值之外的 5 个底层质量特征清晰度、颜色、亮度、对比度、噪声的绝对类别评级指标值（Absolute Category Rating，ACR）。与现有的 IQA 数据库相比，KonIQ-10K 图像库包含大量真实失真图像，具有更广泛的实际应用价值。

9.3.2 客观的图像质量评价指标

本文采用以下两种性能指标对图像质量评价算法进行评价：斯皮尔曼秩相关系数（Spearman rank ordercorrelation coefficient，SROCC）和皮尔森线性相关系数（Pearson linear correlation coefficient，PLCC）。两者的值越接近 1 说明主观一致性越强。

SROCC 定义如下：

$$\mathrm{SROCC}=1-\frac{6\sum_{i=1}^{n}e_i^2}{n(n^2-1)} \tag{9-7}$$

式（9-7）中，e 为第 i 个图像的主观质量分数与客观质量分数之差。

PLCC 定义如下：

$$\mathrm{PLCC}=\frac{\sum_{i=1}^{n}(s_i-\bar{s})(q_i-\bar{q})}{\sqrt{\sum_{i=1}^{n}(s_i-\bar{s})^2}\sqrt{\sum_{i=1}^{n}(q_i-\bar{q})^2}} \tag{9-8}$$

式（9-8）中，s_i 和 q_i 分别为第 i 个图像主观质量分数和客观质量分数，$\bar{s}$ 和 $\bar{q}$ 分别为主观质量分数和客观质量分数的平均值。

9.4 本章小结

本章首先介绍了主观和客观图像质量评价的基本理论，从最经典的全参考图像质量评价模型延伸到更具有实用意义的无参考图像质量评价模型，列出了常用的真实失真图像库和图像质量评价的性能评价指标，介绍了本文重点研究对象图像底层质量特征，表明底层质量特征更能全面且具体地描述图像的失真信息，并且紧扣图像的高级语义这一关键词对其进行简明扼要的概述，突出图像高级语义特征对图像信息表达的重要性，为建立基于高级语义的真实失真图像质量评价模型提供了理论支持。

参考文献：

[1] 吴鑫 . 基于深度学习的盲图像质量评价算法研究 [D]. 西安 : 西安理工大学 , 2019.

[2] Li C, Zhang Y, Wu X, et al. Blind Multiply Distorted Image Quality Assess-ment Using Relevant Perceptual Features[C]. //IEEE International Conference on Image Processing, 2015: 4883–4886.

[3] Wu Q, Li H, Meng F, et al. Blind Image Quality Assessment Based on Multichannel Feature Fusion and Label Transfer[J]. IEEE Transactions on Circuits & Systems for Video Technology, 2016, 26 (3) : 425–440.

[4] Li Q, Lin W, Fang Y. No–Reference Quality Assessment for Multiply–Distorted Images in Gradient Domain[J]. IEEE Signal Processing Letters, 2016, 23 (4) : 541–545.

[5] Liu Xuan–xuan, Wang Xiao–hong, Zhang Ting. An Image Quality Evaluation Method Based on Visual Underlying Features[J]. Optical, 2015, 41 (3) : 280–284.

[6] Sun Jun–ding, Li Hai–hua, Jin Jiao–lin, et al. Automatic Image Annotation Based on Multi–feature Fusion and PLSA–GMM[J]. Measurement & Control Technology, 2017, 36 (4) : 31–35.

[7] 宋正丹 . 图像多特征稀疏表示模型的优化方法 [D]. 延吉 : 延边大学 , 2018.

[8] 常亮 , 邓小明 , 周明全 , 武仲科 , 袁野 , 杨硕 , 王宏安 . 图像理解中的卷积神经网络 [J]. 自动化学报 , 2016, 42 (9) : 1300–1312.

[9] 洪奇峰 , 施伟斌 , 吴迪 , 罗力源 . 深度卷积神经网络模型发展综述 [J/OL]. [2019–12– 05]. http: //kns. cnki. net/kcms/detail/ 42. 1671. TP. 20191126. 1555. 016. html.

[10] Gao Fei, Wang Yu, Li Pan–peng, et al. Deepsim: Deep Similarity for Image Quality Assessment[J]. Neuro–computing, 2017. S092523121–7301480.

[11] Yu Shao–de, Wu Shi–bin, Jiang Fan, et al. A Shallow Convolutional Neural Network for Blind Image Sharpness Assessment[J]. PLOS ONE, 2017, 12 (5) : 2–5.

第 10 章
基于 CNN 和集成学习的真实失真图像多底层质量指标预测

目前真实失真图像质量评价主要通过在图像整体特性与 MOS 值之间建立关系来进行图像的质量评价，但是单 MOS 值提供的图像质量信息有限，它无法提供全面且互补的图像失真信息，造成了质量评价不准确问题。图像底层质量特征是底层特征的一种主观表达形式，可以直观地表示图像自身的信息，真实地反映人类视觉理解，从语义理解的角度反映图像本身。因此，本章提出了一种基于 CNN 和集成学习的真实失真图像底层质量特征预测方法，建立了从图像到底层质量特征的映射关系。

10.1 CNN 和集成学习

10.1.1 基于 CNN 的图像质量特征提取

在用传统机器学习解决计算机视觉的问题中，研究人员大多是先经过特征工程的方法手动提取出图像的特征表示，然后选择一个机器学习算法进行训练学习，使在训练过程中表示图像的特征是固定的[1]。CNN 于 2012 年 ImageNet 大赛上达到了最优的图像分类准确率而被人们所熟知，其最大的优势在于特征提取方面，CNN 的特征检测层通过训练数据进行自主学习，避免了显示的特征提取，隐式地从训练数据中学习。但是在对图像的处理中卷积不再是式（10–1）中微积分所指的卷积表达，而是演化成了如式（10–2）所示的表达。

$$S(t)=\int x(t-a)\varpi(a)da \tag{10–1}$$

$$s(i,j)=(X\cdot W)(i,j)=\sum_{m}\sum_{n}x(i-m,j-n)\varpi(m,n) \tag{10–2}$$

其中，X 为输入即图像像素矩阵，W 为卷积核，X 为二维矩阵时，W 也是一个二维矩阵，若 X 为多维张量，W 也是一个多维张量。此外，CNN 通过卷积核、池化等操作自动学习图像在各个层次上的特征，这符合人们理解图像的过程。人在认知图像时也是分层抽象的，首先理解的是颜色和亮度，其次是对比度等局部细节特征，再次是噪声、清晰度等更复杂的失真信息，最后形成对整幅图像的失真感知概念。经典的CNN结构一般都是几个卷积层，后面连接全连接层，最后接一个 softmax 层输出预测的分类概率。如果将输出层的离散变量转换为连续变量，就可以把最后输出层应用到回归预测问题上，最后优化的目标函数不再是交叉熵等，而是直接基于实数值的误差。

由于浅层 CNN 主要是学习颜色、纹理等底层特征，随着层数加深响应抽象的、具有辨别性的完整特征，会更倾向于对图像内容的区分。而且随着网络层数的增加，网络需要输入大样本的数据量以防止过拟合现象。由于深层的 CNN 对训练量有比较高的要求，而现有的质量评价图像库数据量都没有达到百万级别，且图像质量作为与主观感知高度相关的信息，从而普通的数据扩增方式在图像质量评价研究领域并不可取。图像的质量特征与图像分类识别任务不同，图像的质量信息不需要具体到一幅图像中包含了哪些目标物体，过深的网络反而使效果适得其反。所以本章将四种 CNN 网络分别进行调整，在保持原 CNN 网络框架的设计特点的基础上，只保留浅层卷积层来提取图像的质量相关特征。本章提出的浅层 CNN 不仅能够降低样本量不足带来的困扰，也为图像多底层质量特征的回归预测提供了新的思路。

10.1.2　集成学习

集成学习技术作为目前数据挖掘和机器视觉领域中能够有效提升精度的重要方法。相关研究表明集成学习算法适合用于多元数据之间的交叉融合，每一个参与集成的学习模型都可以对应不同来源的数据，并自动地提取该数据源所蕴含的价值规律[2,3]。集成学习是通过组合具有差异性的个体学习器，并使用某种集成规则把个体学习的结果进行整合从而获得较优学习效果的一种学习方法，典型的个体学习与集成学习之间的关系如图 10-1 所示。从数学角度而言，每个模型都对应着不同的假设空间，而结合不同的模型会将假设模型空间扩大，进而提升学习模型的泛化能力。当将不同的模型集合起来时，这些模型要满足一个最基本的条件，即集成学习中的个体学习器尽可能不同。

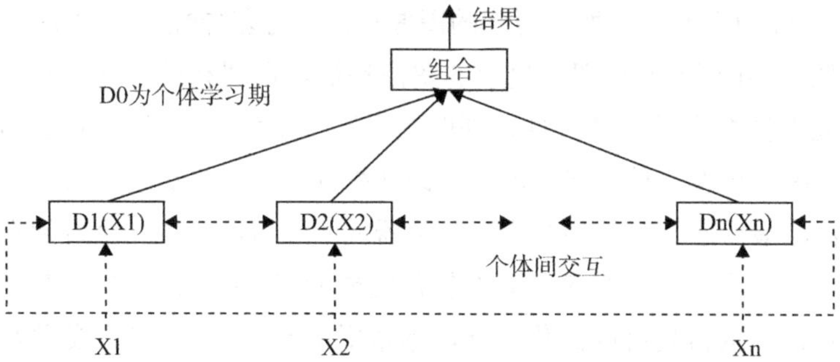

图 10-1　个体学习与集成学习的关系

由于 CNN 在回归问题中的应用深入图像质量评价领域并取得了重要成果[4,5]，本章选用 CNN 解决多底层质量特征回归预测问题。同时，集成学习能够通过合并多个学习模型来提升机器学习的泛化性能，被认为是当前数据挖掘和机器视觉中提升回归预测精度的重要方法[6,7,8]。由于多目标的回归预测问题会面临更困难的数据冗杂问题，因此本章在选择集成学习作为提高预测精度的前提下，也把重点放在选择差异度大、准确率高的个体学习器上，使其最后生成高效的集成学习器。

10.2 基于CNN和集成学习的真实失真图像多底层质量指标预测模型

本章提出一种基于CNN和集成学习的图像底层质量特征预测方法。利用CNN能够自动学习图像的特性，首先在CNN自学习器内部进行样本扰动以提高个体自学习器的预测精度，然后在多个CNN自学习器之间进行输出属性扰动集成，进一步提升图像底层质量特征预测模型预测的准确度。本章的算法模型流程如图10–2所示。

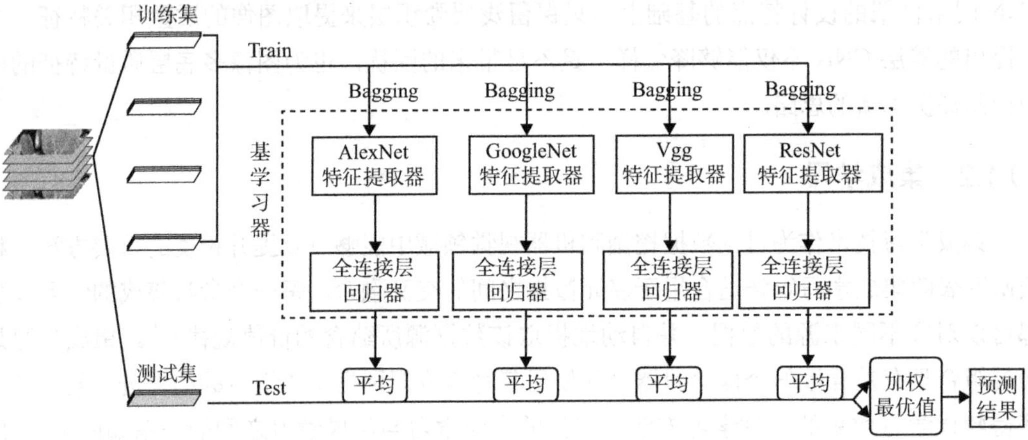

图 10–2 算法模型流程

10.2.1 自学习器的选取

由于利用不同的CNN架构所学习到的图像特征具有差异性，如图10–3所示，图中展示了同一幅图像在不同CNN框架下提取的图像特征。合理利用这种差异性使得整个回归预测模型对不同的图像更具有适应性，同时提升整个训练学习模型的泛化能力。CNN的整体架构大体上都遵循着一种固定的范式，即网络前半部分堆叠卷积层，间或插入池化层组成特征提取器，最后连上全连接层作为分类器或回归器，构成一个端到端的网络模型。近些年专家学者们已经提出了很多种具有较优性能的CNN架构，综合考虑到集成学习中利用多种学习算法以取得更好的泛化性能，本章提出基于CNN和集成学习的对图像底层特征进行预测的回归算法，针对各种CNN框架特征提取层的特点，构建基于集成学习的回归预测模型，综合考虑了以AlexNet[9]、GoogleNet[10]、VGG[11]、ResNet[12]四种CNN框架为基线的自学习器，并结合集成学习的思想，通过对图像的多底层质量特征进行训练学习并实现对其的回归预测。

图 10-3　不同 CNN 框架下提取的图像特征

10.2.2　集成策略

10.2.1 小节已经确定了选择四种 CNN 作为个体学习器，本节提出双重集成的思想，首先在个体学习器的训练学习中加入样本集扰动、输入特征扰动和算法参数扰动，然后在个体学习器之间结合输出表示扰动从而提升整体模型的预测精度，如图 10-4 所示。

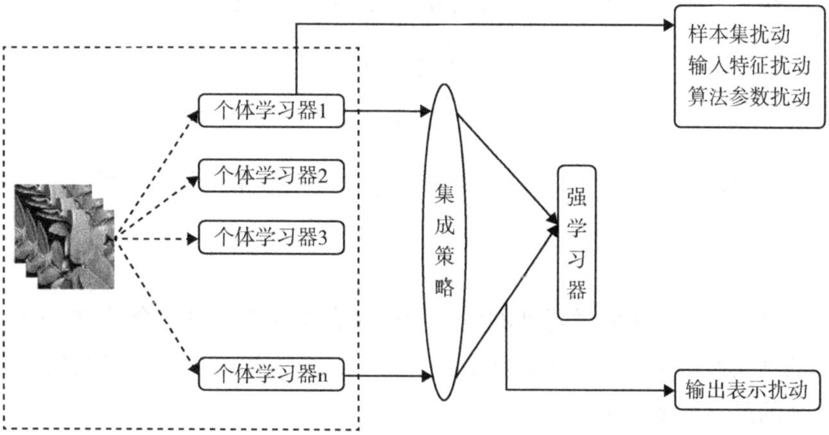

图 10-4　集成学习示意图

本章在每一个 CNN 自学习器内使用 Bagging 集成，使其充分发挥样本多样性优势的同时，也降低了 CNN 对数据大样本的要求 [13]。由于多个 CNN 自学习器之间的参数各自不同导致提取的特征也存在着较大的差异，结合了算法参数扰动和输入特征扰动，多个 CNN 自学习器训练完成之后，再对输出结果进行最优值选取，即对其进行输出表示扰动。

1. 单个 CNN 自学习器内的集成

在集成学习算法中，Bagging 思想是指在原始数据集上，通过有放回抽样的方法重新选择出多个新数据集来分别训练多个分类器的集成技术。该方法通过在构建模型的过程中引入随机性来减小个体学习器预测结果的方差，然后通过某种确定性的平均过程将它们组合起来。本文利用 Bagging 中样本扰动的思想将训练集 S 随机分为四等份 S1、S2、S3、S4，并分别输入 CNN 框架中，得到在同一个 CNN 自学习器中的 C1、C2、C3、C4，如图 10-5 所示，与分类算法经常用的投票法集成策略不同，在回归预测问题上我们用取模型均值的方法来实现预测结果的集成。

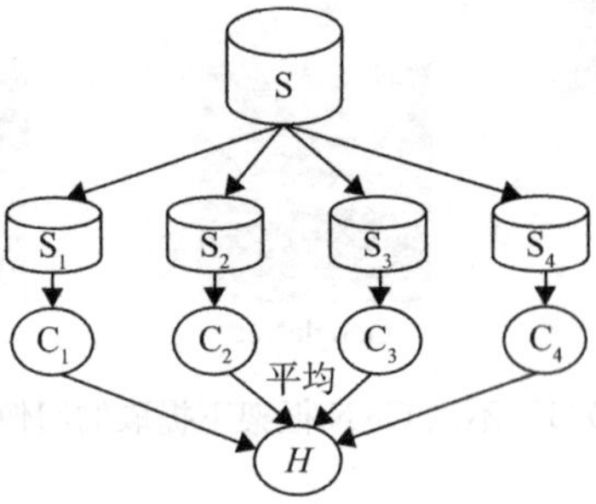

图 10-5　CNN 自学器中 Bagging 集成示意图

2. 多个 CNN 自学习器间的集成

经过上节中 CNN 自学习器内 Bagging 集成后得到的自学习器，结合输出属性扰动，对四个 CNN 自学习器进行再次集成。对于数值类的回归预测问题，通常使用的策略是加权平均法。给每个自学习器 H 有一个权重 W，则最终预测是

$$H = \frac{\sum_{i=1}^{T}\sum_{j=1}^{5} w_{ij} C_i}{T} \tag{10-3}$$

式（10-3）中，w_{ij} 代表个体学习器 H_i 中第 j 个底层质量特征的权重，通常有 $w_{ij} \geqslant 0$，$\sum_{i=1}^{T}\sum_{j=1}^{5} w_{ij} C_i = 1$。

由于不同的 CNN 架构所学习到的图像特征具有差异性，可能会导致单个学习器就已经达到较高的预测准确率，为了消除集成对其造成的负面影响，本章选取最优值作为图像底层质量特征的最终预测结果。

$$H_{ij} = \begin{cases} H & H \geqslant H_{ij} \\ H_{ij} & H_{ij} \geqslant H_{gj} \end{cases} \tag{10-4}$$

式（10-4）中，当 H 的值大于 H_{ij}，直接取 H 值作为最终预测值，当 H 的值小于 H_{ij} 时，选择 H_{ij} 作为最终预测值。

10.3　实验结果与分析

10.3.1　实验环境

本章实验设备的 CPU 为 2.20GHz 的 Intel（R）Core（TM）i7-8750H，RAM 8GB，

使用 GPU 加速，NVIDIAGeForce GTX 1050Ti，Windows 10 系统，使用 MATLAB2018b 的 Deep Learning Toolbox 工具箱对网络进行训练学习。

10.3.2 图像预处理

本章实验选择 KonIQ-10K 真实失真图像库 80% 的图像作为训练集，剩下的 20% 作为测试集，图像保持其原始大小 224×224 像素，将所有图像底层指标进行归一化处理，这样能够保证每一幅图像底层指标的总和统一，而且每一幅图像的底层特征分布并未受到数据预处理的影响。

10.3.3 网络参数设计

1.CNN 层数的设置

由于卷积层是 CNN 中最为关键的特征提取层，本章将 4 种网络的卷积层的层数进行调整，分别统计了 AlexNet、GoogleNet、VGG、ResNet 4 种网络模型在保留不同个卷积层时的网络预测精度，如图 10-6 所示。

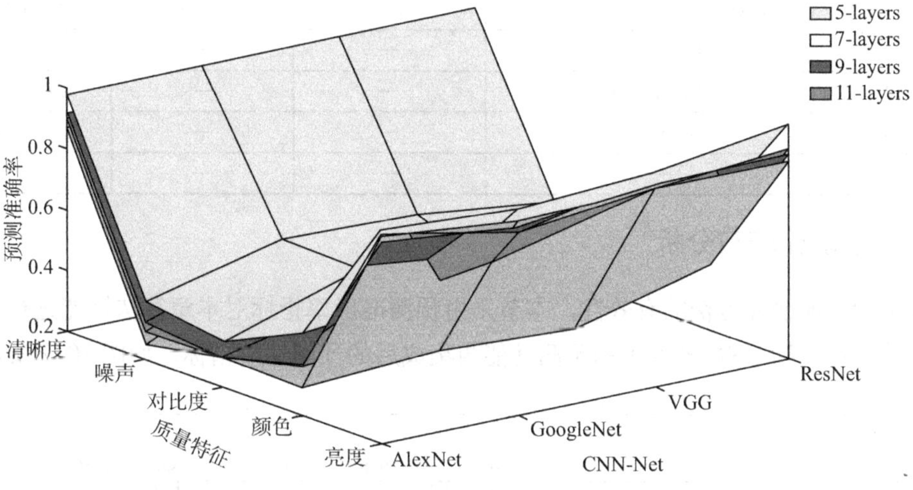

图 10-6 数据拟合效果随着卷积层数的变化曲线（彩图 18）

分析图 10-6 中数据可得，随着卷积层个数的增加，图像底层质量特征的预测准确率反而下降，这是由于在样本量不足以百万量级的应用场景中，卷积层较多容易导致过拟合，使得网络的数据拟合能力低下，所以本文所选的 CNN 框架均取前 5 层卷积层作为特征提取层。

2.CNN 框架参数的设置

由于 AlexNet、GoogleNet、VGG、ResNet 在最初设计时，都在各自的实验平台上取得了较大的成功，所以本章保持原 CNN 网络框架本身的设计特点，以延续各自框架优秀的特征表达能力。本章在特征提取层后面链接由 Dropout 层和全连接层组合而成的回归器，输出层设置为 5 个节点。本章中所使用的 CNN 框架卷积层均保留其原本的参数设置，考虑到原始 CNN 框架输入输出大小不匹配的问题，对卷积层的卷积核的数量和池化的步长进行调整，最后一层全连接层均值包含 5 个节点，使其与训练输出的 5 个图像底层质量特征相照应。以 VGG 网络参数为例，其卷积层和全连接层的网络参数如表 10-1 所示。

表 10-1　VGG 网络参数表

Layer_name	Para		Stride	Padding	Activations
Data	“zerocenter” normalization		—	—	224×224×3
Conv1-1	64	3×3×3	[1 1]	[1 1 1 1]	224×224×64
Maxpool			[2 2]	[0 0 0 0]	12×112×64
Conv1-2	64	3×3×64	[1 1]	[1 1 1 1]	112×112×64
maxpool			[4 4]	[0 0 0 0]	55×55×64
Conv2-1	128	3×3×64	[1 1]	[1 1 1 1]	55×55×128
maxpool			[2 2]	[0 0 0 0]	27×27×128
Conv2-2	128	3×3×128	[1 1]	[1 1 1 1]	27×27×128
maxpool			[4 4]	[0 0 0 0]	12×12×128
Conv3-1	256	3×3×128	[1 1]	[1 1 1 1]	12×12×256
maxpool			[2 2]	[0 0 0 0]	6×6×256
Fc1	Dropout=0.5		—	—	1×1×4096
Fc2	Dropout=0.5		—	—	1×1×4096
Fc3	Dropout=0.5		—	—	1×1×1024
Regress	—		—	—	1×1×5

10.3.4　性能比较与分析

为了验证所研究方法的有效性，本节采用预测准确率指标对本章算法性能进行评价，分别统计了在四种 CNN 框架下的预测性能与集成后的预测性能指标，如图 10-7 所示。

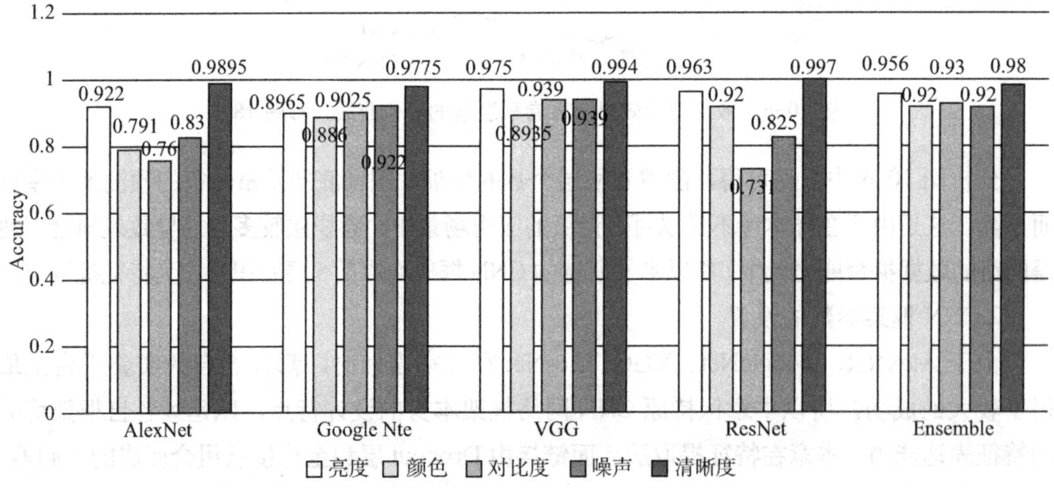

图 10-7　不同算法的底层特征预测结果（彩图 19）

由图 10-7 中数据可以看出，集成后的五项质量特征的预测准确率比集成前的四种 CNN 自学习器的预测准确率平均提高了 3.2%、1.1%、4.2%、5.9%、0.6%，证明了本章质量评价算法的有效性。

10.3.5 消融实验研究

1. CNN 自学习器内集成

本节统计了在每个 CNN 自学习器内进行 Bagging 集成前后的预测准确率，如图 10-8 所示。

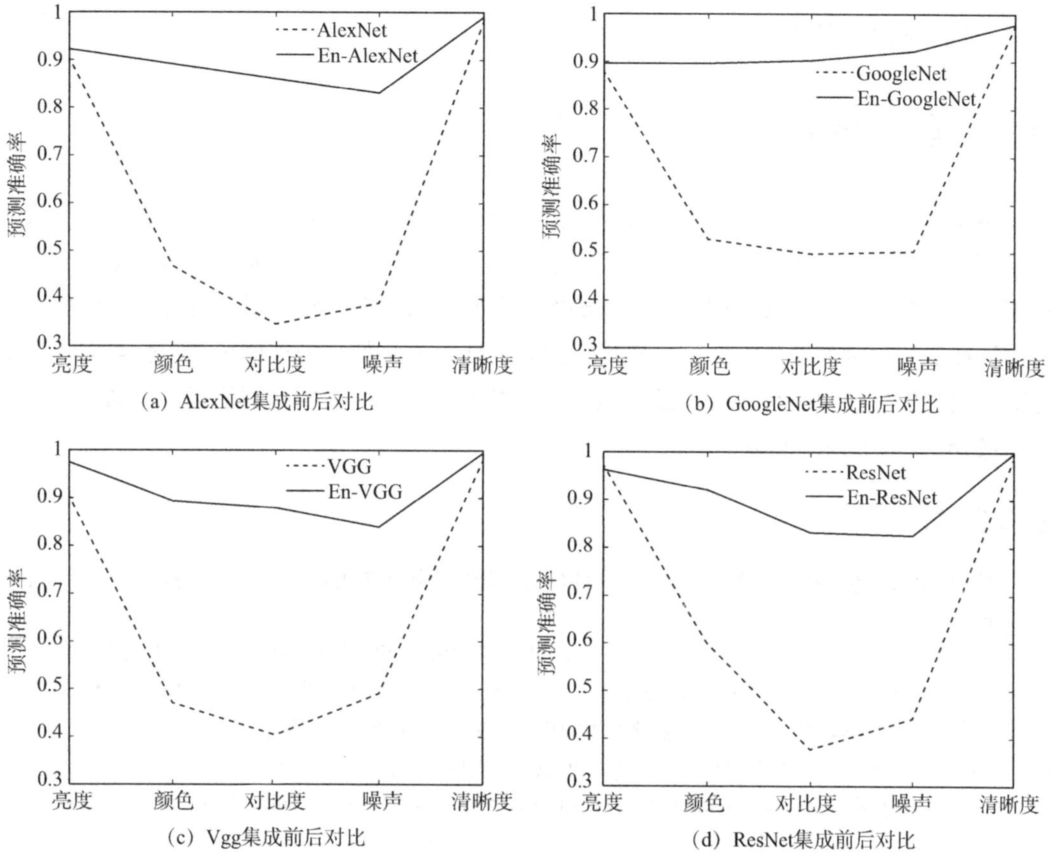

(a) AlexNet集成前后对比
(b) GoogleNet集成前后对比
(c) Vgg集成前后对比
(d) ResNet集成前后对比

图 10-8 CNN 自学习器内集成前后预测性能对比

由图 10-8 中数据可知，在 CNN 自学习器内采用 Bagging 的思想进行集成能够有效地改进自学习器的预测精度，证明了本章提出的在自学习器内进行集成方法的有效性。

2.CNN 自学习器之间的集成

本节验证了 CNN 自学习器之间的集成对图像多底层质量特征预测准确率的影响，如表 10-2 所示。

表 10-2 CNN 自学习器间集成前后的预测性能对比

底层质量特征	AlexNet	GoogleNet	VGG	ResNet	Ensemble
亮度	0.922	0.8965	0.975	0.963	0.975
颜色	0.891	0.896	0.894	0.920	0.929
对比度	0.860	0.903	0.939	0.831	0.939
噪声	0.832	0.922	0.939	0.825	0.939
清晰度	0.989	0.978	0.989	0.991	0.991

通过表 10-2 中数据可知，双重集成方法有效地提升了图像底层质量指标的预测精度，证明了本章提出的双重集成算法的有效性。

10.4 本章小结

本章提出一种集成学习架构以实现图像多底层质量特征的预测，综合利用四种浅层 CNN 框架对真实失真图像进行自动学习的特点，结合双重集成的策略在保持样本量较小的情况下提高了回归学习模型的预测准确率。实验结果表明本章所提出的算法在图像底层质量特征上的预测准确率方面有了较大的提高。底层质量特征的准确预测不仅可以用于有针对性地对失真图像进行增强，还可以作为图像质量区分的主要判别依据，提高对真实失真图像 MOS 值的预测准确率。

参考文献：

[1] 陈超，齐峰. 卷积神经网络的发展及其在计算机视觉领域中的应用综述 [J]. 计算机科学，2019, 46 (3)：63-73.

[2] 杨浩浩. 几种机器学习算法及其集成模型在回归问题中的应用与比较 [D]. 兰州：兰州大学，2018.

[3] 徐继伟，杨云. 集成学习方法：研究综述 [J]. 云南大学学报（自然科学版），2018, 40 (6)：1082-1092.

[4] 马梦竹. 集成学习及其在图像质量评价中的应用研究 [D]. 无锡：江南大学，2018.

[5] 韩宇. 基于集成学习的图像质量评价 [D]. 西安：西安电子科技大学，2013.

[6] Xibin Dong, Zhiwen Yu, Wenming Cao, et al. A survey on ensemble learning[J]. Frontiers of Computer Science, 2020, 14 (2) : 241-258.

[7] Chetverikov A , Campana G , Kristjánsson, Árni. Rapid learning of visual ensembles [J]. Journal of Vision, 2017, 17 (2) : 1-15.

[8] X. Gao, C. Shan, C. Hu, Z. Niu and Z. Liu. An Adaptive Ensemble Machine Learning Model for Intrusion Detection[J]. IEEE Access, 2017 (7) : 82512-82521.

[9] Krizhevsky A, Sutskever I, Hinton G. ImageNet Classification with Deep Convolu- tional Neural Networks[C]. //NIPS. Curran Associates Inc. 2012 (25) : 84-89.

[10] Christian Szegedy, Wei Liu, Yangqing Jia, et al. Going deeper with convolu-tions. In Proceedings of the IEEE Conference on Computer Vision and Pattern Recognition [C]. //CVPR. Boston. 2015: 1-9.

[11] Simonyan K , Zisserman A. Very Deep Convolutional Networks for Large-Scale Image Recognition[J]. Computer Science, 2014 (4) : 56-63.

[12] He K, Zhang X, Ren S , et al. Deep Residual Learning for Image Recognition [C]. // 2016 IEEE Conference on Computer Vision and Pattern Recognition (CVPR) . Las Vegas: IEEE Computer Society, 2016: 12-16.

[13] Li Yong-ming, Zhang Cheng, Wang Pin, et al. A partition bagging ensemble learningalgorithm for Parkinson 's speech data mining[J]. Journal of biomedical engineering, 2019, 36 (4) : 548-556.

第 11 章 基于图像底层质量特征和高级语义的真实失真图像质量评价

由于图像的信息十分丰富，人眼视觉系统通常运用多种过滤和分解的方式对图像进行处理，以提取出视觉信息中的不同感知特征。客观的质量评价方法主要目的在于寻找一个理想的数学模型对失真图像进行质量评价，模拟人类视觉系统感知图像质量的过程。

本章提出基于图像底层质量特征和高级语义的真实失真图像质量评价研究方法，根据图像底层质量特征，通过对 KonIQ-10K 图像库进行 k-means 聚类实现预分类，结合 DCNN 模型的高效图像描述性能以及特征统计函数对高级语义分析能力的提升，将聚合后的高级语义特征输入由多层前馈神经网络构成的高容量回归器中，以解决真实失真图像的质量分数回归问题，本章节提出的真实失真图像质量评价的具体算法流程框架如图 11-1 所示。

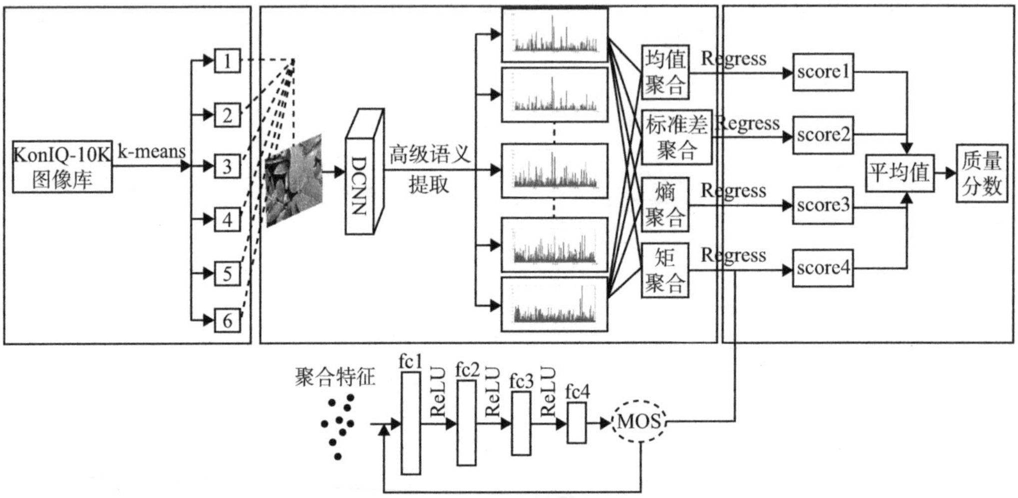

图 11-1　基于图像底层特征和高级语义的真实失真图像质量评价

11.1　底层质量特征和高级语义特征

11.1.1　底层质量特征

本章节选取 KonIQ-10K 图像库中 MOS 值相同的五张图和底层质量特征数据如表 11-1

所示，从表中可以看出 MOS 值相同的图像对应着不同的图像底层特征分布，说明图像的底层质量特征能够更具针对性地反映图像的信息变化。

表 11-1　图像底层质量特征与 MOS 值的对应关系

图像			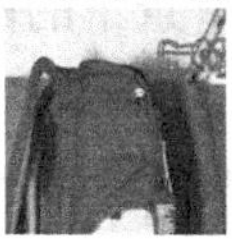		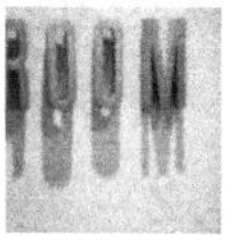
MOS 值	3.036036	3.036036	3.036036	3.036036	3.036036
亮度	0	1	5	1	1
颜色	11	28	18	14	15
对比度	85	47	57	100	74
噪声	15	34	28	21	21
清晰度	0	0	2	0	0

11.1.2　高级语义特征

1. 高级语义特征聚合

由于图像的底层质量特征是基于人眼视觉感知的，人们难以选取特定的特征表示并对其进行特征组合来实现对图像质量的评价，所以需要高级语义特征来量化地表示图像信息。图像质量评价领域所涉及的关于高级语义特征的描述，指的是通过深度学习框架进行训练学习得到的能够表示图像失真信息的高维特征。研究表明，从深度学习训练中提取的用于图像质量评价的高级语义特征能够提供丰富的图像失真信息表示。

高级语义特征一般都是维数较高的向量，但是这些高维的特征数据不足以准确表达图像内在的复杂的信息，需要对这些高维的特征数据进行进一步的统计处理。特征聚合指的是对高级语义特征数据进行特征函数处理实现特征重构的过程。利用高级语义特征对图像进行描述的过程中，需要运用不同的数据归纳分析方法，这样才能从不同的角度，侧面反映图像的失真特征。在图像质量评价问题中，高级语义特征数据统计函数的准确性直接决定着图像特征数据能否代表图像的失真信息，所以高级语义特征的重构会对失真图像的准确描述形成重要的影响，使重构后的特征更能准确可靠地表示图像失真信息。

2. 高容量回归器

为了解决图像高级语义特征的维度灾难问题，需要高容量的回归器将图像高级语义特征回归到图像的主观质量分数。高容量回归分析是指在大量样本数据的基础上，研究高维自变量和低维因变量之间关系的一种预测模型技术。传统的单计算层感知器主要用于解决线性可分问题，而大数据背景下的回归预测问题是线性不可分的。为了克服单计算层感知器这一局限性，人们在输入层与输出层之间引入隐藏层作为感知过程的内部表示，即形成了多层前馈神经网络。结合深度学习的相关知识，全连接层的实质等同于矩阵乘法，相当于一个特征空间变换，可以把前面所有有用的信息进行提取整合，再加上激活函数的非线性映射，由输入层、多层全连接层、输出层组成的多层前馈神经网络（Multilayer Feed-forward Neural Network，MFNN）理论上可以模拟任何非线性变换，且相关研究证明该模型能够有效解决高维数据背景下的回归预测问题[1]。

11.2 基于图像底层质量特征和高级语义的真实失真图像质量评价

本章提出的算法利用 DCNN 提取出失真图像的一级语义特征，然后通过均值聚合、标准差聚合、熵聚合和矩聚合四种聚合方式将一级语义特征聚合成二级语义特征，将聚合后的二级语义特征输入由多层前馈神经网络构成的高容量回归器中，以解决真实失真图像的质量分数回归问题。对任意一幅图像库外的失真图像进行质量评价，则是先通过基于 CNN 和集成学习的多指标预测方法预测出该幅图像的五个底层质量特征，然后根据该图像的底层质量分布在子类中遍历，找到相似性最高的类别，然后再通过本章节提出的算法回归到图像的 MOS 值，具体算法流程框架如图 11-2 所示。

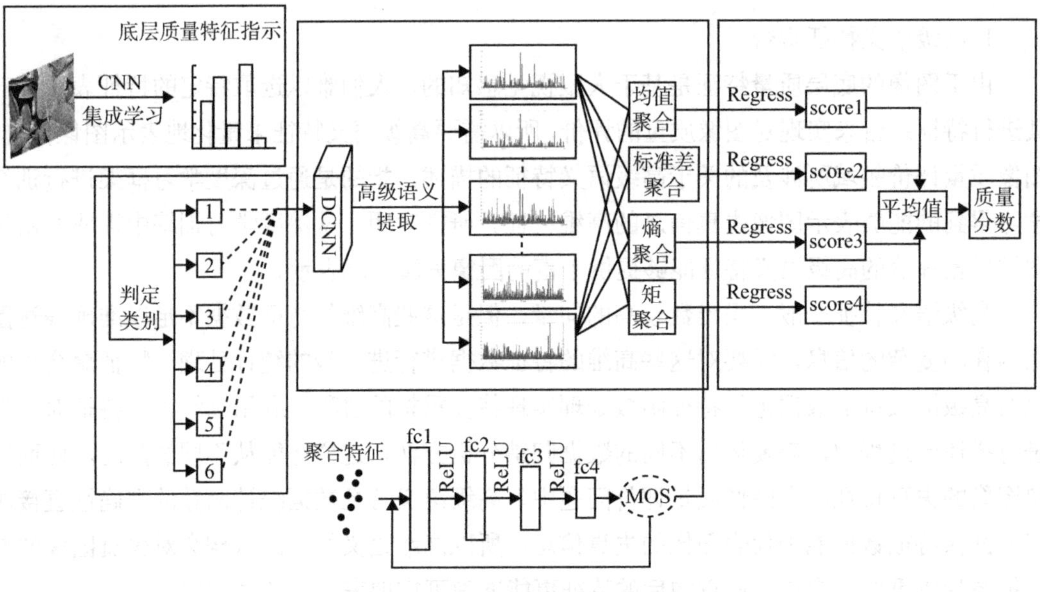

图 11-2 失真图像质量评价流程

11.2.1 基于 k-means 和图像底层特征的图像预分类

k-means 是最为经典的基于划分的聚类方法，是最常用的数据挖掘算法之一[2]。k-means 算法的主要思想是以给定空间中的 k 个点为形心进行聚类，对最靠近它们的对象进行相似性度量并作出相应的归类操作。算法会通过迭代不断更新各簇的形心的值，直至达到较优的聚类效果。k-means 算法的具体实现流程是输入聚类的类别数 k，以及对应的需要进行聚类的数据库，输出满足方差最小标准的 k 个聚类。聚类的最终目的是使类中数据相似度较高，类间的数据相似度较低。算法示意图如图 11-3 所示。

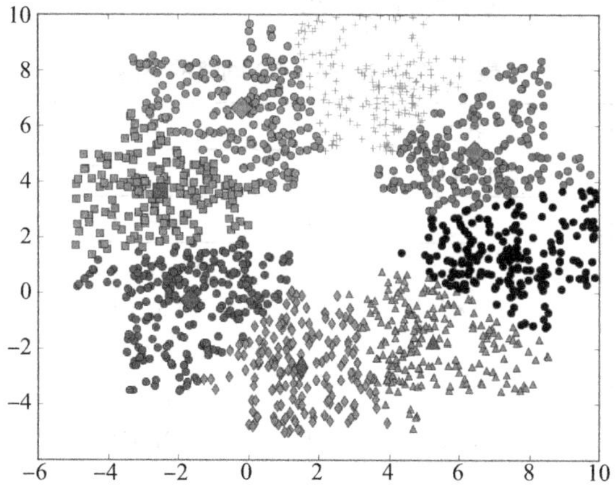

图 11-3　k-means 算法示意图

由于真实失真图像之间内容千差万别，并且存在多种多样的失真，为了尽量避免由于多种失真相叠加而导致的无法准确预测出图像质量分数的问题，本文提出基于 KonIQ-10K 真实失真图像库进行 k-means 聚类实现图像库的预分类，基于 KonIQ-10K 真实失真图像库提供的五个底层指标亮度、颜色、对比度、噪声和清晰度的 ACR 值为聚类样本，将图像库分为不同类别，便于后续对真实失真图像进行处理。

11.2.2　图像的高级语义提取

在利用深度学习研究图像质量评价算法模型时，为了有效解决图像数据量不足的问题，一般研究者都会采用两种方法来实现数据扩增：一是将图像划分为许多图像子块用来表示一幅图像，再通过图像子块进行特征的训练学习，最后平均子块的质量分数得到一幅图像的质量得分；二是对原始图像做各种旋转、镜像和尺寸变换，然后将扩增后的图像输入质量评价算法模型进行训练学习。但是在图像质量评价领域，图像局部的 MOS 值并不能够与图像整体的 MOS 值保持一致。而图像质量评价的目的是模拟代替人类视觉系统感知图像的质量，所以为了解决对图像分块的数据扩增方法无法准确描述图像质量的问题，本章节对图像进行翻转 90°、180°、270° 来实现数据扩增，然后考虑到图像的全局信息，直接将大小为 224×224 像素的原图作为 DCNN 的输入，提取出真实失真图像的一级高级语义特征，再对一级高级语义特征聚合得到二级高级语义特征，使聚合后的特征更能表达图像失真的信息。

1. 一级高级语义特征提取

从 DCNN 模型中提取的图像高维特征可以用来表示图像的高级语义信息。文献中提到残差图像能够提供重要的图像失真信息，本文使用预训练的 ResNet-50 模型作为图像的特征提取器，ResNet-50 网络的相关参数如表 11-2 所示，本节中将批处理参数 Batch_size 设置为 128，学习率设置为 $1\times le^{-3}$，通过将整幅图像作为 ResNet-50 的输入来计算图像的高级语义特征，提取中间层的输出特征 d1~dl。

表 11-2　ResNet-50 网络的参数

层	输出	ResNet-50	
Conv1	112×112	7×7，64，stride 2	
		3×3 max pool，stride 2	
Conv2	56×56	1×1，64 3×3，64 1×1，256	×3
Conv3	28×28	1×1，128 3×3，128 1×1，512	×4
Conv4	14×14	1×1，256 3×3，256 1×1，1024	×6
Conv5	7×7	1×1，512 3× 3，512 1×1，2048	×3
Pool 1000-d fc,softmax		1×1	global average pool

每一幅图像提取出的特征可以表示为：

$$d_l = DCNN(l;\varpi,\theta), l = 1,\cdots,n \qquad (11\text{-}1)$$

式（11-1）中，l 表示提取特征的所在卷积层；ϖ,θ 表示预训练 DCNN 的权重参数。

2. 二级高级语义特征聚合

本节提出四种聚合方式对上文中提取的一级高级语义进行特征重构，用以更准确地描述图像的信息，如图 11-4 所示。

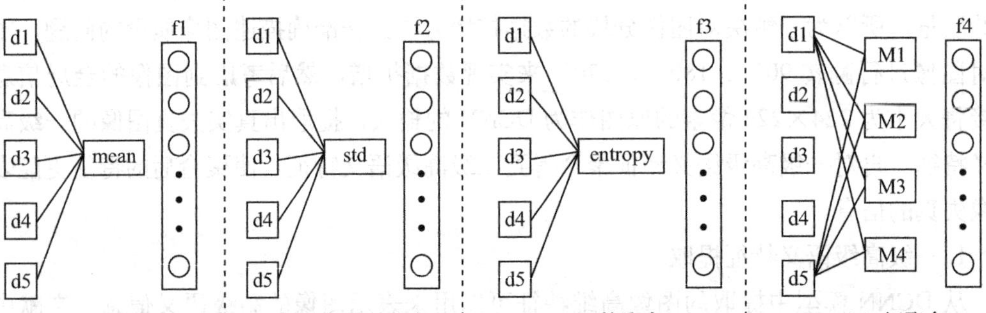

（a）均值聚合　（b）标准差聚合　（c）熵聚合　（d）矩聚合

图 11-4　高级语义特征聚合示意

（1）均值聚合。

考虑到每一维度高级语义特征的均值，计算剔除（percent/2）% 的最大值和最小值后的样本均值。则第一种聚合特征 f_1 可以表示为

$$f_1=f_{\mathrm{mod\_}mean}\{d_1\} \tag{11-2}$$

（2）标准差聚合。

标准差能反映一组数据的离散程度，是概率统计中最常用的用来统计分布程度的测量，则第二种聚合特征 f_2 可以表示为

$$f_2=f_{\mathrm{std}}\{d_1\} \tag{11-3}$$

（3）熵聚合。

由信息论可知，随着信息的随机性提高，把它确定下来的价值也会随之增大，信息论定义了一种定量的学习方法“熵”来衡量随机变量的信息价值，本节用熵值作为第三种聚合特征，如式（11-4）和式（11-5）所示。

$$f_3=E\{d_1\} \tag{11-4}$$

$$E=-\sum_{i=1}^{n}p(d_l)\log p(d_l) \tag{11-5}$$

（4）矩聚合。

矩能够描述数据分布的统计信息，为了平衡对更多信息的需求和特征空间的降维，本章用四阶中心矩作为第四种聚合特征。

$$f_4=M_1\oplus M_2\oplus M_3\oplus M_4 \tag{11-6}$$

$$M_k=\left(\sqrt[k]{\frac{\sum_{i=1}^{n}(d_{i1}-m_1)^k}{n}},\dots,\sqrt[k]{\frac{\sum_{i=1}^{n}(d_{il}-m_l)^k}{n}}\right)^T \tag{11-7}$$

式（11-7）中，k=1, 2, 3, 4；M_1, M_2, M_3, M_4 分别表示第 1 阶中心矩、第 2 阶中心矩、第 3 阶中心矩和第 4 阶中心矩。

11.2.3 高容量特征回归器

由于图像的高级语义特征的维数较高，使用传统的回归算法不仅容易引起因数据维度过高造成的运行成本过大的问题，而且容易导致过拟合现象。全连接层的一个主要作用是能够实现数据维度的变换，在把高维数据变到低维的同时能够保证有效信息的留用。全连接层的另一个作用是表达输入数据的隐含语义，把原始特征映射到各个隐层语义节点。对于图像质量评价模型的最后一层全连接而言，就是质量回归的显示表达。本章通过统计实验确定了由输入层、4 个完全连接层和输出层组成的一个 MFNN 作为高容量回归框架，每一层全连接层后面紧连着一个非线性激活函数，如图 11-5 所示。

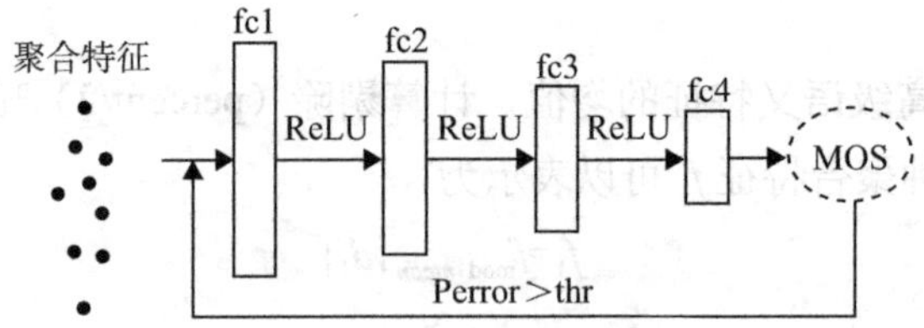

图 11-5　高容量回归器模型

假设训练样本总数为 N，训练周期 *epoch* 和迭代次数 *iteration* 存在着如下式所示的关系：

$$1epoch=\frac{N}{Batch\_size}\cdot iteration \tag{11-8}$$

P_{error} 表示预测出来的质量分数与实际 MOS 值的差值，*thr* 表示回归预测的质量分数精度。*Accuracy* 表示测试集中误差绝对值在 *thr* 内的样本量占测试总样本量的比例。

$$P_{error}=S_{test}-S_{predict} \tag{11-9}$$

$$Accuracy=\frac{sum(|P_{error}|\leqslant thr)}{N} \tag{11-10}$$

11.3　实验结果与分析

本章所有的对比实验都是基于 Windows10，CPU Intel Core i7，内存 8G，使用了基于深度学习框架 caffe 的 MATLAB 接口。

11.3.1　图像预分类类别数的确定

为了确定最优的聚类中心的个数即图像预分类的类别数，本节统计分析了类别总数 k 与测试集内质量分数的预测准确率的关系曲线，如图 11-6 所示。

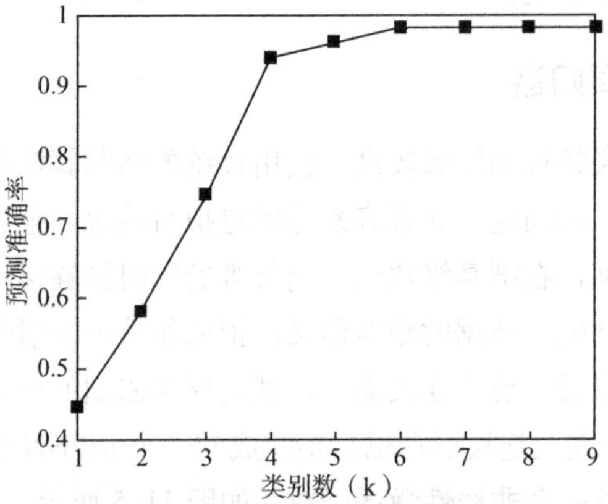

图 11-6　预测准确率与类别数关系曲线

从图 11-6 中数据可以看出，当未对 KonIQ-10K 真实失真图像库进行分类时，针对测试集内的图像进行质量评价，其图像质量分数的预测准确率只能达到 0.447，随着类别数 k 的不断增加，图像质量分数的测试准确率不断上升，当 k 取 6 时，图像质量分数的预测准确率较高且趋于平缓，所以本章将 KonIQ-10K 图像库划分为 6 类。

11.3.2 高容量回归器训练参数的确定

本节针对 KonIQ-10K 图像库的训练集图像和测试集图像，与预训练模型提取特征的学习参数保持一致，将批处理训练参数 Batch_size 设置为 128，学习率设置为 1×le–3，回归预测的质量分数精度 thr 设置为 0.25，然后设置了具体的训练时间参数分别做了仿真实验，记录了均方根误差（Root mean squard error, Rmse）和损失函数值（Loss function value, Loss）的变化趋势，实验结果如图 11-7 和图 11-8 所示。

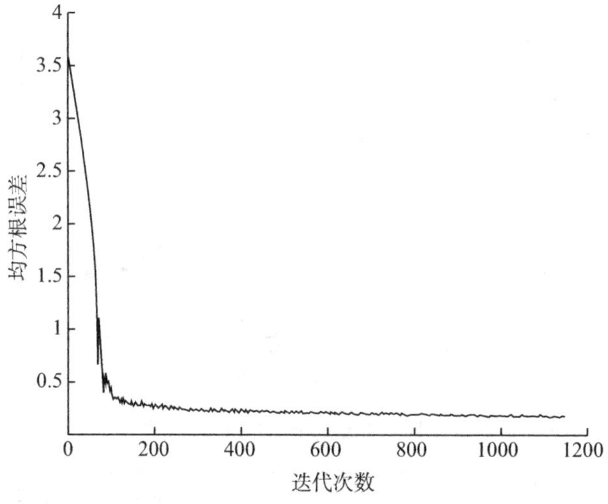

（a）训练集的迭代次数与 Rmse 关系曲线

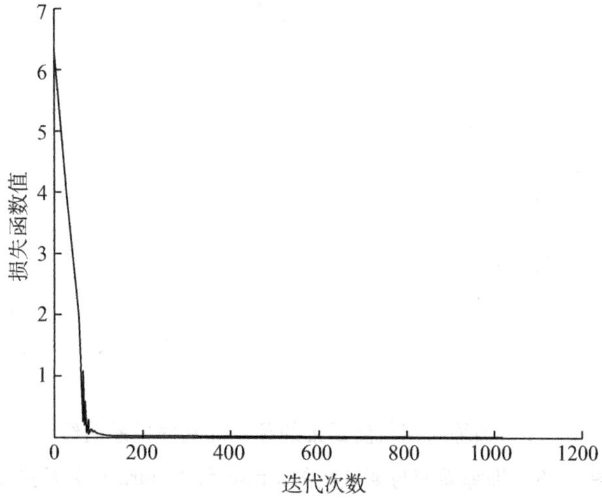

（b）训练集的迭代次数与 Loss 关系曲线

图 11-7　训练集的迭代次数与 Rmse 和 Loss 关系曲线

图 11-7（a）表示的是在本章设计的高容量回归器中，训练学习过程中的迭代次数与 Rmse 关系曲线，图 11-7（b）相同条件下迭代次数与 Loss 关系曲线。由图中曲线的发展趋势可知，本章提出的高容量回归器能够快速而又准确地实现图像质量分数的稳定收敛。

图 11-8（a）和（b）分别为训练周期与测试集的 Rmse 关系曲线和 Accuracy 关系曲线，其横坐标均为训练次数，纵坐标分别为训练集的预测质量分数与真实质量分数的 Rmse 值，以及在预定误差内质量分数预测正确的样本数占总样本数的比例，即训练集的预测准确率。由图 11-8 可以看出，当训练 epochs 选择为 240 时，测试集的 Rmse 和 Accuracy 均能达到较理想的数值。

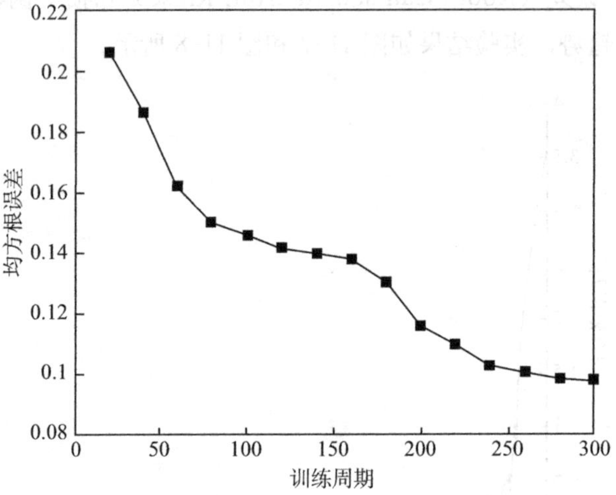

（a）训练周期与测试集的均方根误差关系曲线

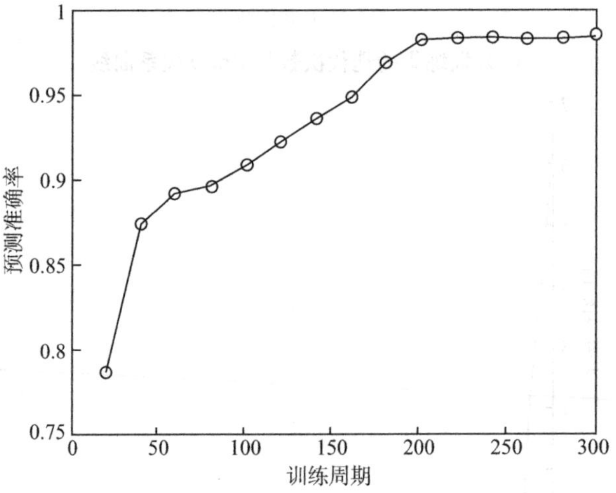

（b）训练周期与测试集的预测准确率关系曲线

图 11-8　训练周期与测试集的 Rmse 和 Accuracy 关系曲线

11.3.3 质量评价性能测试与分析

1. KonIQ-10K 图像库中的算法性能分析

本章统计分析了不同的图像质量评价算法在 KonIQ-10k 真实失真图像库上的性能比较，如表 11-3 所示。

表 11-3　不同质量评价算法在 KonIQ-10K 上的性能比较

算法	SROCC	PLCC
BRISQUE	0.700	0.704
BLIINDS-II	0.575	0.584
SSEQ	0.596	0.615
IQA_CNN	0.634	0.671
BosICIP	0.654	0.673
SFA	0.685	0.764
DeepBIQ	0.900	0.920
DeepRN	0.920	0.950
Proposed	0.956	0.974

从表 11-3 数据可以看出，本章质量评价模型在 KonIQ-10K 这个真实失真图像库上的实验结果明显优于传统手动特征提取和质量回归算法 BRISQUE、BLIINDS-II、SSEQ，同时在 BosICIP、SFA、DeepBIQ、DeepRN 等利用深度学习技术的图像质量评价算法中进行统计对比，进一步反映了本章模型对真实失真图像客观评分的有效性。因此，本章的质量评价模型对图像质量的客观评分与人眼主观质量得分具有较好的一致性。

同时本章对近期利用深度学习技术进行图像质量评价的算法的时间复杂度进行了统计分析，并以自己复现相关算法所用时间为统计指标，如表 11-4 所示。

表 11-4　不同深度学习算法的性能比较

算法	样本量 / 张	时间 /h
IQA_CNN	493577	96
BosICIP	493577	96
SFA	90657	84
DeepRN	104949	336
DeepBIQ	10073	6
Proposed	40292	8

相比于同样针对 KonIQ-10K 真实失真图像库提出的质量评价算法 DeepRN 而言，本章提出的算法模型不仅在训练样本量上有了较明显的降低，而且降低了时间成本。与其他

利用深度学习技术对图像质量作出评价的算法而言，在样本量和时间成本上也获得了很好的折中效果，充分证明了本章质量评价模型较高的运行效率和预测质量分数的高精度。

2. KonIQ-10K 图像库中的算法消融研究

为了更全面地验证本章提出的基于图像底层特征和高级语义的质量评价模型的有效性，我们在 KonIQ-10K 真实失真图像库上进行了消融验证实验，主要分析研究了本章提出的模型中的各个组成部分对评价指标 SROCC 和 PLCC 的影响，具体仿真的实验结果如图 11-9 所示。

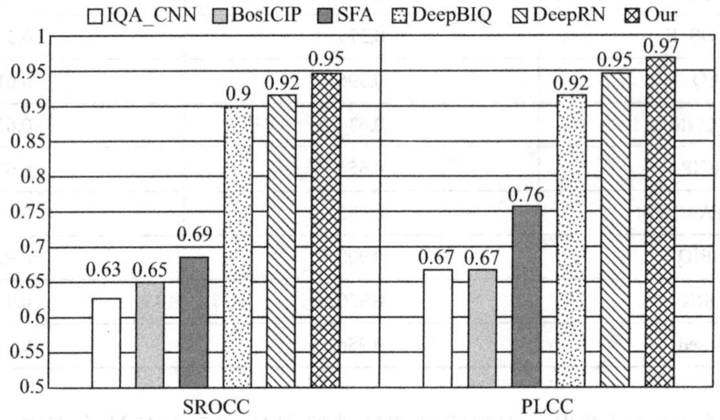

图 11-9　KonIQ-10K 图像库中不同算法的消融研究结果

（1）预分类机制。

本章基于图像底层质量特征的预分类机制，相比于 DeepRN 中将其按照 MOS 值 1~5 进行预分类训练的模型而言，其 SROCC 和 PLCC 的指标分别提高了 3.3% 和 5.4%。

（2）预训练模型。

相比 IQA_CNN 算法使用端对端的训练学习方法对图像质量作出评价，本章算法模型运用深度卷积预训练模型提取图像特征然后进行质量回归的质量评价模型在评价指标 SROCC 和 PLCC 上达到了 95% 和 97%，比使用 IQA_CNN 算法分别提高了 50.8% 和 44.8%。

（3）高级语义聚合。

为了验证高级语义特征聚合对图像质量评价模型效率的提高，将本章模型与 DeepBIQ 模型进行对比。DeepBIQ 运用了简单的特征池化和特征连接对提取出来的图像高级语义特征进行整合，本章利用四种统计函数对高级语义进行聚合，使得 SROCC 和 PLCC 有了 3.3% 和 4.5% 的提升。

（4）高容量回归。

本章提出由多层前馈神经网络构成的高容量回归模型，相对于 SFA 中运用最小二乘回归法将聚合后的高级语义特征回归到图像的质量分数上，本文的算法在真实失真图像库上的质量评价结果的 SROCC 和 PLCC 都有了明显的提高，分别能达到 0.95 和 0.97。

11.4 本章小结

本章以 KonIQ-10K 这个真实失真图像库为基础分析数据，针对人眼对真实失真图像底层特征的感知对图像进行预分类，然后结合深度学习预训练模型提取图像的高级语义特征，提出由全连接层和激活层组成的高容量回归器，在图像子类中展开对失真图像质量分数的回归预测。通过实验证明，与传统自然场景统计特性的质量评价算法和当前的一些基于机器学习的质量评价方法相比，本章的质量评价模型得出的图像质量分数与人类主观质量评价结果具有较好的一致性，而且运用预训练模型进行特征提取的方式大大降低了训练时间成本，运行效率得到有效提升。为快速判断失真图像质量和后续图像增强奠定了基础。

参考文献：

[1] Wang Yuxiong, Hebert M. Learningto Learn: Model Regression Networks for Easy Small Sample Learning[C]. // ECCV 2016: European Conference on Computer Vision. Amsterdam: Springer, 2016: 616–620.

[2] Pae D S, An C G, Kang T K, et al. Advanced digital image stabilization using similarity-constrained optimization[J]. Multimedia Tools and Applications, 2019, 78 (12) : 16489–16506.

第 3 单元

图像情感识别

随着多媒体智能技术的飞速发展和计算机视觉技术的广泛应用，人们对图像数据资源的信息需求不仅仅局限于客观内容，还扩展至主观的情感体验。挖掘用户情感倾向、进行心理预测是行为科学中的一项重要内容，因此对图像情感进行更准确识别是一个重要且亟须解决的问题，也是图像理解领域研究的重点和难点之一。

现今，基于人脸的情感识别技术已获得较好的效果，基于特定风景图像或艺术画的情感识别效果一般，但没有将二者结合实现符合实际生活场景的复杂场景图像的多分类情感识别。对于复杂场景图像的情感识别研究是具有实际应用价值和意义的。

本单元将介绍基于 Inception 思想的卷积神经网络和基于多特征融合的复杂场景图像情感识别方法，不仅能实现人脸图像情感识别效果的提升，而且对于复杂场景图像的识别，在自建的综合图像数据集中也有较好的效果，研究填补了复杂场景图像多分类情感识别的空白，具有实际应用价值和学术研究前景。

第 12 章
图像情感识别概述

多媒体智能技术的发展使得网络社交媒体得到了广泛应用，人们也用各种方式比如图像、视频等在网络中表述个人观点看法，并分享情绪和感受。现有的利用图像资源满足用户需求的相关研究中更多地着重于图像内容信息，比如场景识别、工业瑕疵检测等，然而图像中并不只拥有客观的视觉部分，还包括主观方面的情绪感知。对图像情感的识别可以更高效地分析舆情倾向、用户情绪倾向，了解用户需求，预测市场走向等。因此，对图像所蕴含的情感进行描述与识别已成为一个亟待解决的重要问题。

12.1 研究背景及意义

视觉感知是人类了解世界的重要手段之一，图像识别作为视觉感知的一个分支，包含了许多领域的不同学科。同时，它也被公认为计算机视觉领域较为重要的研究内容方向之一，有助于人工智能研究的深化和发展。从本质上讲，图像情感识别的过程是将图像固有属性映射与人类对世界的认识和理解建立联系的过程，通过对这一过程的研究，可以分析不同人群思维活动的差异和共性，进而掌握人类认知规律。在这个互联网已成为主要社交平台的时代，图像和视频已成为人类表达自我、进行互动的方式之一，新浪微博日活跃用户量高达 2.29 亿，日均图片发布量过亿，推特日活跃用户量高达 1.26 亿，日均图片发布量高达 6000 万张，在此大环境之下，对用户发布在社交平台上的图片进行情感方面的判别，进而对其情感倾向进行发掘，可以更好地了解用户的心理状态，可以在品牌监控、智能写作、自动配图等方面发挥作用，进而实现图像的智能识别、自动匹配等工作。

用户发布在社交平台的图像往往不仅仅是人脸图像，还有各种风景图和实物图，还有些是包含人脸部分的复杂场景图。图像情感具有很强的主观性，但是，人类在对图像情感的认知上也存在着共通之处。目前，越来越多的研究者致力于图像情感的研究，常用的图像情感识别研究主要集中在单个人脸上，或者针对小范围的特定场景，如电影截图情感识别、智能学习环境下的情感研究等，但是对于社交平台上复杂场景的图像情感识别的研究还较少，因此本文的设计以社交平台上的复杂场景图像为对象，不仅关注人脸在图像中的情感表达，而且考虑背景的情感表达，多特征融合下实现复杂场景图像的多类情感识别问题。

为了识别图像的情感，就需要在情感层面上的图像特征和人类情感之间建立联系。图像情感科学方面的研究表明[1]，不同的颜色、形状和轮廓会指向不同的情感，而图像高层语义特征也能有规律地指向不同种类的情感。这些图像特征在图像情感的研究中都起着重要作用，因此研究基于多特征融合的复杂场景的图像情感识别是一项复杂的视觉认知研究，且具有重要的现实意义。

比如在品牌监控方面，用户发布社交信息时，可能会出现文字情感和图片情感不匹配的问题。这时，就需要对图像的情感进行识别，从而检测出用户对品牌的真实反馈；或者当用户发布社会动态时，他们希望找到与自己的文字具有相同情感内涵的图像，那么此时就需要在对社交平台上的图像进行情感辨别的基础上，进行自动制图等操作。

12.2　国内外研究现状

20 世纪以来，图像情感识别已经成为模式识别、计算机视觉，以及人工智能等方向的重要分支之一。当今国内外研究人员和学者也正在对视觉感知层面上的情感计算问题和情感分布预测问题进行进一步的探索，目前的图像情感识别研究主要集中于单个人脸的情感识别问题和特定场景下整体图像的情感识别。在单人脸的情感识别问题上，针对样本数据集较少的人脸表情识别，总的来说，所用到的方法经历了两个主要阶段：传统机器学习方法和深度学习方法。

在传统机器学习方法上，Kostia[2] 建立 Candide 节点模型系统，基于集和变形特征和支持向量机的方法对人脸表情进行二分类识别。周涛[3]提出了一种基于自适应特征变换和两阶段分类的人脸表情识别方法，实现了人脸表情多分类，但精度有待提高。基于深度学习的方法，樊雷[4]提出了一种基于 BS 结构与卷积神经网络的低成本静态图片人脸表情识别系统，它在完成人脸检测和定位的同时实现了表情检测和分类，识别速度大大提高，对于小样本数据库，整体表情识别率仅为 65%左右，精度较低。李勇[5]提出了一种改进的 LeNet-5 卷积神经网络，将从网络结构中提取的低层次特征和高层次特征结合起来构造分类器，最终对 JAFFE 数据集的识别率达到 94.37%，但仅仅对特定数据集达到了好的效果。Lopes 等人[6]尝试采用深度神经网络来解决人脸识别问题。利用 CNN 把特征提取和判别分类两个步骤结合起来进行统一。该方法对静态人脸小样本数据集的处理效果较好，为后续利用各种卷积神经网络进行情感识别研究奠定了基础。ZhangF[7] 等人考虑了面部姿势变化对面部表情特征的影响。在生成对抗网络的基础上，生成不同姿势下的表情图像、增强训练数据集，并在数据增强模块中嵌入表情分类器，在一定程度上降低了复杂度，但加入姿势因素后人工标注数据过于烦琐。N.Otberdout[8] 等人使用协方差矩阵对深度卷积神经网络（DCNN）特征进行编码，并使用高斯核检验对 SPD 流形上的面部表情进行分类，证明了基于 DCNN 特征的协方差描述子比基于全连通层和 softmax 的标准分类更有效。在提取图片整体情感特征方面，现有的研究主要集中在从低级图像情感特征到高层情感语义的映射，大致可分为以下三类：底层特征的方法、中层语义特征的方法和深度学习提取高层特征的方法。

早期传统[9]的图像情感识别研究主要集中在提取图像中潜在的情感特征来表达视觉情感的内涵。这类研究一般是以色彩心理学[10]、艺术美学等学科为基础，选取与人类情感密切相关的视觉特征，选择不同的特征描述方法，运用机器学习技术，结合该领域的相关知识进行识别研究。在图像情绪计算的研究中[11]，颜色特征，纹理特征，形状特征一般比较引起重视。Yanulevskaya 等人[12]利用 lab 三色通道将颜色空间划分为 343 种不同的颜色，完成 lab 描述子到视觉文字的映射，提取颜色特征，使用 Wiccest 特征和 Gabor 特征提取形状特征，最后用有监督型 SVM 对图像情感进行识别。Machajdik 等人[13]将包含颜色信息的情感特征转化为数学公式，加入了 Tamura 纹理特征、小波变换提取的纹理特征和灰度共生矩阵来进行形状特征的描述，并计算图像情感。Lu 等人[14]的研究主要着重于人们情绪会怎样被原始图片中的轮廓特征影响。因为图像的低级基本特征和高级情感语义之间有着难以逾越的界限，所以也有部分研究通过借助中层属性作为映射的中间介质来间接对图像情感进行表征，也就是基于中层语义表达来进行图像情感的识别。例如，哥伦比亚大学的 Borth 等人[15]将形容词 - 名词对（ANP）作为情感的中层元素，量化每个 ANP 并赋予情感值，并添加颜色特征、形状特征描述符等特征对图像情感进行识别。Chen 等人提出的基于目标对象的方法。[16]在该模型中，定位图像中的六种对象（如汽车、鲜花、食物等），得到相应的名词，然后训练相关量词判断相应的形容词描述。

与传统的底层特征来表达图像情感相比，基于中层特征的图像情感识别方法将情感计算与目标检测相结合，使抽象的情感表达具体化，在特定场景中方便、快速、准确。但是，该方法也存在一些缺点，如过程复杂，依赖于特定的对象类型，而且大多数研究都是基于人工主观设计的，但是随着对象数量和计算量的增加，这种方法已经不能满足大多数研究的需要。

深度学习是人工智能领域中一个非常重要的课题。它的网络结构与人脑相似，可以模拟大脑思维。近年来，深度学习算法在语音识别[17]、图像识别[18]、自然语言处理[19]、计算机视觉[20]、图像与视觉分类、多媒体等方面都取得了很大的突破。网络深度学习算法能够自主学习输入数据的本质特征，并将原始数据转化为高层抽象特征，并通过网络模型来表示。这样，对于复杂函数，也可以通过多次变换来学习。作为人工智能的一个重要分支，深度学习技术近年来在许多视觉任务上取得了突破，在图像情感识别方面也发挥了巨大的作用。Simonyan[21]等人将图像分为三个区域，利用不同层次的 CNN 提取图像块的特征进行描述。最后，将图像块的特征描述串联起来，用 Softmax 分类器对图像情感进行识别。Kosti[22]等人提出了一种借助文本进行图像情感识别的方法，即人工定义和提取图像特征，CNN 主要从文本信息中提取情感特征。Peng 等人[23]在 Senti-bank 的基础上提出了一种基于卷积神经网络的视觉情感概念分类方法。在标记有形容词—名词对的大数据集上训练深度卷积神经网络，得到视觉情感检测器（Deep senti bank），最后一层连接分类器生成相应的分类标签。另外，图像情感识别的相关研究中，一般存在样本标注困难且数量少的问题，导致样本量难以支持深度学习神经网络进行训练。Yuan 等人[24]在 2015 年提出了一种采用分步训练和域转移的深度网络 PCNN 对图像进行情感分析具有鲁棒性。设计了由两个卷积层和四个完全连通层组成的卷积神经网络模型。然后利用 Flickr 提供的约 500000 张弱标签（标签中有噪声）图像数据集对 PCNN 进行训练。You 等人[25]以 8 种情绪为关键词，结合 PCNN 对多幅强标记图像的人工采集和标记，在大规模图像数据集网络中进行图像分割，并对自建的小情绪数据集进行微调，提高预测精度。然后，通过迁移学习，在其他小规模的情感数据集上对训练后的模型进行测试，验证了使用高级情感特征比使用人工中级特征的优越性。Campos 等人[26]还对在大数据集上训练的深度模型进行了微调，以区分社交网络图像中情感的有用特征表达，从而获得比其他经典算法更好的情感分类效果。同时，为了更好地理解深度模型如何区分情感，研究了不同深度框架下不同层次特征的表现，研究了消除不同全连通层的大部分对应帧参数对卷积神经网络性能的影响，主要包括去除最后一层或两层全连通层、改变最后一层或两层全连通层点四种帧。

在以往的图像情感识别问题上，传统的提取低层特征的方法有一定的局限性， 但仅用深度学习来提取图像情感特征并不能充分表达图像的情感语义。目前，图像情感识别的焦点是图像所传达的情感语义。主要困难有如下几点。

第一，相对于认知，就知识的语义层次而言，情感分析问题更具主观性， 范畴内差异较大，范畴间差异较小。即使对人来说，也很难解释画面情感的具体规律，这也增加了设计具有较强辨别能力的情感特征的难度，所以关于图像的情感识别问题，识别精度一般还有待改进。

第二，目前图像情感识别的研究方法只关注人脸，或者将人脸所反映的情感直接作为复杂场景图像的情感，而没有考虑情感语义和背景区域的比例，这会导致情感识别结果有一定的偏差。

第三，每个部分在大多数图片中的重要性是不同的，有很多情况：每个部分传达相同的情感，只有不同的重要性；甚至每个部分传达不同的情感。因此，在情感分析中，首先要根据不同的情感特征描述方法进行区分，然后分别对每个区域进行预处理，并采用有针对性的方法提取情感特征。

第四，用于情感标注的标签之间的边界并不够清晰，简单来说，很少有照片只传达强烈的情感而排除其他情感。更重要的是，它是多重情感的主观融合。然而，它对人工智能的计算和学习能力提出了更高的要求。另外，不同背景、不同思维方式的人对同一种情感可能有不同的定义，有时图片的标注也会模棱两可。

因此，准确提取图像情感特征，构造数据集，缩小图像特征与情感语义之间的差距，对复杂场景图像进行情感识别具有重要意义。

为此本单元将对采用多任务级联卷积神经网络获取复杂场景中的人脸图像和背景图像，基于不同深度学习算法分别对人脸图像情感和背景图像情感进行识别的方法进行简介。

参考文献：

[1] 张恒亨 . 基于传统方法和深度学习的图像精细分类研究 [D]. 合肥 : 合肥工业大学 , 2014.

[2] 樊雷．一种基于 Keras 和 CNN 的人脸表情识别系统设计 [J]. 电脑知识与技术 , 2018, 14 (33) : 178–179.

[3] 周涛 , 孙亚新．基于两阶段分类与自适应特征变换的人脸表情识别 [J]. 现代计算机 , 2018 (6) : 31–35.

[4] Mikolov T, Deoras A, Povey D, et al. Strategies for training large scale neural network language models [J]. In Proc Automatic Speech Recognition and Understanding, 2011, 11: 196–201.

[5] 李勇 , 林小竹 , 蒋梦莹 . 基于跨连接 LeNet-5 网络的面部表情识别 [J]. 自动化学报 , 2018, 44 (1) : 176–182.

[6] Andre T L, Edilson D A, Thiago O S. A Facial expression recognition system using convolutional networks[A]. 28thSIBGRAPI Conference on Graphics, Patterns and Images[C]. Bahia, Brazil: IEEE, 2015: 273–280.

[7] Zhang F, Zhang T, Mao Q, et al. Joint pose and expression modeling for facial expression recognition[C]// Proceedings of the IEEE Conference on Computer Vision and Pattern Recognition, 2018: 3359–3368.

[8] Otberdout N, Kacem A, Daoudi M, et al. Deep Covariance Descriptors for Facial Expression Recognition[J], 2018.

[9] 奚雪峰 , 周国栋 , 面向自然语言处理的深度学习研究 [J]. ActaAutomatica Sinica, 2016, 42 (10) : 1.

[10] Jia, J, Wu, S, Wang, X, Hu, P, Cai, L and Tang, J. Can we understand van gogh'smood?: learning to infer affects from images in social networks. In: Proceedings of the ACM International Conference on Multimedia, 2012: 857–860.

[11] 卢宏涛 , 张秦川 . 深度卷积神经网络在计算机视觉中的应用研究综述 [J]. 数据采集与处理 , 2016, 31 (1) : 1–17.

[12] Yanulevskaya V, Uijlings J, Bruni, E, et al. In the eye of the beholder: employing statistical analysis and eye tracking for analyzing abstract paintings. In: Proceedings of the ACM International Conference on Multimedia, 2012: 349–358.

[13] MachajdikJ, HanburyA. AffectiveImageClassificationusingfeatures inspiredby psychology and art theory. In: Proceedings of the ACM International Conference on Multimedia, 2010: 83–92.

[14] YanulevskayaV, Uijlings J, J. –M. G, et al. A proto–object–basedcomputational model for visual saliency[J]. J Vis, 2013, 13 (13) : 27.

[15] 杜骞 . 深度学习在图像语义分类中的应用 [D]. 武汉 : 华中师范大学 , 2014.

[16] Lu, X, Suryanarayan, P, Adams Jr, R B, Li, J, Newman, M G and Wang, J Z. On shape and the computability of emotions. In: Proceedings of the ACM International Conference on Multimedia, 2012: 229–238.

[17] Borth, D, Ji, R, Chen, T, Breuel, T and Chang, S–F. Large–scale visual sentiment ontology and detectors using adjective noun pairs. In: Proceedings of the ACM International Conference on Multimedia, 2013: 223–232.

[18] Chen, T, Yu, F X, Chen, J, Cui, Y, Chen, Y–Y and Chang, S–F. Object–based visual sentiment concept analysis and application. In: Proceedings of the ACM International Conference on Multimedia, 2014: 367–376.

[19] Osgood, C E. The nature and measurement of meaning. Psychological Bulletin, 1952, 49 (3) : 197.

[20] Hao, M, Rohrdantz, C, Janetzko, H, Dayal, U, Keim, D A, Haug, L–E and Hsu, M–C. Visual sentiment

analysis on twitter data streams. In: Proceedings of the IEEE Conference on Visual Analytics Science and Technology, 2011: 277–278.

[21] Simonyan, K and Zisserman, A. Very deep convolutional networks forlarge-scale image recognition. In: International Conference on LearningRepresentations, 2015.

[22] R Kosti, Alvarez J M, Recasens A, et al. Context Based EmotionRecognition using EMOTIC Dataset[J]. IEEE Transactions on Pattern Analysis and Machine Intelligence, 2019, PP (99) : 1-1.

[23] Peng, K C, Chen, T, Sadovnik, A and Gallagher, A. Amixed bag of emotions: Model, predict, and transfer emotion distributions. In: Proceedings of the IEEE Conference on Computer Vision and Pattern Recognition, 2015: 860–868.

[24] Yuan, J, Mcdonough, S, You, Q and Luo, J. Sentribute: image sentiment analysis from a mid-level perspective. In: Proceedings of the International Workshop on Issues of Sentiment Discovery and Opinion Mining, 2013: 1–8.

[25] You, Q, Luo, J, Jin, H and Yang, J. Building a large scale dataset for image emotion recognition: The fine print and the benchmark. In: Proceedings of the the AAAI Conference on Artificial Intelligence, 2016: 308–314.

[26] Campos, V, Jou, B and Nieto, X Giro-i. From pixels to sentiment: Fine-tuning cnns for visual sentiment prediction. ar Xiv preprint ar Xiv: 1604. 03489, 2016.

第13章
图像情感识别理论基础

本章分析了基于复杂场景的图像情感识别理论基础。首先引入复杂场景图像视觉关注度机制，分析出复杂场景图像识别时人脸与背景进行分割的必要性，然后详细分析了图像情感特征以及图像情感识别机制，为后续算法研究打下理论基础。

13.1 面向复杂场景的视觉关注度机制

人类具有很强的感知情感及表达情感的能力，但由于情感的复杂性和抽象性，很难对图像情感进行概念化的判别。传统的图像情感识别主要基于视觉认知和心理学知识，将图像认知层的底层视觉特征按照一定的规则、逻辑或功能映射到高层情感语义。

但在提取视觉特征的过程中，人眼关注区域的显著性并不平均。不同区域在情绪辨别中的作用不同，即不同区域在图像情感识别中的重要性不同。根据人类视觉关注度机制，人们在观察图像时，通常会注意图像的兴趣点区域，而图像的兴趣点区域一般对图像情感的识别起着重要的作用，但这并不意味着背景特征的信息对情感识别结果没有影响。图像的情感不仅由图像内容中的兴趣点区域所决定，而且与图像背景所蕴含的情感有着不可分割的联系。

视觉关注度机制是人脑处理视觉信号的一种特殊机制[1]。当人类看到场景时，往往会快速地扫描整幅场景图，然后定位并聚焦在最先关注的区域。此时，关注的目标区域就是人眼的焦点。之后，人的视角会在聚焦的基础上逐渐移动，最终聚焦到目标区域，达到对整个场景的认知。人脑这种视觉注意机制是利用有限的注意资源，快速获取图像主要信息的一种手段。人类视觉的注意机制极大地提高了对视觉信息管理的理解效率和准确性。

图 13-1 说明了，当人类看到一幅图像时，注意力资源进行了有效的分配，其中模糊光部分是视觉关注度区域。

从图像情感识别问题的感知层面来看，当人眼感知到一幅图片时，会移动眼睛，使眼睛能够聚焦在视野内的某一特定区域，并仔细地感知，从而获得更详细的信息。在图像情感识别中，特征表达是关键。在表达过程中适当引入视觉关注度的概念，强调不同区域在识别中的相对重要性，是提高特征表示能力的方法之一。

(a) 走廊上的医生　　(b) 雪地上的母女

图 13-1　人类视觉关注度机制

通常，从图像情感的角度来看，人类在感知层面上的情感认知会受到图像中重要区域的影响，高层次的认知会使人们更加关注图像中的面部表情和特定目标。如图 13-2、图 13-3 所示。图 13-2 中两个分图中的兴趣点目标并不一样，但所处的环境是一样的，两张图片中表现出的情感也具有一定的相同点，说明兴趣点目标对整体图像情感并不总是起到决定性作用，背景也发挥着作用。图 13-3 中，两个分图中的背景是一样的，但由于面部表情的不同，两张图片所流露出的情感并不完全相同， 说明有时复杂场景中的面部表情部分也起着重要作用。图像情感不仅与图像所包含的对象密切相关，而且与图像的一些基本特征密切相关。图像的对象可以从整个图像中分离出来，更侧重于分析各个部分对图像情感的影响。所以对复杂场景图像进行情感识别时，需要分别提取人脸图像的情感特征和背景图像不同层次的情感特征，更加全面地表达图像情感。

(a) 个体a在环境a中　　(b) 个体b在环境a中

图 13-2　不同的目标处于相似的环境可以引起相似的情感

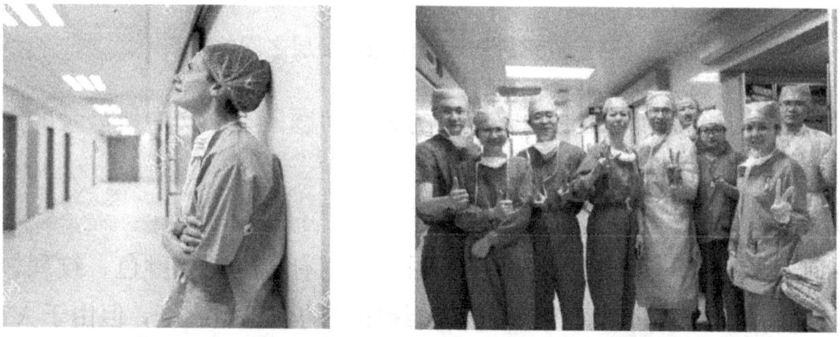

(a) 个体a在环境a中　　(b) 个体a在环境b中

图 13-3　相同的目标由于面部表情的细微差别而引起不同的情感

当人们关注图片本身时，他们关注的区域和目标是不相同的。现有的图像情感识别算法往往是利用整个图像的全部信息无差异地提取全局特征，但是却忽视了各个显著部分对最后图像情感识别贡献的差异性。因此，在图像情感识别的研究中，应考虑到视觉关注度，从而强调不同区域对图像情感识别的相对重要性，进一步提高图像情感识别的准确性。

13.2 图像情感特征与图像情感识别机制

要想解决复杂图像情感识别的问题，需要将作为图像固有属性的低级图像特征与图像的高级语义层面之间建立联系。如图 13-4 所示，人类对图像的情感认知过程中，人脑情感方面的认知层和所感知到的图像的特征层之间存在着联系。为了解决图像情感识别问题，需要在低级的图像情感特征与高级的图像情感语义之间建立映射关系，缩小之间的情感鸿沟是复杂图像情感识别的关键问题。虽然图像底层特征也能与高级情感语义之间产生映射，比如颜色特征中，蓝色代表忧郁，红色代表快乐，但映射关系过于简单，不能满足解决实际问题的要求，图像高层特征经过神经网络的强学习性也能直接表达高级情感语义，但是单纯的网络学习忽视了底层特征对于图像情感的影响作用，识别结果也不够准确，所以需要将二者相结合，并加入情感信息完成到图像情感特征的映射，旨在缩小低级图像特征和高级情感语义之间的情感鸿沟。因此，正确、准确地描述图像特征是准确识别复杂场景图像情感的必要环节。对图像的情感特征进行描述和表示，并将低层次的视觉特征映射到高层次的情感语义空间，使用户对自身的理解和在图像中表达的情感尽可能接近。

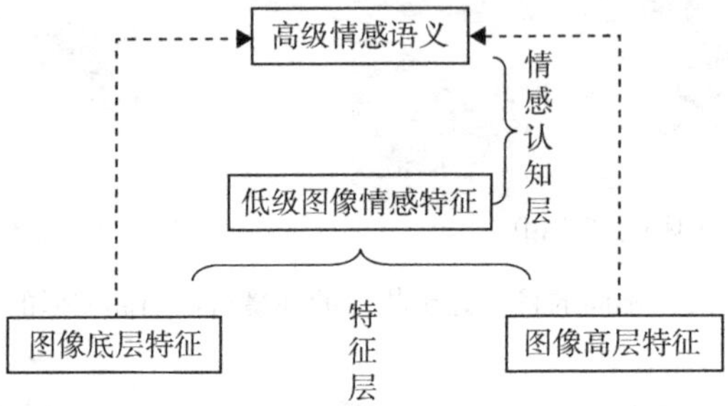

图 13-4　情感认知层和图像特征层之间的联系

提取与情感密切相关的特征是情感识别的关键问题，在本文中所涉及的图像情感特征可分为两类：底层情感特征和高层情感特征。

1. 图像底层特征

底层特征是本就客观存在的实体，属于图像的固有属性，如颜色、纹理、形状等都属于图像底层情感特征 [2]。其本身不带有任何情绪相关的信息与表征，但由于人在认识世界、和客观事物的接触了解过程里形成了从感知到反应的反射关系，才逐渐给这些特征赋予了一些情感属性，随着时间的推移，作为客观存在的实体也可以给人类以规律性的情感感知。

颜色特征[3]是应用最广泛、最直观的底层图像特征。从色调方面来讲，通过反射的波长判别颜色，能够被分为冷色和暖色。比如，红、黄、橙等类似的颜色往往给人一种兴奋、愉悦和日常的感觉，这叫暖色；而冷色则是指蓝色、灰色、黑色等给人带来悲伤和恐惧感的颜色。除了色调，亮度也是影响情感的重要色彩成分。明亮的颜色常常给人一种愉悦、兴奋的感觉，而昏暗的颜色则让人感觉厌恶、恐惧。饱和度的不同也会影响到最终情感的判别[4]。基于三原色来说，纯度越高的颜色在视觉上造成的冲击力越强，会引起相对来说较为强烈的情感，比如红色、蓝色等，会给人兴奋、愉悦的感觉；纯度越低的颜色在视觉上的冲击力相对较弱，比如灰色等，给人以沮丧、悲伤的感觉。

图像的纹理是指物体表面共享的内部属性[5]。它反映了图像中像素灰度分布的均匀性。图像的表面一般都会包含一些线条，线条的不同结构让人感觉不一样。表面光滑的物体会让人感觉细腻整洁、平静愉悦，而表面粗糙的物体会让人感到苍桑迷茫、悲伤和恐惧。当带有纹理的实验样本用于颜色情感计算的相关工作时， 实验者的心理情感状态会被纹理影响，即不同的纹理也会产生不同的视觉效果，引起不同的情感反应。纹理特征空间频率、纹理特征对比度等也会对实验者的情绪存在不容忽略的影响。

2. 图像高层特征

传统的图像特征提取方法通常需要手工设置要提取的图像特征，如提取图像的颜色特征和纹理特征。虽然这样的特征也能够表达图像所蕴含的情感信息，但是提取手工特征的操作非常烦琐，不能一次考虑多种特征，仅从低级视觉特征对图像进行情感的计算和分析是不完全可靠的，而且与人类的感知有一定的偏差。同一幅图像可能在不同的物体或不同的时间产生不同的情感，也就是说，潜在的视觉特征与人类的高级感知之间存在着差距。解决这类问题的方法之一是在底层特征的基础上构建中层特征甚至更深层的高层特征。

从计算机视觉的角度看，图像理解系统可分为数据层、描述层、认知层和应用层，如图 13-5 所示。

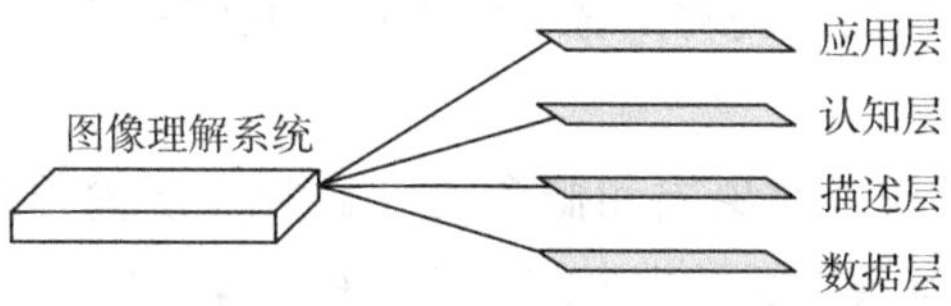

图 13-5　图像理解系统

数据层[6]主要用于获取图像中所包含的数据信息。描述层主要用于提取所需的特征，并计算特征之间的相似度，得到有区别的特征。认知层主要用于对图像的理解，例如网络学习和推理过程，这一层一般是通过各种符号来建立正确的认知。应用层则是根据图像处理的需要来选择相应的分类器或回归器。

图像高层特征是图像在经过神经网络若干次卷积后得到的特征信息，其感受野较大，提取出的特征随着卷积次数增加越来越抽象。图像高层特征能够更准确地描述图像情感信息的原因在于神经网络本身的良好学习能力。经过训练样本的图像输入信息自行开始学习，隐式地获取相对抽象、高级的图像特征表征，以及针对位置变换，例如旋转、平移、缩小等都具有不变性。因此，卷积神经网络（CNN）可以用来自动提取各种图像特征，连续加权组合，利用最适合当前任务的特征对图像进行分类或目标识别等操作。该方法避免了人工特征设置和筛选的烦琐操作，能筛选出更适合情感识别任务的特征来描述图像的情感，同时考虑不同层次的特征。

深度学习得到的特征可以对图像中的情感进行表述，是由于其数据驱动的端到端的计算机学习方式[7]。而深度学习得到的特征，也就是高层情感特征在表现情感内在语义上远远超过了人工设计特征。为了使深度学习特征在相关的情感数据集中有更好的表现，通常从数据集出发，针对弱标注的大规模数据集设计深度模型训练方法，然而，大多数研究没有考虑图像情感分布的局部化，而是设计了一个整体的情感表达图像，没有充分利用图像情感分布的本质属性。只有一小部分工作[8]考虑到了这一更为详细的信息，建立了图片的情感与图片上的对象之间的关系，设计了不同的对象检测器，然后根据不同的对象检测结果训练不同的情感分类器进行对象情感分类。但是它也有一定的局限性，因为在很多应用场景中，影响人们情感判断的不仅仅是图形中的对象信息，还有很多非对象信息可以触发人们的情感。此外，一些工作[9]认为，单标签的情感图片不足以描述图片的情感分布。他们把图像情感识别的问题转化为一种情感预测分布，从标签分布的角度来对图像情感进行比较和表达。这些都是利用图像高层特征进行情感识别。

3. 低级图像特征

从人脑对情感的认知层面来说，图像特征无论是通过什么方法提取获得的，相对于情感语义来说，都是属于低级且客观的属性，只是说在特征提取阶段，可以根据提取方法，以及提取到的特征存在形式的不同分为图像底层情感特征和图像高层情感特征，最终的目的是借助不同形式的特征，必要时采用一定的融合、重构手段，尽可能地去缩小图像特征和情感语义之间的距离，从而达到对图像情感进行识别的目的。

4. 高级情感语义

图像的语义分为视觉层、对象层和概念层[10]。视觉层简单来说就是底层。对象层即中间层，一般包含属性特征等，简单来说就是某目标在某一时间点的状态。概念层是高层，是图像表达出的最接近人类理解的东西。和图像固有的属性相比，所谓图像情感语义就属于概念层，高级情感语义概念中的“高级”也是在人脑对于情感的认知层面上，相对于图像本身所具有的客观特征来说的。

一般对于图像情感的识别，会着眼于映射上。也就是说，对于图像本身的情感特征，提取后构建特征维量或特征空间，同时对于图像情感进行情感空间的建立，然后在两个空间之间建立映射关系，从而实现从特征到情感语义的认知过程。

13.3 本章小结

本章分析了基于复杂场景的图像情感识别理论基础，通过详细说明面向复杂场景图像的视觉关注度机制，分析出了复杂场景图像识别时分割人脸与背景的必要性，最后详细阐述了对一幅图像而言高级情感语义与低级图像特征之间的联系。

参考文献：

[1] Saurav S, Singh S, Saini R, et al. Hardware accelerator for facial expression classification using linear svm[J]. Advances in Signal Processing and Intelligent Recognition Systems. Springer, Cham, 2016: 39–50.

[2] Szegedy C, Ioffe S, Vanhoucke V, et al. Inception–v4, Inception–ResNet and the Impact of Residual Connections on Learning. 31st AAAI Conference on Artificial Intelligence, 2017.

[3] 卢官明，何嘉利，闫静杰，等. 一种用于人脸表情识别的卷积神经网络 [J]. 南京邮电大学学报（自然科学版），2016, 36 (1) : 16–22.

[4] Altman N S. An introduction to kernel and nearest–neighbornonparametric regression[J]. The American Statistician, 1992, 46 (3) : 175–185.

[5] Freund Y, Schapire R E. Adecision–theoretic generalization of on–line learning and an application to boosting[C]//LNCS 904: Proceedings of the 2nd European Conference on Computational Learning Theory, Barcelona, Mar 13–15, 1995. Berlin, Heidelberg: Springer, 1995: 23–37.

[6] SirovichL, Kirby M. Low–dimensional procedure for the characterization of human faces[J]. J. opt. am. a, 1987, 4 (3) : 519.

[7] T. Ojala. A comparative study of texture measures with classification based on featured distributions. Pattern Recognition, 1996.

[8] Fisher R A. The Use OF Multiple Measurements in Taxonomic Problems[J]. Annals of Human Genetics, 2012, 7 (7) : 179–188.

[9] EkmanP, FriesenWV. Facial Action Coding System (FACS) : aTechniquefor the Measurement of Facial Actions[J]. Rivista Di Psichiatria, 1978, 47 (2) : 126–138.

[10] Ren, S, He, K, Girshick, R and Sun, J. Faster R–CNN: Towards real–time object detection with region proposal networks. In: Proceedings of the Advances in Neural Information Processing Systems, 2015: 91–99.

第 14 章
基于 Inception 思想的人脸情感识别

为了更精准地识别复杂场景图像情感，基于视觉关注度机制，本章针对从复杂场景中获取的人脸构建了一种基于 Inception 思想的卷积神经网络，对人脸情感进行识别。

14.1 复杂场景图像中人脸图像的获取

由于人脸和背景的特征层在图像情感中所起的作用不同，其重要程度也不同，因此需要先对前景和背景进行分割，然后分别提取人脸特征和背景特征并进行融合，从而实现复杂场景图像情感的识别。根据本文所研究的特定对象，所选用的前景仅仅是人脸，因此本文采用 MTCNN 对复杂场景图像进行人脸部分识别和提取。

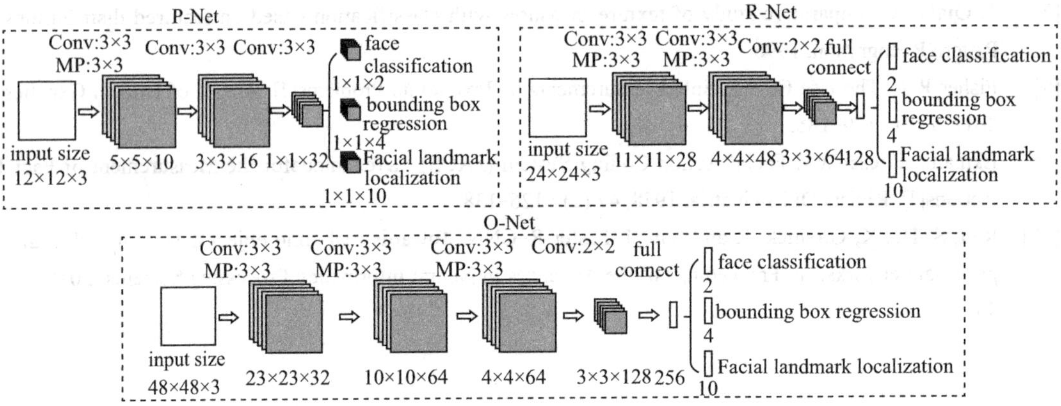

图 14–1 MTCNN 网络结构

多任务级联卷积神经网络（MTCNN）是一种广泛应用的网络，包括人脸检测和人脸对齐 [1]。人脸检测可以用于后续的人脸识别。人脸对齐可以帮助实验者找到眼睛、嘴巴和鼻子的位置，从而进行相应的三维处理。具体网络结构如图 14–1 所示。在当前的深度学习方法中，MTCNN[2] 人脸检测算法在人脸检测中既具有准确性又具有实时性。其主要思想是级联卷积神经网络，通过逐步细化三个网络，提高人脸检测和特征点的性能。MTCNN 采用候选帧加分类器的思想，可以快速有效地进行人脸检测。它由三个子网，即 P–Net、R–Net 和 O–Net 组成。这三种级联网络分别是用于快速生成候选窗口的 P–Net、用于高精度过滤选择候选窗口的 R-Net 和用于生成最终边界盒和人脸关键点的 O-Net。利用 P-Net 捕捉整幅图像上的潜在人脸区域，然后对 P-Net 网络得到的潜在人脸区域进行非最大值抑制去除，然后将得到的潜在人脸区域发送给 R-Net。R-Net 的过程类似于 P-Net，它进一步细化了势能面，并通过了非极大值抑制。最后将其送入 O-Net 进行训练，整个网络的训练类似于许多处理图像问题的卷积神经网络模型。该模型还利用图像金字塔[3]、边界回归[4,5]、非最大值抑制[6]等技术，从图像中准确选择人脸区域，然后训练网络对人脸表情进行分类。

在三层网络结构中，第一层的 P-Net 结果经过边界盒区域和 NMS 处理后变成 24×24，然后放入第二层进行处理。第二层的 R-Net 结果经过边界盒区域和 NMS 处理后也变成 48×48，放入第三层的 O-Net 中进行处理，结果经过边界盒区域和 NMS-NMS 处理成为人脸帧和人脸标签输出。网络结构主要得到候选窗口的回归向量和人脸区域的边界框。利用边界盒作为进行回归校正候选窗口，然后利用 NMS 对高度重叠的候选帧进行合并[7]。细化网络（R-Net）：在这种网络结构中，通过边界盒回归和 NMS 去除假阳性区域。只是由于网络结构与 P-Net 网络结构的不同，增加了一个全连接层，所以抑制误报的功能会更好。O-Net 层比 R-Net 层多了一个卷积层，因此处理结果将更加精确。O-Net 层具有与 R-Net 层相同的效果。但是，该层对人脸区域有更多的监控，同时会输出 5 个地标。卷积计算采用步长为 1，padding= “valid” 的方法，即计算不允许超出原图形区域，处理后的结果为 R1-R2+1（R1 为卷积计算前的大小，R2 为卷积核的大小）。池采用步长为 2 的方法，padding= “valid”。此时，池的大小是 1+X（X 是 R/2，下面的整数）。对于 MTCNN 网络，输入数据源是相应的图像金字塔。此时，一个图像相当于多个图像。然后将每幅图像放入 p-net 进行处理，处理后的结果再由 NMS 进行处理。因为一张图片被分成许多小金字塔形的图片。因此，NMS 对处理后的图像进行一次处理，最终生成相应的处理结果。然后对处理后的结果进行 R-Net 处理、NMS 处理，再进行 O Net 处理，之后生成最终结果。在数据选择方面，采用 IOU 进行计算。IOU 的整个过程是交 - 并过程，它计算预测帧的交 - 并比，即选择图像中真实人脸的比例。所选图像分为四个部分，每个部分的 IOU 值如表 14-1 所示。

表 14-1　图像各部分 IOU 取值

	IOU 取值
Negative	IOU ＜ 0.3
Landmark face	0.3 ＜ IOU ＜ 0.4
Part face	0.4 ＜ IOU ＜ 0.65
Positive	IOU ＞ 0.65

根据上述原则，按照 3:1:1:2 的原则对数据进行分割和数据量的分配（最后两个是面对齐的坐标）。分区的主要目的是标记数据。

根据不同的目标，该算法中损失函数的定义是不同的。人脸检测选择的损失函数是交叉熵，欧氏距离用于人脸边界，欧氏距离也用于关键点的坐标。最后，各阶段造成损失函数的比例不同。根据不同的比例，将各损失函数相加，得到相应的总损失函数。

该模型之所以采用级联网络，是因为可以通过候选框对图片中的人进行剪接，使得较小的图片可以输入到后续的网络层中，计算量较小。如果只使用一个网络，则可以通过计算前几层来缩小特征图像，但此时会缩小整个图像。如果都是24×24像素，级联网络只能将人脸变为24×24像素大小，但如果需要将整个图像变为24×24像素而不级联，人脸会变小，难以识别。

14.2 人脸情感特征提取网络的构建

由于人脸表情样本的采集比较复杂，很难建立一个大规模的专有人脸表情数据库，数据库数量有限，样本数量相对较少。用深度学习方法解决人脸表情识别问题时，虽然不同于传统人工设计特征不便的优点，但它可以利用网络本身强大的学习能力自动提取深度表情特征，从而进一步提高识别精度。然而，由于表情识别问题的复杂性，网络结构越来越复杂，参数越来越大，计算复杂度越来越高。当样本数不够时，容易出现过拟合。因此，本文首先采用多任务卷积神经网络模型进行人脸检测。在提取人脸后，结合感知的思想，构造了一种新的结构模型，并对结果进行了比较，研究了基于小数据集的人脸表情分类问题。

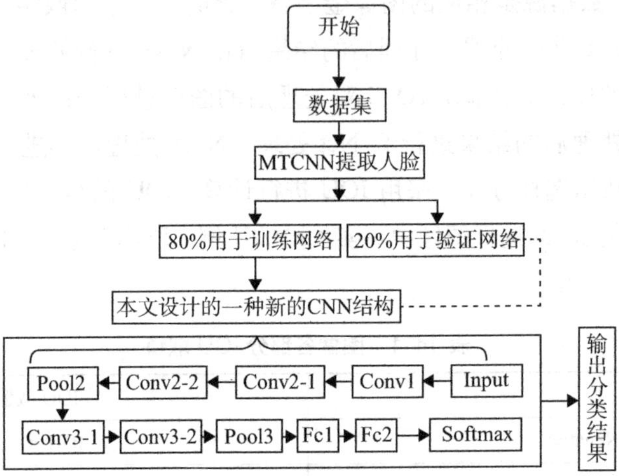

图 14-2 人脸表情识别流程图

Inception 是传统 CNN 的新变种。通过引入稀疏性，用稀疏连接代替全连接层，解决了数据量大、网络结构复杂的问题。概念模型思想的核心是用一个复杂结构近似局部最优稀疏。在概念结构中，每个模块不仅包含一个并行最大 pooling 层，还包含 1×1、3×3 和 5×5 像素大小的三个卷积核。不同大小的卷积核在不同尺度上提取特征，然后在输出上统一连接。首先，这种结构和操作将有助于网络适应不同的规模，而不会显著增加参数的数目和网络的宽度，最终的输出向量由这些输出连接起来。当层数越深，特征图中特征的空间集中度越低。由于添加了太多的 3×3 和 5×5 像素滤波器，参数的数目变得非常大。因此，在一些基于感知思想的模型中，在 3×3 和 5×5 像素滤波器的部分前面会有选择地放置 1×1 滤波器，以减小非线性时输入特征图的维数、提高比例，从而减少后续网络中的计算量。本文在构造一种新的 CNN 人脸表情识别框架时，加入不同大小的卷积核以获得局部最优稀疏性，并通过卷积运算构造稀疏性。一些大的卷积层被小的卷积层所代替，这大大减少了权重参数的数目，并且可以更好地提取人脸表情特征，减少了计算量。人脸表情识别的整个过程如图 14-2 所示。对于小样本数据集，首先利用 MTCNN 提取人脸，然后进行分类实验。一种新的 CNN 模型在结构的设计上需要考虑三个因素：训练速度、识别准确率和内存消耗等。网络层数的选取如果过少，对于数据信息的表达能力会有所欠缺；层数选取如果过多，会增加训练时间，且易出现过拟合现象。故本章综合考虑各个因素，对输入图像尺寸、卷积核大小、卷积步长、池化窗口大小进行实验选取与设置，设计了一种 10 层的 CNN 结构，结构如图 14-3 所示。

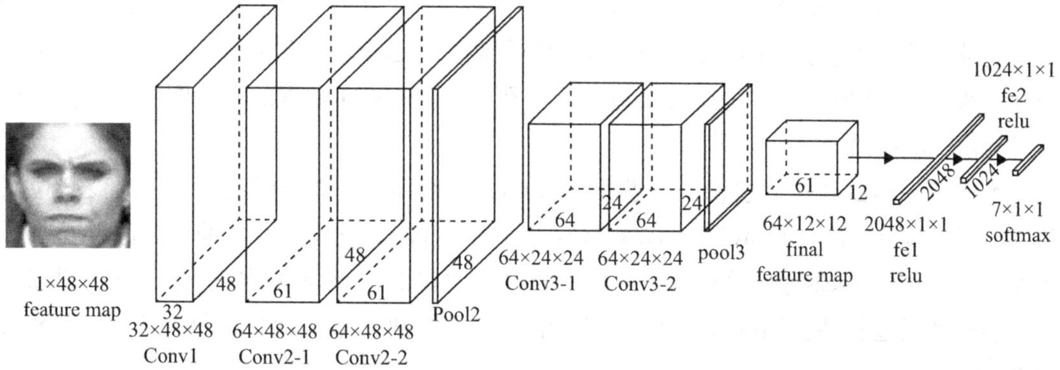

图 14-3　实验卷积神经网络结构

网络由五个卷积层（Conv1、Conv2-1、Conv2-2、Conv3-1 和 Conv3-2）、两个池化层（pool2 和 pool3）和三个完全连接的层（Fc1、Fc2 和 Fc3）组成。由于人脸表情识别需要提取更多的细节特征，因此将输入图像的大小设置为 48×48 像素，使得 CNN 能够独立地提取更多的底层视觉特征。卷积层和 pooling 层的特征映射与前一层的特征映射相连接，连接方式为局部连接。卷积层 Conv1、Conv2-1 和 Conv2-2 分别使用 32、64 和 64 个卷积核进行卷积运算。卷积层 Conv1、Conv2-1 和 Conv2-2 使用的卷积核分别为 1×1、3×3 和 5×5 像素。其中，池化层 Pool2 和 Pool3 使用的采样窗口大小为 2×2 像素。Fc1 和 Fc2 共有 2048 个神经元，softmax 层仅 7 个。网络模型各层参数见表 14-2。

本章的算法思想是：采用 1×1 像素卷积核对输入图像进行降维，以增加非线性表示，使模型层次更浅，参数更少，从而减少后续计算量，然后将得到的特征图进行归并。在完全连接之后，使用 dropout 来防止过度拟合，最后使用 Softmax 分类器来完成面部表情的分类。

算法的实现过程和模型的构建如下。

第一步：输入层图像采用预处理后的48×48像素灰度人脸图像，选取32个卷积核，卷积核像素为1×1，大小不一样，对输入信息进行卷积，即每个神经元形成一个5×5像素的局部感受野，卷积得到32个48×48像素大小的特征图像，介绍了非线性分析的relu函数。提取了32个不同的局部表达特征，仅训练出64个[（1×1+1）×32]特征。为了提高神经网络的性能，本文采用1×1像素卷积核来解决模型深化时这一步的计算“瓶颈”。实验在不同的尺度上对视觉信息进行处理，然后收集在不同尺度上处理过的信息。在下一阶段，可以分析不同尺度上不同层次的特征，同时进行更详细的提取。

第二步：当上卷积层输出特征图时，为两个卷积层选择64个卷积核，大小分别为3×3像素和5×5像素。为了保证不同尺度人脸表情图像的特征提取和融合，选取了不同尺度的卷积核。卷积核较大的5×5像素卷积核具有较大的局部感受野。

第三步：汇集Conv2-2层的输出特征图，即下采样。为了保持图像的旋转、平移和扩展的不变性，本文采用下采样的方法对人脸图像进行处理，同时由于卷积层数的增加，降低了特征维数。如果池窗口的大小设置过大，则会丢失原始图像的关键视觉特征，因此网络选择2×2像素池窗口。有两种通用的池方法，一种是平均池，另一种是最大池。最大池的缺点是丢失了更多的特征位置信息和特征频率。因此，本研究在比较实验后选取平均池。采用2×2像素窗口进行最大池化，得到64幅24×24像素的特征图像，特征图像数量与前一层相同。

第四步：第四和第五卷积，即卷积层Conv3-1和Conv3-2分别使用64个3×3像素和5×5像素的卷积核。Conv3-1的卷积运算选择3×3像素的卷积核，并将填充值设置为1，得到总共64个24×24像素的特征映射。Conv3-2采用5×5像素的卷积核，填充值为2。卷积层处理后卷积特征图的大小不变，采用2×2窗口进行最大池化，得到64个12×12像素特征图。

表 14-2　模型结构参数

层名称	核数目	核尺寸	步长	填充	丢弃	特征图尺寸
Input	0	0	None	None	0	（48，48，1）
Conv1	32	1×1	1	0	0	（48，48，32）
Conv2-1	64	3×3	1	1	0	（48，48，64）
Conv2-2	64	5×5	1	2	0	（48，48，64）
Pool2	0	2×2	2	0	0	（24，24，64）
Conv3-1	64	3×3	1	1	0	（24，24，64）
Conv3-2	64	5×5	1	2	0	（24，24，64）
Pool3	0	2×2	2	0	0	（12，12，64）
Fc1	None	None	None	0	50%	（1，1，2048）
Fc2	None	None	None	0	50%	（1，1，1024）
Output（Softmax）	None	None	None	0	0	（1，1，7）

第五步：上层输出的特征图是一个二维数组，但全连接层接收到的数据必须是一维的，因此需要先对数组进行降维，然后将每个特征图的数组连接在一起形成一个特征向量，成为每个神经元的输入。在激活函数的选择上，ReLU 函数具有以下优点：对于线性函数，ReLU 具有较好的表达能力；对于非线性函数，其梯度计算简单，且非负区间的梯度是常数，ReLU 具有单向抑制性，神经网络也具有稀疏性，在减少计算量的同时突出了重要的特征。因此，优选基于 ReLU 设计的 MsrA 初始化方法，该方法使得每个卷积层的权重初始值满足均值为 0 的初始值。

第六步：增加 Dropout 层的功能是防止过拟合的发生，这是通过按照一定的概率暂时丢弃网络中的一些神经元来实现的。在本研究中，n 个节点的神经网络可以看作 $2n$ 个模型的组合，但不影响训练参数的个数，这种组合节省了时间。

第七步：最后，在卷积神经网络的最后一个全连接层之后，加入 Softmax 分类器。全连接层将网络特征映射到样本的标签空间进行预测，并用目标函数度量预 测值与实际样本的误差。分类任务和回归任务中常用的目标函数是 Softmax 损失函数和均方误差。本文通过一个 Softmax 层将输出层转化为一个新的概率输出层。Softmax 层主要将神经网络的输出结果转化为概率形式。结合全连接层的输出结果，Softmax 将为每个类别分配一个十进制数来表示类别概率。这些概率之和是 1。输出层的最终输出是属于这七个表达式的输入视觉信息的概率值，取最大值作为最终的识别结果。

14.3 实验结果与分析

14.3.1 数据集

本文使用了 Fcr2013、CK+ 和 Jaffe 数据库。

Fer2013 数据集由 48×48 幅灰度图像组成，包括 28709 幅训练图像、3589 幅公共测试图像和 3589 幅私人测试图。它包含七种表达方式：厌恶、快乐、恐惧、愤怒、悲伤、中性和惊讶。由于数据库是 2013 年卡格尔大赛的数据，大部分图片是从网络上随机抓取的，因此存在一些错误。该数据库的人工精度为 65%±5%。CK+ 数据库 [8] 基于 CohnK-anadeAu 编码数据库的面部表情数据库，并于 2010 年扩展。它是一个相对流行的面部表情数据库。共选取 981 张面部表情图像，其中快乐样本 207 张，惊讶样本 249 张，愤怒样本 135 张，悲伤样本 84 张，厌恶样本 177 张，恐惧样本 75 张，中性样本 54 张。CK 基本数据集只包含静态图像，CK+ 数据集还包含动态视频。尽管这两个数据集之间存在一些差异，但它们被标记为情感图像。

JAFFE（Japan Female Face Expression，JAFFE）数据库 [9] 是由日本 ATR 人类信息处理研究实验室和日本九州大学心理学系联合建立的一个小型人脸数据库，于 1998 年出版。它共包含 213 个表达式图像。被测试者为 10 名日本年轻女性，表情类别为愉悦、厌恶、恐惧、惊讶、悲伤、愤怒和中性表情。数据库样本相对简单，但表情辨别力较高，不同表情之间的差异明显，即单一情绪比较强烈，这一点值得商榷。可以更全面地测试算法的性能。

虽然 CNN 本身具有优秀的表达能力和学习能力，但在分类之前，首先需要的是大量的数据供网络学习和训练，从而启动模型。否则，很容易出现过度拟合。因此，对于小样本数据集的研究首先需要扩展数据。本研究采用五折交叉法来增加数据样本的多样性，从而提高数据质量，提高识别结果的可靠性。在这项研究中，CK+ 和 JAFFE 数据库通过五折交叉法进行交叉验证。面部表情样本分为 5 个部分，每个部分包含七种表情样本。每个实验选取四部分作为训练样本集，另一部分作为测试样本集。最后，反复进行试验 5 次，取平均精度当作最后的识别率。由于 fer2013 数据库的训练集已经包含了足够的训练集图像，因此不需要对数据进行扩展，因此本研究没有对 fer2013 数据库的数据进行增强。表达式库的示例如图 14-4 所示。

图 14-4　CK+ 与 JAFFE 表情库样本示例

由于 JAFFE 数据库中的图像为人的半身像，为了使提取到的人脸特征更有效更起到作用，故对已有的表情图像样本进行预处理，本文选取 MTCNN 算法对人脸进行检测与提取，将人脸区域统一切割出来，将或许有干扰的图像部分去除掉， 然后统一将人脸图像设置为 48×48 的像素大小。

14.3.2　实验结果及分析

本章实验使用 Python3 和 Keras2（Tensotflow 后端）搭建网络，硬件平台 Intel Core i3-4790k 4.0 GHz，NVIDIA Quard T4000 GPU。

本章中使用 fer2013、CK+ 和 JAFFE 数据库样本进行训练和测试，通过随机初始化预置网络参数，然后用标准的反向传播方法对这些参数进行优化。取 200 次循环后的平均值作为试验结果。最后，本文在 fer2013 的测试数据集和验证数据集上的准确率约为 67%（基于该数据集的爬虫采集图像中动画图像、水印效果和错误标签的错误），JAFFE 和 CK+5 倍交叉验证的准确率在 94% 以上（这两个数据集的样本数据都是在实验室采集的，是比较准确的标准）。表 14-3 和表 14-4 显示了该方法在 JAFFE 和 CK+ 数据集上获得的七种表达分类结果的混淆矩阵。

从表 14-3 和表 14-4 可以看出，本章提出的卷积神经网络人脸表情分类模型能够有效提高分类精度。同时，可以看到一些带有愤怒表情的图片被错误地识别为中性标签。在查看原始数据集后，发现有少数样本的表达不明显，这可能导致对这类表达的错误识别。将该方法与国内外学者最近在同类数据库上的识别结果进行比较，如表 14-5 所示，文献 [2～6] 和该算法在 CK+ 上的正确率分别为 75.17%、83.74%、97.81% 和 99.08%，文献 [3～6] 和该算法在 JAFFE 数据集上的正确率分别为 65%、95.48%、94.29% 和 94.47%。可以看出，本章中使用的网络模型在 CK+ 和 JAFFE 表达式数据集上具有更好的性能。

表 14-3　CK+ 测试结果混淆矩阵

	Contempt	Fear	Sad	Anger	Disgust	Happy	Surprised
Contempt	98.96	0	1.04	0	0	0	0
Fear	0	97.17	1.42	0	0	0	1.42
Sad	0.72	0	99.28	0	0	0	0
Anger	0	0	1.85	98.15	0	0	0
Disgust	0	0	0	0	100	0	0
Happy	0	0	0	0	0	100	0
Surprised	0	0	0	0	0	0	100

表 14-4　JAFFE 测试结果混淆矩阵

	Contempt	Fear	Sad	Anger	Disgust	Happy	Surprised
Contempt	94.59	0	5.41	0	0	0	0
Fear	0	100	0	0	0	0	0
Sad	15.53	0	84.47	0	0	0	0
Anger	17.77	0	0	82.23	0	0	0
Disgust	0	0	0	0	100	0	0
Happy	0	0	0	0	0	100	0
Surprised	0	0	0	0	0	0	100

在 CK+ 数据集上，本章提出的模型识别率高于其他传统的机器学习算法，包括局部传统特征的提取和融合方法，以及更基本的基于卷积神经网络的方法。在 JAFFE 数据集上，虽然本章算法的识别率低于文献 [3] 中的方法，但原因是 JAFFE 数据库本身的图像样本数较少，本章算法在 JAFFE 和 CK+ 数据集上的平均准确率较高，具有普遍性和较高的识别率泛化能力。

除了 Fer2013 数据集本身存在的问题外，CK+ 测试混淆矩阵和 JAFFE 混淆矩阵的快乐和惊讶表达的准确率显著高于其他数据集，而恐惧表达的准确率略低于 CK+ 数据集的其他数据集，在 JAFFE 数据集上，愤怒表达的准确率较低。造成这一问题的原因有：一是数据集中不同表达方式的样本数难以达到绝对平衡，造成分类错误；二是愤怒、恐惧等表达方式难以区分，由于表达方式本身的相似性而产生的厌倦和悲伤。人们会发现用肉眼很难区分这四种表情，但该算法使其难以区分，总体上来说，精度得到了提高。

表 14-5　不同算法准确率比较

算法	CK+	JAFFE
SVM	95.31	68.75
KNN	89.58	67.19
Adaboost	82.81	65.63
RF	94.79	68.75
LSF-KSVC	96.35	70.31
AlexNet	95.83	69.79
文献 [2]	—	65.00
文献 [3]	75.17	95.48
文献 [5]	83.74	94.37
文献 [6]	97.81	—
本章算法	99.08	94.47

14.4　本章小结

本章在对人脸特征点进行检测和提取后，切割出人脸表情小数据集，构建了一个用于小数据集人脸表情识别分类的卷积神经网络，构建框架时结合了 Inception 结构的思想，采用了 1×1 卷积核进行降维处理，减少参数以降低计算冗余，提高性能的同时减少计算量，抑制了过拟合现象，且在测试过程中对人脸表情的分类取得了较好的效果。下一步的研究将注重在对样本数据的平衡、减小损失误差和对网络结构的改进和优化上。

参考文献：

[1]　He K, Zhang X, Ren S, et al. Identity Mappings in Deep Residual Networks[J]. Springer International Publishing, 2016.

[2]　Wang X , ShrivastavaA, GuptaA. A-Fast-RCNN: HardPositiveGenerationvia Adversary for Object Detection[C].// 2017 IEEE Conference on Computer Vision and Pattern Recognition (CVPR) . IEEE, 2017.

[3]　Breiman L . Random forests[J]. Machine Learning, 2001, 45 (1) : 5-32.

[4] Nasiri J A, Charkari N M, Jalili S. Least squares twin multiclassclassification support vector machine[J]. PatternRecognition, 2015, 48 (3) : 984–992.

[5] Arandjelovic, R, Gronat, P, Torii, A, Pajdla, T and Sivic, J. Net VLAD: CNN architecture for weakly supervised place recognition. In: Proceedings of the IEEE Conference on Computer Vision and Pattern Recognition, 2016: 5297–5307.

[6] Krizhevsky A, Sutskever I, Hinton G. Imagenet classification with deep convolutional neural networks. In: Proceedings of the Advances in NeuralInformation Processing Systems, 2012: 1097–1105.

[7] Chen, T, Borth, D, Darrell, T and Chang, S F. Deep Senti Bank: Visual sentiment concept vlassification with deep convolutional neural networks. ar Xiv preprint arXiv: 1410. 8586, 2014.

[8] Lyons M J , Akamatsu S, Kamachi M G, et al. Coding Facial Expressionswith Gabor Wavelets[C]. // IEEE International Conference on Automatic Face & Gesture Recognition. IEEE, 1998.

[9] ZhangK, Zhang Z, Li Z, et al. Joint Face Detection and Alignment Using Multitask Cascaded Convolutional Networks[J]. IEEE Signal Processing Letters, 2016, 23 (10) : 1499–1503.

第 15 章 基于人脸表情识别的复杂场景情感识别

本章在人脸情感识别算法的基础上，结合视觉注意对复杂场景图像中的背景特征进行提取和融合，提出了一种结合多特征融合策略的复杂场景图像情感识别框架。为了提高情感识别的精度，实验选取了权重融合策略的权重系数。

15.1 背景图像情感特征的提取

15.1.1 背景图像的补全

第 14 章对复杂场景图像进行人脸检测后，对前景和背景进行分离，即将人脸部分进行区分，其余部分为背景图像。在背景图像中，由于人脸尺寸的不足，在整体图像中所占的比例不同，会对后续的背景图像情感识别产生一定的影响。因此，有必要对背景图像进行修复，恢复背景图像的颜色、纹理等整体信息。

针对复杂场景图像背景丰富的特点，本文主要采用了一种结合边缘信息的图像修复方法来完成分割后的图像，能够更好地显示精细细节的填充区域。Edgeconnect[1] 是一种基于边缘完成的图像修复方法。首先利用启发式生成模型获取缺失部分的边缘信息，然后将边缘信息与图像一起作为缺失部分的先验部分发送到修复网络进行图像重建。作为两级生成对抗网络，Edgeconnect 包括边缘生成器和图像完成网络。边缘生成器在图像的缺失区域（规则区域和不规则区域）生成预测边缘 [2]，然后图像完成网络使用预测边缘作为先验来填充缺失区域。边缘生成器可以对图像中缺失区域（包括规则区域和不规则区域）的边缘进行预测，然后图像完成网络将预测的边缘作为先验来完成缺失区域。第一个生成器的输入是不完整的灰度图像、边缘图像和掩模，用于生成完整的边缘图像。将预测出的边缘图像和不完整的彩色图像传输到第二生成器进行图像修复，完成效果对比，如图 15-1 所示。

通过图像修复，完成前背景分离操作后的背景图像缺失部分，并将缺失部分恢复为背景图像的颜色、纹理等信息。用于复杂场景图像分割的显著区域检测算法能够很好地提取图像中的显著区域，有效地分离出图像的前景和背景。本部分所采用的背景图像修复方法能够很好地填补图像缺失部分的内容，恢复图像背景中的颜色和纹理等低层信息，为后续多个特征的提取提供参考，为其奠定基础。

(a) 原图　　(b) 切割并处理　　(c) 补全效果图

图 15-1　图像修复效果

15.1.2　背景特征提取网络的构建

发布在社交平台上的复杂场景图片，背景元素丰富而复杂。因此，在建立数据库时，综合考虑了景观情感图库、抽象绘画情感图库、自然场景情感图库等多个要素，然后对数据进行统一和清理，完成背景情感数据集的构建。现有的与背景相关的情感数据库是对特定情境下的背景进行聚类。Machajdik[3] 创建了一个用于情感分类的图像数据库，包括 807 张艺术照片和 228 幅抽象画。所有的图片都有自己的标签，图像只包含颜色和纹理信息，而没有具体的内容信息。Mart 是从意大利、欧洲和美国艺术家于 1913 年至 2008 年创建的，藏于特伦托和罗韦雷托现代和当代艺术博物馆的电子档案中收集的数据集。

为了满足复杂场景下背景图像的丰富性，验证本节算法在实现背景图像情感识别的有效性，选取了三种不同的数据集进行实验，分别是：①随机选取意大利罗韦雷托美术馆的 500 幅抽象画；② abstract 抽象画集，共 228 幅；③在 twitter 上捕获 500 幅风景图片，结合标签和人类标签，定义 7 种情感标签。每个数据集的情绪分布如表 15-1 所示。

表 15-1　各数据集情感分布

数据集	Anger	Disgust	Fear	Happy	Sad	Surprised	Neutral	总数
①	78	55	42	56	49	65	155	500
②	62	48	27	36	39	54	22	288
③	57	133	32	38	45	76	119	500

由于数据集是采用选取整合而成的，故对图像尺寸、分辨率进行了整合，选取数据集中的 80% 作为训练集，剩下 20% 为测试集，采用多分类 SVM 作为分类器， 使用 10 倍交叉验证评估分类模型。

经过前景图像、背景图像的分离和背景图像的恢复操作，通过显著区域检测实验的验证，图像对象基本集中在前景图像中，而高层语义信息需要从前景构建的新网络中提取；背景图像一般包含底层基本特征，因此需要从背景恢复图像特征中提取一些底层基本特征，如颜色、纹理、形状等。

颜色特征提取主要包括颜色矩（CM）[4]、颜色直方图（CH）[5]、颜色聚集向量 [6] 和颜色相关图。颜色直方图可以用来描述不同颜色在整个图像中所占的比例，但不能反映颜色区域之间的空间关系。颜色相关图和颜色矩是基于图像颜色全局分布的颜色索引方法，具有特征向量维数低、计算量小的优点，但对图像的大小和空间信息不敏感。因此，在图像分类、识别和检索中，颜色特征一般不是单独使用的，而是需要与其他特征相结合。纹理特征的目的是捕捉图像中表面的细粒度和重复性图案，描述图像中物体的表面特性，量化区域的灰度变化。形状特征有两种提取方法：基于边界的提取方法和基于区域的提取方法。傅里叶描述子和不变矩是形状特征的两种常用表示方法。傅里叶描述子使用傅里叶变换边界来描述形状[7]。矩不变量的主要目的是利用变换不变区域中像素的矩来描述形状。形状特征在图像识别中起着重要的作用，但也需要与其他特征进行融合。

目前，基于底层特征的小样本抽象绘画图像情感分类的研究文献很少。大多数方法都是利用机器学习方法的底层特征。本节利用不同的合适的神经网络分别对背景图像的底层特征和高层特征进行提取，更全面地对背景图像情感特征进行描述，同传统算法相比提高了背景图像情感识别的精度，并将用于七分类的模型经过二次聚类解决二分类问题，和相似研究的实验精度进行对比，证明了算法的有效性。背景图像情感识别流程如图15-2所示。

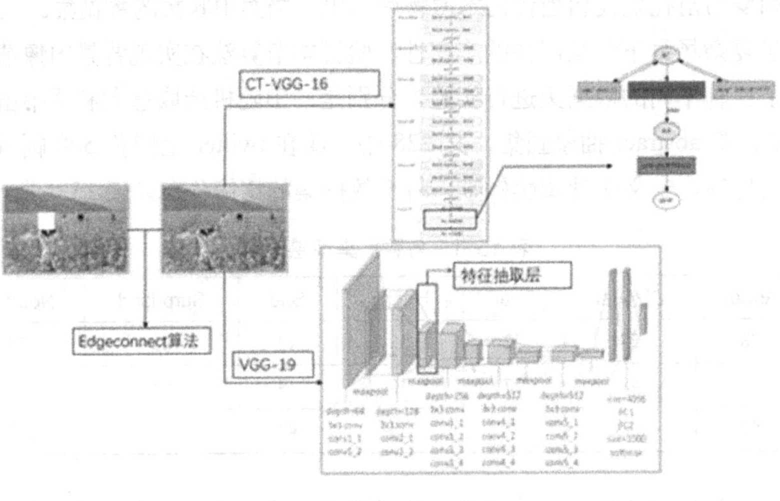

图 15-2　背景图像情感识别流程图

在提取背景的高层情感特征时，首先考虑的是使用 alexnet 进行卷积运算。8 层网络由 5 个卷积层和 3 个全连接层组成。第一卷积层在 3 个通道上使用 11×11 卷积模板，采样频率相隔 4 个像素，得到基本卷积数据。然后进行 ReLU 变换和范数变换，得到 27×27×96 的卷积数据，并将结果传递给下一层作为输出。第二层和第三层的操作与第一层的操作类似。第四层和第五层与前三层的区别在于处理过程只是卷积和 ReLU。第四层输出数据规模为 13×13×324，第五层输出数据规模为 6×6×256，第六层进入全连接层，共 4096 个节点。在 FC7 到 Fc6 的 ReLU 之后，执行退出，然后执行完全连接，点数仍然是 4096。最后一个全连接层 FC8 是前一个 FC7 的 ReLU 和 Dropout 之后的全连接的结果，最后的输出是 softmax loss of fusion label。AlexNet 应用于高级情感特征识别的优点是，重复最大池可以避免模糊性的平均池效应，提高不易提取的情感特征的丰富性。LRN 层会在局部神经元的活动之间产生竞争，使得响应较大的值变大，同时抑制相对较小的反馈神经元，有助于提高 模型的泛化能力。但同时，AlexNet 本身的计算效果对模型本身有很大的依赖性。如果去除其中一个卷积层，整个网络将退化，其背景图像的情感识别精度将有待提高。

VGG-16[8] 是牛津大学 VGG 小组提出的一种深度学习算法。与 AlexNet 相比，AlexNet 使用了若干个连续的 3×3 卷积核来代替较大的 11×11 和 5×5 卷积核。对于给定的感受野，即输入图像中与输出相关的局部大小，叠加的小卷积核将优于回答卷积核，这是由于多个非线性层叠加能增加网络自身的深度，以保证用更少的参数和更少的计算来学习更复杂的模式。VGG 网络遵循以下两条规则：（1）特征图大小相同的网络层具有相同数量的通道生成特征图，并且每个块具有相同大小的特征图，因此每个块的每层卷积核的数量是相同的。（2）如果将特征图的大小减半，则通道数将增加一倍，以确保每层的复杂度相同，即每采样一次，卷积核数将增加一倍。一般来说，它采用“块结构”，即重复使用相同大小的卷积核来提取更复杂、更具代表性的特征。从图像情感识别的角度出发，更有利于提取高层次的情感特征。

在处理背景图像的情感识别问题时，改进了网络结构和损失函数。在改进的 CT-VGG-16 网络中，输入图像大小为 224×224×3，卷积核（滤波器）大小为 3×3，stride 为 1，卷积填充为 2，每个填充值为 1，池层大小为 2×2，stride 为 2。有两个完全连接的层，每层有 4096 个神经元。理论上，两层神经网络可以拟合任意函数，而一层只能拟合线性函数。再增加一层和三层将大大改善参数，这将增强 4096×2+4096 个参数。考虑到模型的性能和参数，一般将输出层设置为 1000 个神经元，其中神经元的数目代表数据集中的类别数，激活函数采用 ReLU。总之，与 AlexNet 相比，在相同的传感场条件下，用 3 个 3×3 卷积核代替 7×7 卷积核，用 2 个 3×3 卷积核代替 5×5 卷积核，提高了网络的深度，当样本类间距较大时，网络效果得到一定程度的增强。在解决背景图像的情感识别问题方面，在 softmax 激活函数的基础上加入 cross entropy 交叉熵损失函数，对损失函数进行了改进，因此，当 softmax 激活函数将多个神经元的输出标准化为（0，1）区间时，前馈神经网络所传递的信息可以转化为概率分布模式，并对其进行改进，以弥补数据集的缺陷。通过前馈神经网络传递的结果为 L_1，L_2，…，L_n 将信息转化为概率分布的过程为

$$\text{softmax}\left(L_i\right)=e^{L_i}/\sum_{j=1}^{n}e^{L_i} \tag{15-1}$$

在大多数情况下，神经网络的训练需要在大量样本的基础上进行。目前，深度学习主要用于基于大量自然图像或场景图像的图像分类。然而，开放研究数据集中的数据量却很少。如果直接使用深度学习，小样本会直接影响到模型中的网络，并且容易过拟合，对测试集不起作用。为了获得高层次的背景情感特征，在大型图像数据库 Imagenet 上进行预训练，将训练好的参数传递到目标网络模型中， 然后通过创建的背景图像情感数据集对

目标网络参数进行微调，从而达到对目标网络参数的优化。深度学习神经网络在小样本情况下也能发挥一定的优势。网络结构如图 15-3 所示。

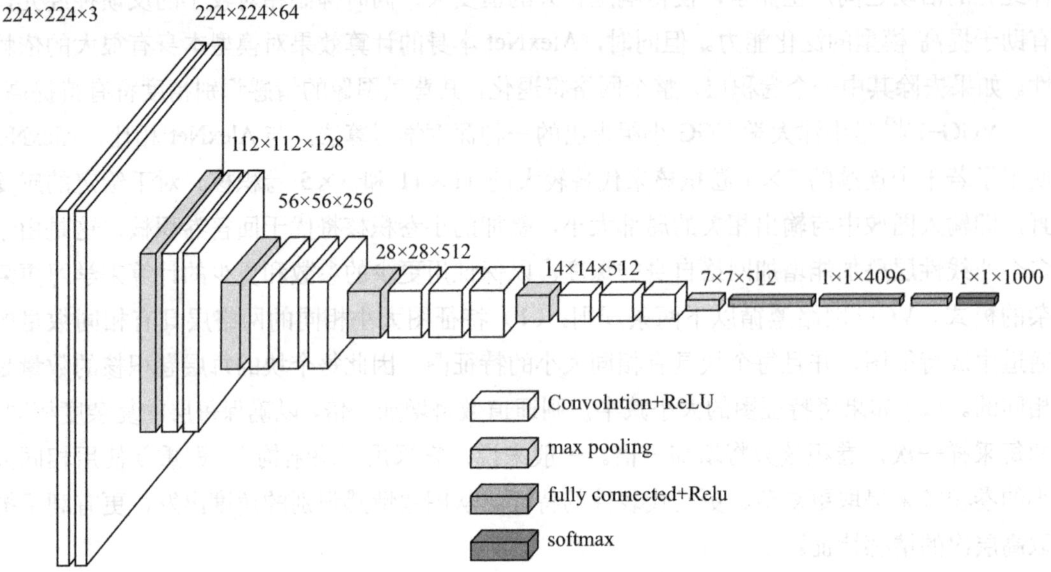

图 15-3　CT-VGG-16 网络结构

传统的方法是根据图像的颜色、纹理等特征来判断图像的情感特征。仅考虑这些特征的分类方法虽然不完全可靠，但与高层特征相结合具有一定的参考价值。因此，构造一个底层特征网络来提取底层特征。

作为 VGG-19 的基本结构，底层特征网络由 10 个卷积层和 3 个池层组成。由于网络中线性层的性质，输入低级功能网络的图像需要 224×224 像素的固定大小。为了获得底层特征，采用高斯卷积对图像进行滤波。另外，利用平均池层来缩小特征图的大小，使图像更加平滑。在每个卷积层之后添加填充以保持图像大小不变。然后将从网络中学习到的底层特征输入高层特征网络中。VGG-19 网络结构如图 15-4 所示。

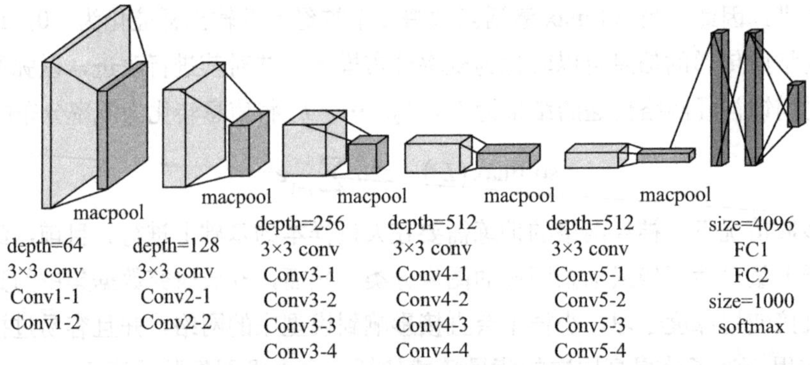

图 15-4　VGG-19 网络结构

特征提取过程如下。

（1）原始图像的大小被缩放为 224×224×3 像素，图像矩阵被用作网络的输入。

（2）该网络模型包括 5 个卷积层、3 个 2×2 最大 pooling 层和 3 个全连通层。具体如下：第一层为卷积层，96 个卷积核，11×11，stride 为 4；第二层为卷积层，256 个卷积核，5×5，stride 为 1；第三层为卷积层，384 个卷积核，3×3，stride 为 1；第四层为卷积层，共 384 个卷积核，3×3，stride 为 1；第五层为卷积层，1 个卷积核，数量为 256，大小为 3×3，stride 为 1；6 ～ 8 层为全连接层，分别有 4096、4096、352 路输出。对于其他参数的设计，batchsize 为 128，学习率为 0.001，dropout 率为 0.5，优化器为随机梯度下降。在 youq[9] 的数据集上对网络进行预训练，得到各层的参数。

（3）为了适应本文的思路，由于特征融合需要避免特征信息冗余，特征维数不宜过长，因此增加了 5 个全连接层，最后一层的激活函数为 softmax。利用小样本抽象图形图像对目标网络进行微调。

①将模型的前 5 个卷积层和第六个全连通层（图 15-2）的网络参数作为目标模型的参数，随机初始化新增加的全连通层（7 ～ 11 层）的参数。由于小样本背景图像和预训练图像的情感标注是相同的，且样本类型非常相似，只对 5 个新的全连接层的参数进行了微调，大大减少了计算量。

②另外，本文采用随机梯度下降（SGD）方法对网络参数进行更新。该方法每次随机选取一个样本对网络参数进行更新，使网络输出层的误差函数最小化， 从而实现微调，算法收敛速度快。例如，包含 N 个样本的数据集，采用 SGD 进行参数更新，每层 w^i 和 b^i 的计算公式如下：

$$w^i = w^i - \rho \times \frac{1}{N}\sum_{i=1}^{N} X^i\left(t^i - y^i\right) \tag{15-2}$$

$$b^i = b^i - \rho \times \frac{1}{N}\sum_{i=1}^{N} X^i\left(t^i - y^i\right) \tag{15-3}$$

为了提高分类精度，将从底层特征网络中提取的底层情感特征与从转移学习中获得的 512 维高层特征进行串行融合，同时选用了二叉树多分类支持向量机进行分类以达到背景图像情感的识别。

其分类的基本思想是：选择 n（$n \geqslant 2$）类中的 $n/2$[或（n+1）/2] 类作为第一类，剩余类作为第二类，构造前两类分类器。然后分别对这两类进行分类，每个 $n/2$ 类作为第一类其余的作为第二类，然后构造第二类分类器。根据该方法，先后建立了两种分类器，该分类模型的优点是：（1）包含较少的两类分类器；（2）不存在属于多个类别或无法分类的样本；（3）二叉树模型训练简单，分类速度快。本文采用的核函数是“径向基函数”，σ=0.5，C=50。

一般来说，本部分背景图像的情感识别过程如图 15-2 所示。首先用 edgeconnect 算法对 MTCNN 切割的复杂场景图像的背景部分进行补充，然后用优化的 CT-VGG-16 算法提取背景的高层情感特征，并通过传递学习提高识别精度。同时，利用 VGG-19 的部分分层提取和 SVM 算法对背景图像进行情感识别。

15.1.3 实验结果及分析

本章算法运行的软件环境为 Anaconda3，编程语言为 Python。为了验证提出算法的有效性选用三个不同的抽象画数据集进行实验，分别是：①随机选取意大利画馆 Rovereto 的 MART500 幅抽象画；②中的 Abstract 抽象绘画集，共 228 幅；③在 Twitter 中抓取的风景图共 500 幅，结合标签和人为标注，定义七类情感标签。选取数据集中的 80% 作为训练集，剩余 20% 为测试集，采用多分类 SVM 作为分类器，使用 10 倍交叉验证评估分类模型。

三个不同的数据集，对不同情感的分类准确率基本一致，在 68% ～ 75% ，平均准确率为 71%。为了更好地评估分类模型，本章还计算了三个数据集的平均混淆矩阵，见表 15-2。

表 15-2 三个数据集的平均混淆矩阵

Anger	0.69	0.03	0.10	0.04	0.03	0.00	0.00
Disgust	0.06	0.72	0.14	0.04	0.08	0.02	0.00
Fear	0.07	0.02	0.75	0.04	0.00	0.04	0.02
Happy	0.04	0.07	0.12	0.72	0.12	0.03	0.02
Sad	0.03	0.02	0.02	0,17	0.67	0.04	0.06
Surprised	0.02	0.00	0.07	0.04	0.11	0.73	0.06
Neutral	0.00	0.02	0.01	0.10	0.04	0.10	0.71
	Anger	Disgust	Fear	Happy	Sad	Surprised	Neutral

为了更好地保证迁移学习模型对小样本图像的分类性能，而且要考虑到高级特征维度和算法复杂度，本文还对模型中高层特征维度的选取对分类效果的影响，并在数据集上进行测试，实验结果如表 15-3 所示，高层特征的维度对结果没有明显优良的影响，为了减少计算量和算法的复杂度，本章考虑特征个数为 512 个。

表 15-3 不同高层特征维度的识别准确率比较

高层特征维度	识别准确率 /%
256	70.83
512	71.56
1024	71.25
2048	71.59
4096	71.70

对于背景情感的识别，本章构建的基于迁移学习的模型取得了较好的效果，与单采用传统算法精度比较结果如表 15-4 所示。

表 15-4 本节背景情感识别模型与其他算法精度对比

模型	精度
AlexNet	56.7%
VGG-16	67.54%
VGG-19	63.22%
本节算法	71.26%

由于现存的解决类似该类问题的算法多为二分类，为了证明本节算法的有效性，进行了补充实验，将七分类问题利用 SPSS 转化为二分类问题，经过实验结果对比，证实本算法的可行性，精度比较如表 15-5 所示。

表 15-5 本节背景情感识别模型与其他算法精度对比

模型	精度
文献 [10]	76.6%
文献 [11]	89.7%
文献 [12]	66.67%
本节算法	90.26%

15.2 人脸特征提取网络与背景特征提取网络的融合

15.2.1 复杂场景图像数据库 COMPLEX-E 的构建

数据在利用深度学习神经网络解决问题中起着不可或缺的作用，特别是 CNN 被广泛应用于图像处理的研究领域后，对数据量的要求也越来越高。CNN 网络可以模拟人脑处理数据的渐进方式，自动结合图像的底层基本特征，最终了解图像的高层语义信息，学习出满足具体研究任务的有效特征。这种计算方法使 CNN 网络在用于图像情感识别时，能够有效地提取出符合情感分类任务的大量数据的有效特征。

目前，用于复杂场景情感分类的常用数据集存在规模小的问题。例如，Mart 数据集包含 462 个艺术图像数据，Abstract 数据集包含 228 个图像数据。由于缺乏清晰的图像情感数据，在研究中，CNN 网络训练往往由于数据的缺乏而显得不足或过度拟合。

社交媒体平台已经成为人们日常生活中分享世界新闻的重要组成部分。Flickr、Instagram、Twitter 和 Facebook 等社交网络平台提供并分享了大量高质量的图片。为了解决复杂场景图像情感数据集数据不足的问题，本文通过数据采集、数据过滤、数据清洗等步骤，标记并构建了一个用于复杂场景图像情感识别的专用数据集 COMPLEX-E。

首先使用关键字从 Flickr 和其他网站获取图像数据。从网络获得的图像数据的颜色模式不同。虽然大多数是 RGB 模式，但仍有一些灰度图像甚至四维图像。当这些数据直接导入深度学习神经网络进行训练时，会导致模型误差，因此首先将这些图像过滤掉。

在数据标注过程中，基于 Mean-shift[10] 算法的方法虽然能有效提高情感识别的准确率，但与数据量的不断增加有关，其使用的数据评分网络对图像数据与其对应标签之间的相关性不敏感，因此在数据集中仍然存在大量的图像数据及其对应的标签，选择了一种基于 Yolo-mask[11] 的方法来进一步消除这些数据。

本章中，图像数据采集的主要来源是 Flickr 图像网站。本文使用七个关键词从 Flickr 图片网站获取图片，它们是悲伤、快乐、惊讶、愤怒、厌恶、恐惧和中性。其中，悲伤类图像 93 幅，快乐类图像 253 幅，中性类图像 553 幅，恐惧类图像 127 幅，愤怒类图像 91 幅，惊讶类和沮丧类分别有 118 幅和 93 幅。本文在对图像进行初始采集后，需要对每一种情感图像数据量进行测量。从以上大量的图像数据中，可以发现负面情绪图像的数量远远少于正面情绪图像的数量。究其原因，主要是在网络媒体上，人们更倾向于上传一些正能量和快乐的情感图片来展示自己积极的生活状态，而较少向网络上传一些负面的图片。这些形象很容易引起人们的反感。换言之，更容易让人觉得生活状态是黑暗的。针对数据集中图像类数不均衡的问题，本文利用悲伤关键字在 instagram 图像网站上重新获取图像，用于扩展负面情绪数据集中的数据量。共获得 4200 个图像数据，包括每个类别中的 700 个图像。考虑到从网络上获取的数据通常充满了噪声，说明图像数据与相应的标签信息不相关或弱相关，而且由于个体在采集数据的过程中具有主观性和局限性，经过数据清理和筛选后，要求该专业的 10 名学生确定各种图像的情感属性，并对数据情况进行分析，最终得到悲伤 612 个样本，快乐 620 个样本，中性 523 个样本，恐惧 603 个样本，愤怒 636 个样本，惊讶 616 个样本，沮丧 590 个样本。

15.2.2 基于人脸的复杂场景情感分类网络构建

在以上对人脸表情的精准识别以及背景特征提取加背景图像情感分类的已有工作基础上，构建了一个对复杂场景图像进行情感分类的模型，模型整体采用的是 Yolo-v3[13] 的结构，与传统 Yolo-v3 不同，复杂场景图像的全局特征在反映图像情感信息所占的比重并不大，所以所选用的三路特征分别是人脸特征，背景底层特征以及背景高层特征，然后对三路特征使用 FSF 公式进行特征融合，得到的多尺度 CNN 融合特征则包含了复杂场景图像人脸特征及背景不同层级的特征，能更加准确全面地对图像情感进行描述。

首先将复杂场景图像送入人脸检测网络 MTCNN 进行识别和分割。人脸部分采用基于感知思想的人脸情感分类网络提取人脸特征。然后，在另一个分支中补充背景部分，提取底层和高层特征。此时，得到了三种不同的图像情感特征，将复杂场景图像级联为综合的深层语义特征，级联是提取阶段三级尺度特征的特征保持方法。在后续识别中，采用不同的融合策略对三级尺度特征进行有效融合。模型流程图如图 15-5 所示。

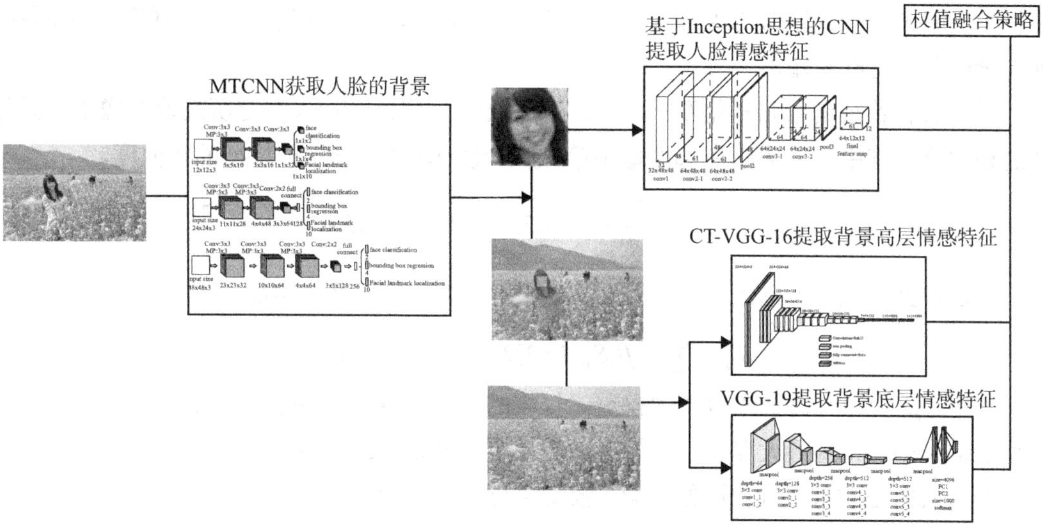

图 15-5　复杂场景图像情感识别流程

在复杂的图像中，由于人眼的注意机制，在情感认知中强调不同的部位，因此情感表征的作用也会有所不同。虽然直接级联在一起会有助于增强效果，但噪声也会削弱效果，不能充分发挥三种特征的共同影响作用，另外，人脸特征和背景高级特征属于高级特征，在属性上不同于背景基本特征。因此，根据融合效果的比较，采用不同的融合策略实验，来选择最终所采用的融合策略。

（1）最大融合策略。

$$\vec{Y}=\max\left(\vec{Y}_{face},\vec{Y}_{low},\vec{Y}_{high}\right)=\left(y_{anger}^{\max},y_{sad}^{\max},y_{fear}^{\max},y_{neut}^{\max},y_{happy}^{\max},y_{surp}^{\max},y_{dis}^{\max}\right)\tag{15-4}$$

意为取人脸特征、背景底层特征以及高级特征中每一维中的每类情感的最大值。

（2）权值融合策略。

$$\vec{Y}=\alpha\cdot\vec{Y}_{face}+\beta\cdot\vec{Y}_{low}+\gamma\cdot\vec{Y}_{high}\tag{15-5}$$

其中，0< α <1，0< β <1，0< γ <1 且 $\alpha+\beta+\gamma=1$，即人脸特征，背景底层特征和背景高层特征的权值系数分别为 α、β 和 γ。系数越大，代表该分类器的权重越大。

（3）FSF 融合公式。

FSF 融合公式是用于多尺度目标精准化检索网络的一种融合方法，其流程是首先从数据库选择出欧式距离与输入图最相近的前 20 张，共同提取出 HOG、RGB 颜色直方图以及纹理特征，各类不同维度的特征无量化操作，并计算出图像每种特征向量的欧式距离，为了使各种特征具有可比性，根据公式对各类特征向量的欧式距离进行归一化处理。

$$d'_{ji}=\frac{d_{ji}-d_{j\min}}{d_{j\max}-d_{j\min}},i=1,2,\cdots,20,j=1,2,3,4\tag{15-6}$$

其中，j 表示第 j 种特征，在本研究的实验中，依次为 CNN 特征、HOG 特征、颜色直方图和纹理特征；i 表示所选择的样图中的第 i 张图像，$d_{j\max}$ 和 $d_{j\min}$ 分别为样图中第 k

种特征向量的欧式距离最大值和最小值。d'_{ji} 为所选取图像中第 i 张图像与样图中第 j 种特征向量的归一化欧式距离。

基于各种特征向量归一化欧式距离，利用公式分别计算输入图与所选取图像中不同特征的相似度，其中，S_{ji} 表示所选图像中第 i 张图像与输入图第 j 种特征的相似度。

$$S_{ji}=\frac{1}{1+d'_{ji}}, i=1,2,\cdots,20, j=1,2,3,4 \tag{15-7}$$

然后根据公式求所选图中第 i 张图像与输入图类别的最终相似度。

$$S'_i=\sum_{j=1}^{4}\beta_j S_{ji}, i=1,2,\cdots,20, j=1,2,3,4 \tag{15-8}$$

其中，β_j 为 4 种特征相似度的权重，权重的取值以准确率为衡量标准，通过程序循环调整权重大小，得到最大准确率的情况下的权重，即权重最优值。

最后根据公式求所选取图像中第 i 张图像与输入图的最终距离 D_i，并以此重新排序得到 10 张图像。

15.3 实验结果与分析

实验使用 Python3 和 Keras2（Tensotflow 后端）搭建网络，硬件平台 IntelCore i3–4790k 4.0 GHz，NVIDIA Quard T4000 GPU。

由表 15–6 可知，在复杂场景情感识别问题上，实验 1 准确率高于实验 2、3，说明人脸特征在对于情感的表征上所占的比重较大，但不可否认背景特征所起到的作用和效果，实验 4、5、6 的准确率均高于实验 1，说明整张图情感的识别需要同时结合人脸和背景特征来看，而本章所选取的三种融合方法，准确率均高于单特征进行的情感描述，也就是说，不管是哪种融合方式，准确率均有提升。为了验证多特征融合的图像情感识别方法的有效性和不同融合策略的效果，分别设计了人脸特征融合背景底层特征、人脸特征融合背景高层特征、背景底层特征融合背景高层特征、人脸特征同时融合背景底层特征和背景高层特征，以及分别采用三种融合策略（最大 Max，权值 Wt，FSF 公式）的 13 组对比实验。

表 15–6 算法对比实验

实验序号	算法	准确率 / %
1	Face	0.71
2	Low	0.56
3	High	0.58
4	Max	0.81
5	Wt	0.85
6	FSF	0.79

不同模型使用不同融合策略的实验结果如表 15-7 所示。

在表 15-7 中，实验 1 分别与实验 2 至实验 10 比较可知，相比单人脸的识别效果，融合了不管是背景底层特征或是高层特征，不管哪种融合策略，准确率均有提升，表明在复杂场景情感识别问题上，加入背景特征是有必要的，独立的人脸特征并不能完全决定复杂场景图像的情感属性，背景特征的融合可以提升识别的准确率。实验 8 至实验 10 分别与其他对比可知，三类特征的融合在相同的融合策略下，均比两个模型融合的准确率要高，充分说明了同时加入背景底层特征和背景高层特征的有效性和必要性。在使用 FSF 公式融合时，F+H+FSF 和 F+L+H+FSF 的准确率均为 0.78，表明当数据类型过于统一时，背景底层特征在准确率的提高上并没有起到作用，实验 8、9、10 对比可知，采用权值融合策略相比最大值融合策略和 FSF 融合策略会获得较高的准确率，权值融合策略的效果较好。故通过调整融合权值系数，观察获得较高准确率时的权重系数，最终确定系数为 0.65、0.22、0.13 时，更有助于图像情感的识别。

表 15-7 不同模型不同融合策略实验结果比较

实验序号	算法	准确率
1	Face	0.71
2	Face+Low+Max	0.73
3	Face+Low+Wt	0.76
4	Face+Low+FSF	0.74
5	Face+High+Max	0.72
6	Face+High+Wt	0.81
7	Face+High+FSF	0.78
8	Face+Low+High+Max	0.81
9	Face+Low+High+Wt	0.85
10	Face+Low+High+FSF	0.78
11	Low+High+Max	0.78
12	Low+High+Wt	0.79
13	Low+High+FSF	0.71

15.4 本章小结

本章首先对复杂场景图像中的背景底层特征和背景高层特征分别进行提取，并通过将七分类问题转化为二分类问题同相似研究进行精度对比，证明方法的优良，其次在第 14 章人脸情感识别算法的基础上，构建了一个基于多特征融合策略的复杂场景图像情感识别框架。最后对权值融合策略的权值系数进行选取，对于复杂场景图像的情感识别获得了较好的效果。

参考文献：

[1] 刘栋，李素，曹志冬 . 深度学习及其在图像物体分类与检测中的应用综述 [J]. 计算机科学，2016, 43 (12)：13-23.

[2] Borth, D, Chen, T, Ji, R and Chang, S-F. Sentibank: large-scale ontology and classifiers for detecting sentiment and emotions in visual content. In: Proceedings of the ACM International Conference on Multimedia, 2013: 459-460.

[3] You, Q, Luo, J, Jin, H and Yang, J. Robust image sentiment analysis using pro-gressively trained and domain transferred deep networks. In: Proceedings of the AAAI Conference on Artificial Intelligence, 2015: 381-388.

[4] Krizhevsky A, Sutskever I, Hinton G E. Image Net classification with deep convolutional neural networks[C]. //Proceedings of the 26th Annual Conference on Neural Information Processing Systems, Lake Tahoe, Dec 3-8, 2012. Red Hook: Curran Associates, 2012: 1097-1105.

[5] Wu B F , Lin C H . Adaptive Feature Mapping for Customizing Deep Learning Based Facial Expression Recognition Model[J]. IEEE Access, 2018: 1-1.

[6] Lucey P, Cohn J F, Kanade T, et al. The extended cohn-kanade dataset (ck+) : A complete dataset for action unit and emotion-specified expression[C]. //2010 IEEE Computer Society Conference on Computer Vision and PatternRecognition-Workshops. IEEE, 2010: 94-101.

[7] Li T, Du C, Naren T, et al. Using Feature Points and Angles between Them to Recognize Facial Expressionsby A Neural Network Approach[J]. IET 和 Image Processing, 2018, 12 (11) .

[8] Kuo C M, Lai S H, Sarkis M. ACompact Deep Learning Model for Robust Facial Expression Recognition[C]. // 2018 IEEE/CVF Conference on Computer Vision and Pattern Recognition Workshops (CVPRW) . IEEE, 2018.

[9] 张浩，徐丹 . 基于深度学习的少数民族绘画情感分析方法 [J]. 中国科学 F 辑，2019, 049 (2)：204-215.

[10] 汪珊娜，张华熊，康锋 . 基于卷积神经网络的领带花型情感分类 [J]. 纺织学报，2018, 039 (8)：117-123.

[11] 王征，李皓月，许洪山，等 . 基于卷积神经网络和 SVM 的中国画情感分类 [J]. 南京师大学报（自然科学版），2017 (40)：79.

[12] Farabet, Clement, Couprie, et al. Learning hierarchical features for scene labeling [J]. IEEE Trans. Pattern Anal. Mach. Intell. 2013, 35: 1915-1929.

第 4 单元

视频图像水印

计算机技术的发展使得数字产品可以在网络上大量传播，在丰富方便人们生活的同时，也产生了一系列版权纠纷问题。其中，视频图像因使用较为广泛而更易产生版权纠纷问题。因此，用以数字版权保护的数字水印技术相应地成为一大研究热点。然而，随着人们对数字水印技术的实用性和安全性要求越来越高，传统的将二值图像或灰度图像作为水印嵌入灰度图像或彩色图像的非盲水印技术已经不能满足人们的现实需求，人们越来越急需一种将彩色水印嵌入彩色宿主图像的强鲁棒性双彩色盲水印技术。同时，彩色 QR 码，即快速识别矩阵码（QuickResponse），因具有存储信息量大、纠错能力强的特点，近些年在生活中得到广泛应用，将彩色 QR 码作为数字水印嵌入载体图像不仅能够拓展信息提取类型，而且还能够提高算法的鲁棒性。因此，将彩色 QR 码作为水印嵌入彩色载体图像的盲水印技术值得我们进一步研究。

本单元重点介绍具有实际应用价值的基于 Schur 分解技术将彩色 QR 码嵌入彩色宿主图像的强鲁棒性双彩色盲水印技术。

第 16 章
图像水印概述

16.1 研究背景及意义

计算机网络技术的成熟带领人们走进了数字时代，文本、图像、音视频等数字产品在人们日常生活中得到了普遍的流通使用[1～3]，极大地促进了人们生活水平的提高，但其给人们工作、学习和生活带来方便的同时，数字产品因本身独有的特点，比如易获得、易复制、易传递，也使其面临越来越严重的版权纠纷和版权保护问题。

数字水印技术作为数字产品版权保护的主要手段，其基于人类的视听系统等生物生理特点对数字产品进行信息处理[4, 5]，在不影响数字产品感观的情况下，将版权保护信息即水印通过某种手段嵌入各类数字产品中[6]，在产生版权纠纷时又可借助某种技术手段将嵌入的水印信息提取出来以证明其版权所有。其中，图像作为信息传递的主要载体，使数字图像水印技术在过去几十年间得到迅速的发展。现有数字图像水印算法大部分是以特定的二值图像作为水印嵌入需要版权保护的灰度图像中，相对于彩色载体图像，灰度图像只有亮度信息，基于此，在灰度图像中嵌入二值水印并不会生成新的颜色信息，而且操作流程相对简单[7～9]。但是，随着人们审美意识的提高，彩色图像已基本取代灰度图像成为信息传递的主要载体，而且信息量越来越大，分辨率越来越高。因此，相对于传统的水印技术，将彩色图像作为载体图像或水印图像进行信息传递、版权保护的双彩色水印技术将会替代传统水印技术成为新的主流方向，也必将得到公司和群众的重视与认可[10, 11]。总之，将彩色水印图像嵌入彩色宿主图像的双彩色水印技术俨然已成为近年来数字图像水印技术的研究热点之一。

按水印提取过程中是否需要原载体图像和水印图像相关信息的参与，可将数字图像水印技术分为非盲水印技术和盲水印技术[12～15]。但目前彩色方面的数字水印研究主要是非盲水印算法，盲水印算法较少，这主要是因为彩色信息量较大难以嵌入及提取，而非盲水印技术借助原始图像信息在很大程度上更易于嵌入或提取。但是另一方面，相比非盲水印技术，盲水印技术又具有其特有的优点，比如无须存储提取水印时所需的密钥信息，在批量生产中这一点将很大程度上减少服务器的压力，提高嵌入和提取的效率，有效改善用户的体验度[16, 17]。非盲水印技术在水印提取过程中需要借助原载体图像或原水印图像信息，以致非盲水印技术在实际应用中存在很大的局限性，因此，双彩色盲水印技术具有更广阔的应用领域和更大的应用价值，而如何实现双彩色图像水印的盲提取则是当前数字水印领域的难点之一。

鲁棒性和不可感知性作为水印最主要的特性一直是数字水印算法研究亟待提高的重点和难点[18～20]，如何在提高水印算法鲁棒性或不可见性的同时有效保持鲁棒性和不可见性之间的平衡关系成为数字水印算法研究的基本准则和追求目标。然而，目前大多数水印算法特别是盲水印算法的鲁棒性仍较差，在满足水印不可见性的情况下，仅能抵抗某一单方面或某几方面的攻击，而对大多数常见攻击不具备同时抵抗的能力，特别是旋转裁切等几何方面的攻击。因此，在满足不可见性的同时如何提高盲水印算法对常见攻击的鲁棒性具有重要的价值和意义。

近些年，QR 码的流行使其在各大领域得到了广泛应用。QR 码，即快速识别矩阵码（Quick Response），是一种具有强大纠错能力的纠错编码[21～23]。因可存储的信息量大，而且具有强大的纠错能力，其在生活中的应用越发广泛。基于这些特性可将其作为水印应用到数字水印技术中。相对传统水印，将 QR 码作为水印嵌入不仅可以提高信息嵌入量，而且因其具有强大的纠错能力，可有效提高算法的鲁棒性。随着 QR 技术的不断成熟，为了满足人们的进一步需求，相对传统二值 QR 码，彩色 QR 码的应用逐渐普遍，而且嵌入彩色 QR 码在增加信息嵌入量的同时也提高了水印的安全性，所以将彩色 QR 码作为水印具有广泛的应用性和较大的研究价值。

由以上分析可知，将彩色 QR 码作为水印嵌入彩色载体图像的强鲁棒性盲水印技术值得我们深入研究。在数字水印算法中，Schur 分解算法作为和 SVD 分解类似的酉变换，两者均具有较大的应用性。但相比 SVD 分解，Schur 分解的时间复杂度仅为 O（8N3/3），远远小于 SVD 分解的时间复杂度，因此在现实应用中具有更大的优势；而且 Schur 分解具有较好的缩放不变性，在一定程度上可提高水印算法的鲁棒性[24, 25]；经研究证明 Schur 分解后某些系数之间的差具有较大的稳定性，基于此可进行彩色水印信息的嵌入和盲提取。因此，在研究现有水印算法的基础上，提出了基于 QR 码和 Schur 分解的双彩色盲水印研究课题。通过大量的仿真实验研究，探究 Schur 分解的规律来达到在提高鲁棒性的同时实现盲提取的目的。

16.2 国内外研究现状及分析

数字水印技术经过几十年的发展越发成熟系统化，已经成为信息隐藏技术的一个重要技术手段和研究方向。目前，数字水印技术按不同的依据有多种分类方式，依据数字水印的提取方式可将其划分为非盲水印算法和盲水印算法；依据数字水印抵抗外界攻击的能力，数字水印技术又可分为鲁棒性水印、半脆弱性水印和脆弱性水印；依据嵌入载体的不同，又可将其划分为文本水印、图像水印、音频水印及视频水印。其中，不可见性、鲁棒性、水印容量是所有数字水印技术最重要的考量方向。但这些特性之间往往相互矛盾，因此在实际应用中所设计的水印算法应根据实际需求尽量考虑到这些要求。

其中，盲水印算法相对于非盲水印算法在水印提取过程中不需要原载体图像和水印图像相关信息的参与而具有更大的实用价值。下面从国内国外近些年发表的盲水印相关论文来总结目前盲水印的研究现状，并据此提出研究方向。

国内盲水印研究现状：

2012 年，吴一全等提出利用 SVM 建模并根据预测结果自适应嵌入二值水印的 Contourlet 域盲水印算法[26]。算法虽对旋转、剪切等几何攻击具有较好的鲁棒性，但算法抗噪声攻击水平较差。

2013 年，苏庆堂提出了基于优化的 SVD 算法的双彩色盲水印算法[27]，通过将彩色水印转化成二值数据嵌入宿主图像经 SVD 分解后的系数中。该算法首次实现双彩色水印的盲提取功能，相对非盲水印具有较大的进步。该算法具有较好的抗噪声攻击和 JPEG 压缩能力，但是其抗滤波攻击能力和抗旋转攻击能力较差。

2014 年，白韬韬提出的基于 QR 码的数字水印算法[28]，其在抗 JPEG 压缩方面具有较好的效果，但抗噪和抗旋转攻击能力较差。

2015 年，刘真等将快速识别矩阵（QR）码作为原始水印图像[29]，进行全息加密嵌入原始图像中频系数中，算法能够抵抗打印扫描攻击，但仅能抵抗 0.001 强度的高斯噪声、0.002 强度的椒盐噪声和 60% 的 JPEG 压缩。

2016 年，刘英将载体图像进行 Contourlet 变换并进行分块 QR 分解，然后将二值水印采用 QIM 嵌入 R 矩阵中[30]，实验结果表明，其抵抗 JPEG 压缩能力较强， 但抗噪能力和抗裁切、旋转能力较差。

2017 年，刘凡等提出了基于 Schur 分解的双彩色盲水印算法，其通过修改 Schur 分解对角线上的元素值实现嵌入水印信息[31]，虽具有较好的抗裁切能力及实现了盲提取，但是算法无法抵抗旋转攻击。

国外盲水印研究现状。

2012 年，K. A. Ahmed 等提出利用二维沃尔什编码提高算法鲁棒性的盲水印技术[32]，抗裁切能力较强，但其基本不抵抗旋转攻击。

2013 年，Yevhen Zolotavkin 等提出基于 SVD 的自适应盲水印算法，其通过调节 SVD 分解后左右两个正交矩阵将水印封装嵌入每一块子中[33]，并根据 Van Elfrinkhof 的旋转模型设计了自适应参数，实验表明，该算法抗裁切能力较强，但抗噪能力差，且仅抗小角度旋转攻击。

2014 年，Chittaranjan Pradhan 提出了基于 DCT 和 Arnold 变换的彩色盲水印算法[34]，其将彩色水印图像和载体图像分解为 R、G、B 分通道，将置乱后的各通道水印信息嵌入载体图像对应通道经 DCT 变换后的系数中。该算法具有较好的不可见性，但其不抗几何攻击，且抗滤波攻击能力差。

2015 年，T. H. Nguyen 提出基于 DWT-SVD 的数字水印算法 [35]，通过生成密钥和改变奇异值来嵌入水印，算法具有较好的鲁棒性和安全性，但是密钥包含了大量原始信息并非完全盲水印算法，而且没解决虚警率问题。

2016 年，M. Hamid 提出简单的自适应盲水印算法，其基于 DCT 和 HVS 将二值水印信息嵌入灰度载体图像中 [36]，实验表明，该算法具有较高的不可见性和抗 JPEG 压缩能力，但抗噪性能、抗旋转裁切攻击能力较差。

2017 年，Soumitra Roy 等提出基于离散余弦变换和重复编码来嵌入多重水印的水印算法 [37]，水印采用的二值图像，对大多数常见攻击具有较好的鲁棒性，但在抗噪性能上有待提高。

近些年国内外提出的盲水印技术抗旋转能力较差，抗攻击能力仅侧重某一两种攻击类型，对大部分攻击不能有较好的鲁棒性；而且大部分均是将二值水印嵌入图像中，双彩色水印技术较少，所提出的双彩色水印技术鲁棒性仍需进一步提升，尤其是几何攻击方面。因此，基于 QR 码的强鲁棒性双彩色盲水印技术具有一定的研究价值。

参考文献：

[1] Fazlali H R, Samavi S, Karimi N, et al. Adaptive blind image watermarking using edge pixel concentration [J]. Multimed Tools Appl, 2017, 76 (2) : 3105–3120.

[2] 郑秋梅 , 张明 , 王风华 , 等 . 基于 PCA 和 DWT 的强鲁棒数字水印算法 [J]. 中国石油大学学报 (自然科学版) , 2016, (1) : 177–182.

[3] 王晓红 , 孙业强 . 基于 QR 码和 Schur 分解的感兴趣区域水印算法 [J]. 光电子 · 激光 , 2017, 28 (4): 419–426.

[4] 袁志华 , 杨百龙 , 赵文强 , 等 . 基于支持向量机的 NSCT 域自适应图像水印算法 [J/OL]. 计算机应用研究 , 2018(6) : 1–6 (2017–06–14) . http: //kns. cnki. net/kcms/detail/51. 1196. TP. 20170614. 1352. 200. html.

[5] 张丹丹 . 变换域数字图像鲁棒水印算法研究 [D]. 赣州 : 江西理工大学 , 2016.

[6] 杨成松 , 朱长青 , 陶大欣 . 基于坐标映射的矢量地理数据全盲水印算法 [J]. 中国图象图形学报 , 2010 (4) : 684–688.

[7] 苏庆堂 . 基于盲提取的彩色图像数字水印算法研究 [D]. 上海 : 华东理工大学 , 2013.

[8] Su Q T, Wang G, Jia S L, et al. Embedding color image watermark in color image based on two–level DCT[J]. Signal, Image and Video Processing, 2015, 9 (5) : 991–1007.

[9] 褚静 , 徐安成 , 张美凤 . DWT 和 SVD 相融合的彩色图像水印算法 [J]. 电视技术 , 2013 (17) : 29–32.

[10] Jia S L. A novel blind color images watermarking based on SVD [J]. Optic– International Journal for Light and Electron Optics, 2014, 125 (12) : 2868–2874.

[11] Su Q T, Niu Y G, Liu X X, et al. Embedding color watermarks in color images based on Schur decomposition. Optics Communications, 2012, 285 (7) : 1792–1802.

[12] 徐树升 . 一种改进的基于 PDE 的数字水印算法 [D]. 杭州 : 浙江理工大学 , 2016.

[13] Roya S, Palb A K. A blind DCT based color watermarking algorithm for embedding multiple watermarks[J]. AEU – International Journal of Electronics and Communications, 2017: 149–161.

[14] Moghaddam M E, Nemati N. A robust color image watermarking technique using modified Imperialist

Competitive Algorithm [J]. Forensic Science International, 2013 (1- 3) : 193–200.

[15] Guo Y, Li B Z. Blind image watermarking method based on linear canonical wavelet transform and QR decomposition[J]. IET Image Process, 2016, 10 (10) : 773–786.

[16] 李保华 . 基于小波变换的盲水印算法 [D]. 武汉 : 华中科技大学 , 2005.

[17] 丁志中 , 梁秋娟 . 一种基于关系和量化的强鲁棒性盲水印算法 [J]. 中国图象图形学报 , 2010 (1) : 31.

[18] Manuel C H, Francisco G U, Mariko N M, et al. Robust watermarking method in DFT domain for effective management of medical imaging[J]. Signal, Image and Video Processing, 2015, 9 (5) : 1163–1178.

[19] 吴捷 , 马小虎 . 基于 Hadamard 变换和 LU 分解的盲水印算法 [J]. 计算机技术与发展 , 2016 (2) : 82–86.

[20] 魏丰 . 基于压缩感知的数字图像盲水印算法研究 [D]. 合肥 : 安徽大学 , 2014.

[21] Vongpradhip S, Rungraungslip S. QR Code Using Invisible Watermarking in Frequency Domains[C]. // 2011 Ninth International Conference on ICT and Knowledge Engineering. Bangkok: IEEE Computer Society, 2012: 47–52.

[22] Zhang W J, Meng X T. An improved digital watermarking technology based on QR code[C]. // 2015 4th International Conference on Computer Science and Network Technology (ICCSNT) . Harbin: Institute of Electrical and Electronics Engineers Inc, 2015: 1004–1007.

[23] Thulasidharan P P, Nair M S. QR code based blind digital image watermarking with attack detection code[J]. AEU – International Journal of Electronics and Communications, 2015, 69 (7) : 1074–1084.

[24] Mohammad A A. A new digital image watermarking scheme based on Schur decomposition[J]. Multimedia Tools and Applications, 2012, 59 (3) : 851–883.

[25] Razafindradina H B, Razafindrakoto N R, Randriamitantsoa P A. Improved Watermarking Scheme Using Discrete Cosine Transform and Schur Decomposition[J]. International Journal of Computer Science and Network, 2013, 2 (4) : 25–31.

[26] 吴一全 , 张金矿 , 吴诗婳 , 等 . 基于支持向量回归的 Contourlet 域盲水印算法 [J]. 光电子 • 激光 , 2012 (2) : 336–341.

[27] Su Q T, Niu Y G, Zhao Y S, er al. A dual color images watermarking scheme based on the optimized compensation of singular value decomposition[J]. AEU – International Journal of Electronics and Communications, 2013, 67 (8) : 652–664.

[28] 白韬韬 , 刘真 , 卢鹏 . 基于 QR 码的 Contourlet 域数字水印算法 [J]. 光电子 • 激光 , 2014 (4): 769–776.

[29] 刘真 , 白韬韬 , 卢鹏 . 一种解密图像无背景噪声的加密全息数字水印技术 [J]. 光学学报 , 2015 (2) : 96–103.

[30] 刘英 , 王俊祥 , 胡鸿豪 , 等 . 基于 Contourlet 变换和 QR 分解的鲁棒性盲数字水印算法 [J]. 光电子 · 激光 , 2016 (3) : 317–324.

[31] 刘凡 , 杨洪勇 , 苏庆堂 . 基于矩阵 Schur 分解的彩色图像盲水印算法 [J]. 2017, 34 (10) : 3085–3089+3093.

[32] K. A. Ahmed, H. Al–Ahmad and P. Gaydecki, "Robust image watermarking using two dimensional Walsh coding, " Image Processing (IPR 2012) , IET Conference on, London, 2012: 1–5.

[33] Yevhen Z, Martti J. A New Blind Adaptive Watermarking Method Based on Singular Value Decomposition[J]. 2013 INTERNATIONAL CONFERENCE ON SENSOR NETWORK SECURITY TECHNOLOGY AND PRIVACY COMMUNICATION SYSTEM (SNS & PCS) . 2013: 184–192.

[34] Pradhan C, Saha B J, Kabi K K, et al. Blind watermarking techniques using DCT and arnold 2D cat map

for color images[J]. 2014 International Conference on Communication and Signal Processing, Melmaruvathur, 2014: 26–30.

[35] Nguyen T H, Duong D M, Duong D A. Robust and high capacity watermarking for image based on DWT-SVD[C]. // Computing & Communication Technologies - Research, Innovation, and Vision for the Future (RIVF) , 2015 IEEE RIVF International Conference on. Can Tho: Institute of Electrical and Electronics Engineers Inc, 2015: 83–88.

[36] Hamid M, Wang C. A simple image-adaptive watermarking algorithm with blind extraction[J]. 2016 International Conference on Systems, Signals and Image Processing (IWSSIP) , Bratislava, Slovakia, 2016: 1–4.

[37] Roya S, Palb A K. A blind DCT based color watermarking algorithm for embedding multiple watermarks[J]. AEU - International Journal of Electronics and Communications, 2017: 149–161.

第 17 章 数字水印技术及 QR 码相关理论基础

针对本文所要研究的内容，本章在第 16 章的基础上将重点介绍数字水印技术及 QR 码的一些基础理论知识。QR 码因较强的纠错能力得以广泛使用，其作为水印不仅可以携带更多的版权信息，而且在一定程度上可以提高算法的鲁棒性。同时，讲解了一些常规的评价方法，以便后期对所提出的双彩色盲水印算法进行实验与结果分析。

本章主要从数字水印技术的基本原理、分类、特性及评价指标和 QR 码的基本原理及特性对数字水印技术和 QR 码进行讲解，同时穿插了其技术点在水印算法中的应用方向，为本文后续算法的设计与分析实验提供了理论基础。

17.1 数字水印技术

17.1.1 数字水印技术的基本原理

数字水印技术作为版权保护的重要技术手段，其主要是通过将能够表征版权的水印信息嵌入数字产品中，整个过程可分为水印生成、水印嵌入、水印提取三个主要阶段。

水印生成阶段主要是根据自身需求生成可准确定位版权所有者的版权信息即水印，常用的水印形式有商标图像、版权所有者名字或英文缩写等，为防止不法分子对水印进行篡改与删除，水印生成阶段还包括对水印的加密等。水印嵌入阶段主要是将上一阶段得到的水印信息通过设计的技术手段嵌入数字产品中，该阶段在一定程度上确定了数字水印技术的核心技术水印嵌入及其提取的方式，同时也主要影响着所提算法的优劣。水印提取阶段主要是根据嵌入方案相对应地将水印尽量高保真地提取出来，以便在版权纠纷时准确地定位版权所有者。

17.1.2 数字水印技术的特性及分类

数字水印技术的特性代表了水印算法的核心属性及应用方向，通常情况下会根据具体的需求有所侧重地解决某些特性。数字水印技术的主要特性有如下几个：不可见性、鲁棒性、安全性、水印容量。各属性的具体介绍如下。

（1）不可见性。

又称不可感知性，是指载体图像在水印嵌入前后视觉感知上是没有变化的，即人们察觉不到含水印图像与原载体图像的差别，从而在可进行版权保护的同时保证了原产品图像的价值。水印的不可见性是不可见水印算法最基本的要求。

（2）鲁棒性。

又称稳健性，是指水印算法在遭受常见攻击时仍然能够成功提取出水印的能力。常见的攻击可分为蓄意的攻击（篡改、涂抹等）和无意的攻击（几何攻击、噪声滤波攻击等），一般的水印算法对以上大部分攻击具有一定的抵抗能力即表明该算法鲁棒性较好。但现有盲水印算法的鲁棒性还有待提高，尤其是在几何攻击方面。

（3）安全性。

水印的安全性主要是指只有在得到许可认证的情况下，才能从含水印载体中正确检测提取出水印信息，而非法人员则因无正当权限无法检测或破解出载体中所隐藏的水印信息。针对水印的安全性，水印算法通常是通过对水印信息进行加密以及对嵌入算法和嵌入位置进行设计来提高水印的安全性。因此，大多数水印算法在提取过程中一般都需要提高密钥对水印信息进行解密以得到可见正常水印。

（4）水印容量。

水印容量是指在满足水印不可见性要求的情况下所能嵌入的最大水印信息量。一般情况下，在满足不可见性的情况下，应尽量嵌入更多的信息，从而越有利于提高水印的抗攻击性及有效性，实现对数字产品更好的版权保护。现今水印算法中所使用的水印大多数是二值水印或灰度图像水印，而彩色水印因其信息量较大，嵌入困难，将彩色图像作为水印的算法还较少。

不可感知性、水印容量和稳健性存在着相互牵制的关系。如图 17-1 所示，若想提高水印的稳健性，不可见性和水印容量势必下降；要想提高不可感知性，又会制约其稳健性和水印容量。因此，要根据实际需求在尽可能提高三者的前提下保持较好的平衡才能使数字水印达到最佳效果。

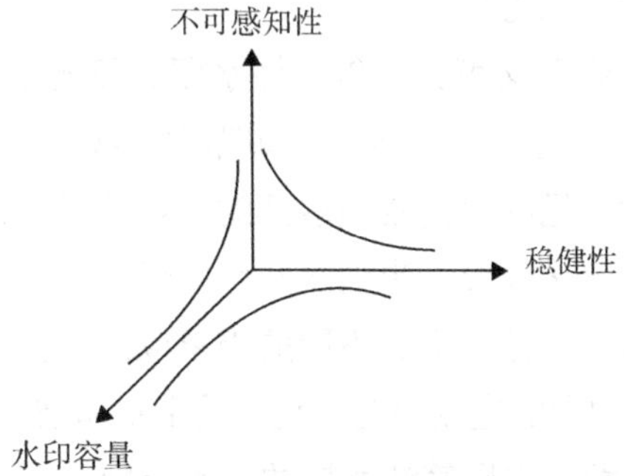

图 17-1　水印容量、不可感知性和稳健性三者的关系

数字水印技术经过近几十年的发展，已发展成为一种系统化多方向的应用手段。根据不同的需求、手段或特性，其具有多种分类方法。这里简单介绍其主要的分类。

（1）按所嵌水印的载体类别分类。

数字水印可以嵌入不同类别的数字产品中，根据不同的载体类别，可将数字水印分为文本水印、图像水印、音频水印、视频水印等[1]。

（2）按所嵌水印的感知特性分类。

根据所嵌水印的感知特性可将数字水印技术分为可见水印技术和不可见水印技术。可见水印技术是指直接将水印以可见形式加到产品上，水印清晰可见，较明显地标示出产品的版权所有者；不可见水印技术是指通过某种技术手段将水印嵌入产品中去，但在视觉等感官上使人察觉不出水印的存在，在需要时又可通过一定手段检测出来。不可见水印技术对原产品影响较小且不损害产品的价值，因此，现今大多数水印技术均是不可见水印技术。

（3）按所嵌水印的提取方式分类。

根据提取水印时的方式不同可将水印技术分为非盲水印技术和盲水印技术。非盲水印技术在水印提取的过程中需要借助原载体图像或原水印等相关密钥信息才可进行水印提取，而盲水印技术在水印提取过程中则无须借助任何原载体图像或水印的相关信息即可进行水印提取。非盲水印技术具有嵌入提取容易、水印提取效果好及鲁棒性强等特点，但因需要借助原始信息而受到较多限制；盲水印技术因提取水印无须借助原始数据而具有更高的实际应用价值，但其存在嵌入提取困难、水印提取效果差及鲁棒性低等问题。

（4）按所嵌水印的嵌入域分类。

根据水印的嵌入域不同可将水印技术分为空间域水印技术和频率域水印技术。空间域水印是指通过特定的技术直接改变图像空间上的像素值来嵌入水印信息[2]；频率域水印是指将水印信息嵌入图像经频域变换后的频率域中，一般是通过调节频率域中特定系数之间的关系来嵌入水印信息[3]，频率域水印相对空间域水印虽然计算复杂度增加，但其鲁棒性得到了较大的提高。

（5）按所嵌水印的抗攻击能力分类。

数字水印技术按鲁棒性强弱又可分为鲁棒性水印、脆弱水印和半脆弱水印[4, 5]。鲁棒性水印则对常见的攻击具有一定的抵抗能力，如噪声滤波攻击、旋转裁切攻击、JPEG 压缩攻击等；脆弱水印是指对常见的攻击较为敏感的水印技术，该类水印技术通常是设计用来通过检测图像从而进行图像认证等；半脆弱水印则融合了两者的特征，既有一定的鲁棒性又对某些攻击具有一定的脆弱性。根据不同的需求应用选择不同的水印技术，相对脆弱水印，鲁棒性水印在版权保护中的应用更为广泛。数字水印技术分类概览如图 17-2 所示，图中灰色填充区域即为本文数字水印算法所属的分类类别。

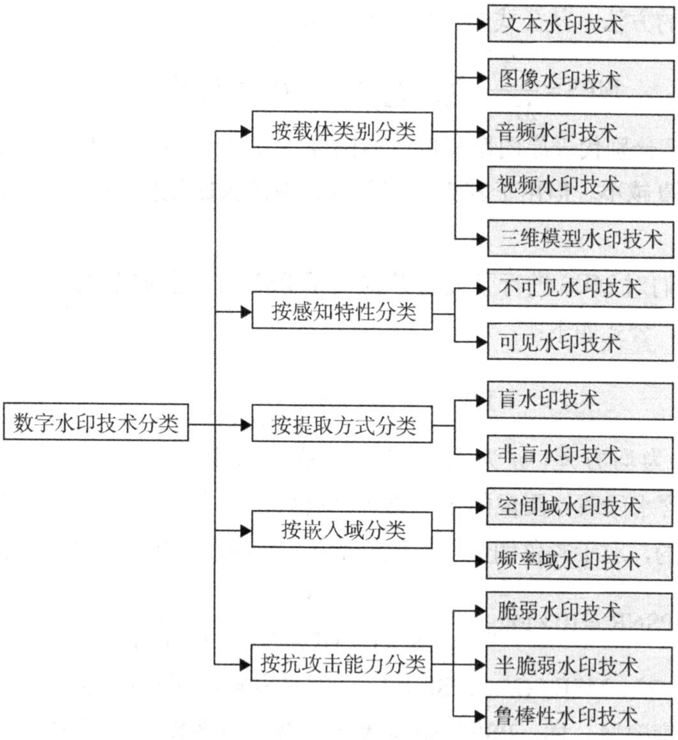

图 17-2　数字水印技术分类

17.1.3　数字水印技术的评价指标

数字水印技术的评价主要是针对其不可见性和鲁棒性两个重要特性，水印容量一般可直接进行分析识别，图像水印一般大于文本水印或序列水印，而图像水印中彩色图像又比二值或灰度图像水印信息量大，随之嵌入难度也越大，技术水平要求也越高。这里主要从主观和客观两个方向对数字水印技术的不可见性和鲁棒性进行评价。

（1）主观评价。

对数字水印技术的主观评价是以类似图像质量主观评价的形式进行的，均是通过标准观察者对不同嵌入程度或攻击程度的含水印图像和所提取的水印图像的失真程度进行评价，并根据一定标准对失真情况进行统计打分[6，7]，以此作为对图像不可见性或抗攻击能力即鲁棒性的评价。主观评价能够较好地反映人眼真实的视觉感知情况，但会因观察环境、观察者等不确定因素而在一定程度上影响评价结果。

（2）客观评价。

客观评价是数字水印技术最主要的评价方式，其中较为经典传统的评价指标主要是峰值信噪比（Peak signalto noise ratio，PSNR）和归一化相关系数（Normalized correlation，NC）[8，9]。

PSNR 是基于均方差（MES）提出的一种改进的图像质量评价方法，MES 也是一种衡量图像质量常用的方法，其公式如（17-1）所示。

$$MES=\frac{1}{M\cdot N}\sum\nolimits_{i=1}^{M}\sum\nolimits_{j=1}^{N}\left[x'(i,j)-x(i,j)\right]^2 \quad (17\text{-}1)$$

其中，x 和 x' 分别代表原图像和修改后图像，$M\cdot N$ 表示尺寸大小。由公式可知，均方差越小，图像失真越小。但由于其太过简单且未考虑人眼视觉特性，评价结果有时会差异较大。

基于此，人们对 MES 进行了改进并提出了 PSNR，逐渐成为数字水印系统评价不可见性的重要指标，公式如下：

$$PSNR=10\times\log_{10}\frac{(2^n-1)^2}{MES} \quad (17\text{-}2)$$

其中，MES 为均方差，n 为图像采样位数，当为 8 位时，分子即取 255。此时，PSNR 值越大，含水印载体图像的不可感知性越好，反之越差。由公式可知，此评价方法是针对灰度图像的，对于彩色图像则由改进后的 PSNR 公式进行评价，公式如下：

$$PSNR=10\times\log_{10}\frac{(2^n-1)^2}{\left[MES(R)+MES(G)+MES(B)\right]/\partial} \quad (17\text{-}3)$$

其中，MSE（R）、MSE（G）、MSE（B）分别代表彩色图像 R、G、B 三分通道的均方差，由此可知，与灰度图像一样，PSNR 值越大代表两彩色图像相似度越高。尽管 PSNR 是数字水印不可见性应用最广泛的评价指标，但在某些情况下也会存在评价不准确的情形。

基于此，本文又引用了彩色图像质量评价中常用的评价指标结构相似度（Structural Similarity，SSIM）对数字水印的不可见性进行评价，其主要是通过分别对图像的亮度、对比度和结构信息进行比较然后按指定比例加权得到最终评价结果 [10]。

计算公式如下：

$$l(x,y)=\frac{2u_xu_y+C_1}{{u_x}^2+{u_y}^2+C_1};$$
$$c(x,y)=\frac{2\sigma_x\sigma_y+C_2}{{\sigma_x}^2+{\sigma_y}^2+C_2}; \quad (17\text{-}4)$$
$$s(x,y)=\frac{\sigma_{xy}+C_3}{\sigma_x\sigma_y+C_3}$$

其中，u_x 和 u_y 代表图像 x，y 的均值，反映其亮度信息；σ_x 和 σ_y 图像的方差，反映其对比度；σ_{xy} 是 x 和 y 的相关系数，代表其结构信息，C_1、C_2、C_3 为接近于 0 的系数，以防分母是 0。σ_{xy} 定义为

$$\sigma_{xy}=\frac{1}{N-1}\sum\nolimits_{i=1}^{N}(x_i-u_i)(y_i-u_i) \quad (17\text{-}5)$$

综合三方面信息因子可得结构相似度 SSIM 计算公式：

$$\text{SSIM}(x,y)=\left[l(x,y)\right]^{\alpha}\cdot\left[c(x,y)\right]^{\beta}\cdot\left[s(x,y)\right]^{\gamma} \tag{17-6}$$

其中，α、β、γ 用于调节三因子的权重，一般情况下令 $\alpha=\beta=\gamma=1$，则公式可简化为

$$\text{SSIM}(x,y)=\frac{(2u_x u_y+C_1)(2\sigma_x\sigma_y+C_2)}{(u_x^{\ 2}+u_y^{\ 2}+C_1)(\sigma_x^{\ 2}+\sigma_y^{\ 2}+C_2)} \tag{17-7}$$

SSIM 值最大取值到 1，越接近 1 说明图像的失真程度越小，即含水印载体图像和原载体图像的相适度越高，反之越小。

鲁棒性方面主要是用归一化相关系数 NC 对攻击前后提取出的水印进行评价，反映了所提取水印的失真程度。但传统 NC 值计算公式是针对灰度图像或二值图像，对于彩色图像，人们也相应进行了改进，公式如下：

$$\text{NC}=\frac{\sum_{i=1}^{3}\sum_{x=1}^{P}\sum_{y=1}^{Q}(w(x,y,i)\cdot w'(x,y,i))}{\sqrt{\sum_{i=1}^{3}\sum_{x=1}^{P}\sum_{y=1}^{Q}[w(x,y,i)]^2}\sqrt{\sum_{i=1}^{3}\sum_{x=1}^{P}\sum_{y=1}^{Q}[w'(x,y,i)]^2}} \tag{17-8}$$

其中，w 和 w' 代表原水印和所提取水印，i 代表 R、G、B 三通道，$R\cdot Q$ 代表水印图像的大小，x、y 代表图像的坐标位置。NC 值介于 0 和 1 之间，越接近于 1 表明所提取水印的效果越好，失真越少。

17.2 QR 码

17.2.1 QR 码的基础理论知识

QR 码全称快速识别矩阵码（Quick Response），是一种应用十分广泛的纠错编码 [11]，具体结构如图 17-3 所示。

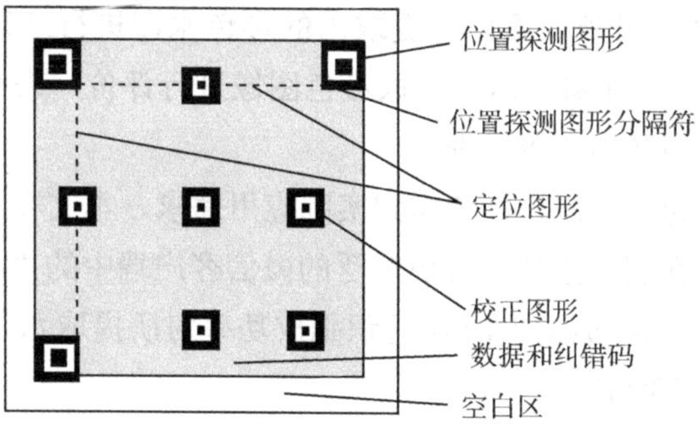

图 17-3　QR 码结构

QR 码所支持的编码内容包括数字、字符、数字和字符混编及汉字等，编码是将常见的数字、字符等转换为 QR 码的方法。其中，数字模式下的编码是将数据限制为每三个数字一段，然后分别编码为 10bit 的二进制数；混合字符模式下，则是将源码分成两个字符一段，再分别转换，具体编码原理这里不再介绍。

17.2.2 QR 码的特性

彩色 QR 码有以下几点特征：一是高速读取；二是存储信息量大；三是支持纠错处理；四是支持数据合并功能；五是结构化。其中，QR 码的纠错能力有四个等级可供选择，分别是 L（7%）、M（15%）、Q（25%）、H（30%）[12, 13]。因为 QR 码具有存储信息量大、纠错能力强的特点，在生活中应用越发广泛，比如名片、地址、网站、企业码和邮箱等文字信息均可通过 QR 码生成器生成 QR 码图片，并能够通过 QR 码读取设备快速有效识别出来 [14]。

相对传统水印，彩色 QR 码作为水印不仅可以增加信息的嵌入量，拓展提取类型，而且还可以提高算法的鲁棒性。随着 QR 技术的不断成熟，为了满足人们的进一步需求，相对传统二值 QR 码，彩色 QR 码的应用逐渐普遍，同时为了增加信息嵌入量以提高水印的安全性。将彩色 QR 码作为水印应用到数字水印系统具体的优势有以下几点。

（1）嵌入信息量得到提升。

彩色 QR 码能够携带更多的信息，这一点在实际生活应用中最为显著，人们通过扫描 QR 码可以进入商户网站、可以支付、可以添加联系人等等。总之，将 QR 码作为水印图像，其编码范围相对传统图像大大增大，可以携带更多利于精准确定版权所有人或其他目的的信息。

（2）鲁棒性得到提升。

彩色 QR 码具有不同等级的纠错能力，任意角度扫描均可识别提取信息，将 QR 码作为水印图像并提取出来，其自身纠错能力在一定程度上可以大大提升水印的鲁棒性。

（3）安全性提高。

一方面彩色 QR 码作为携带版权信息的彩色图像，相对传统二值图像或灰度图像，本身的信息量将大大加大，在增大嵌入难度的同时，提取难度也随之增大，在一定程度上增加了水印信息的安全性。另外，可以对提取出的彩色水印进行二级验证，通过与原彩色 QR 码计算色彩失真程度或无参考对所提取彩色图像进行评价，来验证所提取水印色彩失真程度并以此对产品真假做出二级甄别。

因将彩色 QR 码作为水印嵌入，考虑到实际应用需求，本文在利用传统水印评价指标进行评价的同时，采取在实际生活中使用广泛的微信客户端中的“扫一扫”对得到的水印即彩色 QR 码扫描识别，通过扫码 10 次的识别成功率对所提取水印进行评价，其中 8 次及以上识别成功即作为 100%[3]。

17.3 本章小结

本章主要概述了数字水印技术和彩色 QR 码的基本理论，数字水印技术从其基本原理、主要分类和属性以及主要评价指标进行了阐述，QR 码理论基础则介绍了 QR 码的基本原理以及 QR 码的主要特性，同时阐述了将彩色 QR 码作为水印应用到数字水印系统的优势以及对其鲁棒性评价的方法。

参考文献：

[1] 魏代海，王晓红，刘玄玄．一种强鲁棒性的彩色图像数字水印技术 [J]. 包装工程，2016 (9)：124–128.
[2] 雷蕾．基于变换域的数字图像水印算法研究 [D]. 长春：吉林大学，2013.
[3] 王云晓．基于变换域的鲁棒图像水印算法研究 [D]. 秦皇岛：燕山大学，2011.
[4] 赵红，王丽萍，温文雅，等．基于DWT 及 DCT 的数字图像水印综述 [J]. 微计算机应用，2008 (1)：1–5.
[5] 常敏，卢超，蒋明，等．数字图像水印综述 [J]. 计算机应用研究，2003 (10)：1– 3+12.
[6] Chen C H, Tang Y L, Wang C P, et al. A Robust Watermarking Algrithm Based on Salient Image Features[J]. Optik, 2014, 125 (3) : 1134–1140.
[7] 李传目，洪联系，万春．基于 SIFT 特征点和交比值的水印图像抗攻击算法 [J]. 光电子·激光，2009, 20 (6)：802–806.
[8] 于海娇，孙刘杰，李毓彬，等．基于 QR 码的 DWT–SVD 数字水印算法 [J]. 包装工程，2015, 23: 125–129+154.
[9] Sandra C, Boris R, Marco M. Robust watermark technique using masking and Hermite transform[J]. SpringerPlus, 2016, 5 (1) .
[10] Zhou W, Bovik A C, Sheikh H R. Image quality assessment: from error visibility to structural similarity[J]. IEEE Trans on Image Processing, 2004, 13 (4) : 600–612.
[11] Unno H, Yamkun R, Bunport C, et al. A new displaying technology for information hiding using temporally brightness modulated pattern[J]. IEEE Transactions on Industry Applications, 2017, 53 (1) : 596–601.
[12] 王晓红，魏代海，刘玄玄，等．一种彩色 QR 码嵌入彩色图像的数字水印技术 [J]. 光电子·激光，2016 (10)：1094–1100.
[13] Sun M, Si J, Zhang S. Research on embedding and extracting methods for digital watermarks applied to QR code images[J]. New Zealand Journal of Agricultural Research. 2007, 50 (5) : 861–867.
[14] 薛青晨，吴丹，陈大庆，等．基于 DWT–SVD 和 QR 码的抗几何攻击数字水印技术 [J]. 包装工程，2016 (11)：158–163.

第18章 基于彩色QR码和DWT-SVD技术的双彩色盲水印算法

数字水印技术中嵌入信息量、不可见性和抗攻击能力一直处于相互矛盾中，如何在同时提高中保持较好的平衡至关重要。然而现有水印技术还存在许多不足，如2013年Chunhua Li等提出的基于DCT变换的盲水印技术，具有较好的抗JPEG压缩能力，但其不抵抗几何攻击；2014年Ye Xueyi等提出的基于Zernike矩的盲水印技术，虽具有较好的抗旋转和JPEG压缩能力，但抗噪能力较差，仅能抵抗0.003强度的高斯噪声和椒盐噪声；2015年T. H. Nguyen等提出的基于DWT-SVD的数字水印技术，虽然具有较高安全性和强鲁棒性，但其属于非盲水印，在实际运用中具有一定的局限性；2016年刘英提出了基于Contourlet变换和QR分解的鲁棒性盲数字水印算法，抗JPEG压缩能力较强，但抗噪能力和抗几何攻击能力较差。

为了更好地贴合实际需求，同时解决现有盲水印算法普遍偏重解决某一攻击类型而不兼顾的问题，在第17章的理论研究基础上，本章提出了一种基于彩色QR码和DWT-SVD技术的双彩色盲水印算法。基于彩色QR码作为水印在数字水印系统中的优势，通过将彩色载体图像分通道进行小波变换及4×4分块SVD分解，然后将携带信息的彩色QR码作为水印分通道嵌入彩色载体图像U矩阵稳定的系数差中。

18.1 DWT离散小波变换

18.1.1 DWT变换基础理论知识

离散小波变换（Discrete Wavelet Transform，DWT）作为由空间域信号转换到频率域信号的信号处理技术，其使得图像分析、压缩和传输更加容易，在图像分析与处理等领域具有广泛的应用价值[1]。

1987年，首次证明小波是一种全新且有效的信号处理和分析方法，称为多分辨率理论的基础（Mallat, 1987）。1988年，Mallat提出多分辨度分析理论，将金字塔编码、子带编码和哈尔变换结合到了一起。

Haar 小波基作为最常用的小波函数，其是唯一不连续但又对称正交的小波函数[2]，其定义如下：

$$\psi(t)=\begin{cases}1 & 0\leqslant t<1/2\\ -1 & 1/2\leqslant t<1\\ 0 & \text{others}\end{cases} \tag{18-1}$$

图像作为二维离散信号，需要二维尺度函数 $\varphi(x, y)$ 和三个二维小波 $\psi(x, y)^H$、$\psi(x, y)^V$、$\psi(x, y)^D$。其均是两个一维函数的乘积，可分离的尺度函数和三个可分离的“方向敏感”小波具体公式分别如下所示[3]。

$$\varphi(x, y)=\varphi(x)\varphi(y) \tag{18-2}$$

$$\psi(x, y)^H=\psi(x)\varphi(y) \tag{18-3}$$

$$\psi(x, y)^V=\varphi(x)\psi(y) \tag{18-4}$$

$$\psi(x, y)^D=\psi(x)\psi(y) \tag{18-5}$$

其中，ψ^H 响应列方向的变化，ψ^V 度量行方向的变化，$\psi(x, y)^D$ 则表征对角线方向的变化。图像经小波变换分解过程示意图及图像 Lena 经小波分解后的效果如图 18-1、图 18-2 所示。

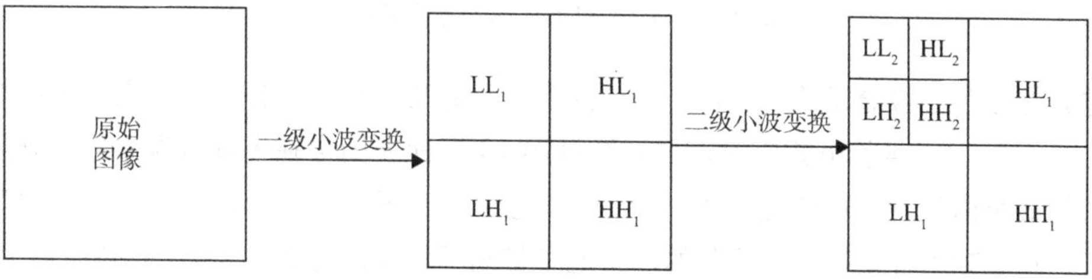

图 18-1　图像二级离散小波分解示意

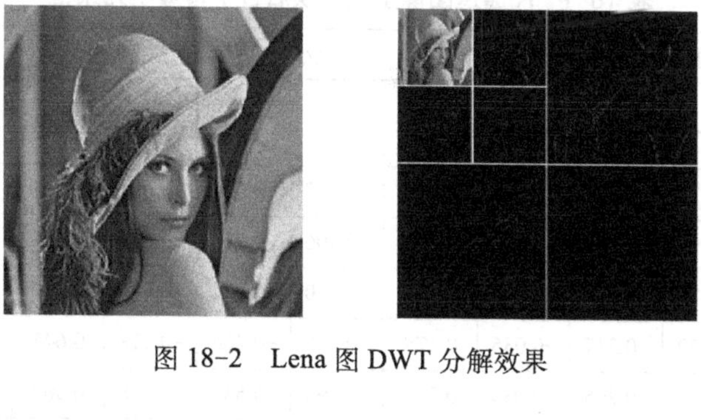

图 18-2　Lena 图 DWT 分解效果

小波变换因其更符合 HVS（Human Visual System）特性，从而在数字水印中得到广泛应用。灰度图像经过 DWT 可分解为四个子带[4]，分别是 LL（低频子带）、HL（水平中频子带）、LH（垂直中频子带）、HH（高频子带），多级分解在上级低频子带的基础上再次分解。其中，在低频子带嵌入水印，虽然抗攻击能力较强， 但不可感知性较差；在高频子带嵌入水印虽然提高了不可见性，但鲁棒性会变差。

18.1.2 图像子带系数特征研究

为了统计分析图像经离散小波变换后各自子系数的特点，本文选取了 CVG-UGR 图像库的 10 幅图像进行小波变换，图像大小为 24 位 2048×2048 像素（对于 512×512 像素大小的图像，可在 Matlab 中使用 Imresize 函数调整），实验图像如图 18-3 所示。

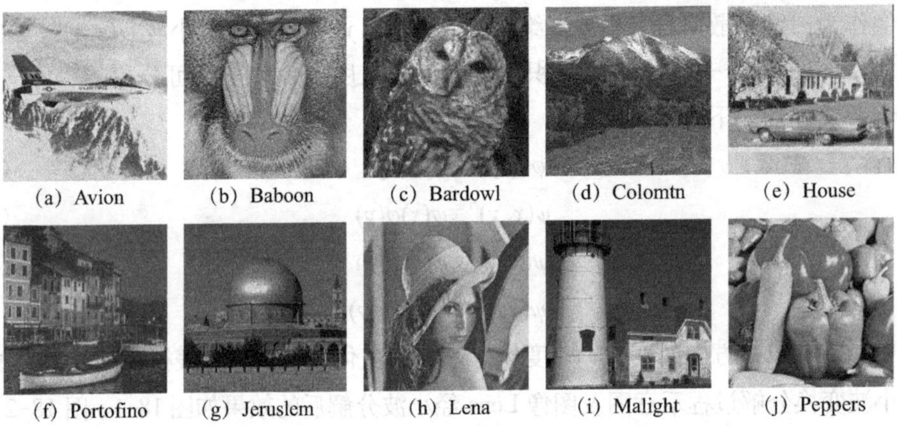

(a) Avion (b) Baboon (c) Bardowl (d) Colomtn (e) House (f) Portofino (g) Jeruslem (h) Lena (i) Malight (j) Peppers

图 18-3 CVG-UGR 图像库实验图像

首先将彩色图像分解为 R、G、B 三通道灰度图像，其次对各通道每幅灰度图像进行一级、二级和三级离散小波变换，最后统计出 10 幅标准图像在不同等级 DWT 分解后子带系数的最小值发现：彩色图像 R、G、B 三通道灰度图像经一级、二级和三级离散小波变换后，其低频子带元素都是非负的，其他子带则不具有此特点。表 18-1 列出了 10 幅图像 R 通道各级小波变换后各子带元素的最小值，可发现各级低频子带元素均是非负的。

表 18-1 R 通道图像小波变换后各子带最小元素值

图像	一级小波变换				二级小波变换				三级小波变换			
Sub-band	LL_1	HL_1	LH_1	HH_1	LL_2	HL_2	LH_2	HH_2	LL_3	HL_3	LH_3	HH_3
Avion	0.088	−0.131	−0.112	−0.014	0.357	−0.337	−0.331	−0.061	0.771	−1.556	−1.277	−0.473
Baboon	0	−0.190	−0.157	−0.029	0.127	−0.406	−0.377	−0.087	0.405	−2.140	−1.517	−0.926
Bardowl	0	−0.229	−0.210	−0.209	0.031	−0.450	−0.421	−0.085	0.107	−2.465	−2.355	−0.902
Colomtn	0	−0.222	−0.237	−0.035	0.178	−0.480	−0.466	−0.118	0.645	−2.458	−2.075	−1.100
House	0	−0.251	−0.298	−0.039	0.216	−0.494	−0.537	−0.088	0.562	−2.856	−2.253	−1.293
Jeruslem	0	−0.167	−0.198	−0.022	0.001	−0.397	−0.498	−0.063	0.075	−1.563	−1.565	−0.565
Lena	0.420	−0.067	−0.094	−0.012	0.844	−0.216	−0.302	−0.045	1.849	−0.789	−1.216	−0.342
Malight	0	−0.155	−0.147	−0.024	0.001	−0.398	−0.400	−0.070	0.209	−1.590	−1.803	−0.627
Peppers	0	−0.180	−0.204	−0.018	0.092	−0.371	−0.427	−0.059	0.382	−1.897	−2.535	−0.536
Portofino	0.051	−0.128	−0.137	−0.016	0.218	−0.324	−0.334	−0.049	0.653	−1.076	−1.585	−0.434

该特性的存在为某些空间域算法在频率域实施创造了条件，再结合频率域水印图像鲁棒性强的特点，可有效提高优化现有算法，从而进一步提升水印算法的不可见性和鲁棒性。

18.2 SVD 奇异值分解

18.2.1 SVD 分解基础理论知识

奇异值分解（Singular Value Decomposition，SVD）是一种能够将矩阵对角化的矩阵变换方式，变换后的对角矩阵表征了其本身的数据特性和结构，基于此可将其应用到图像压缩、模式识别等方向[5～7]。图像作为一种特殊的非负矩阵，设对于大小为 $m \times n$ 的图像矩阵 X，其奇异值分解可相应表示为公式（18-6）：

$$X=USV^T \tag{18-6}$$

其中，矩阵 U 和 V 代表 X 的正交特征向量，矩阵 S 是奇异的对角矩阵，而且对角元素满足 $\lambda_1 \geqslant \lambda_2 \geqslant \cdots \geqslant \lambda_r \geqslant \lambda_{r+1}=\cdots=\lambda_n=0$。对于一个像素大小为 4×4 的矩阵 X，其具体的 SVD 分解可表示如下：

$$X=\begin{bmatrix} x_1 & x_2 & x_3 & x_4 \\ x_5 & x_6 & x_7 & x_8 \\ x_9 & x_{10} & x_{11} & x_{12} \\ x_{13} & x_{14} & x_{15} & x_{16} \end{bmatrix}=\begin{bmatrix} u_1 & u_2 & u_3 & u_4 \\ u_5 & u_6 & u_7 & u_8 \\ u_9 & u_{10} & u_{11} & u_{12} \\ u_{13} & u_{14} & u_{15} & u_{16} \end{bmatrix}\times\begin{bmatrix} \lambda_1 & 0 & 0 & 0 \\ 0 & \lambda_2 & 0 & 0 \\ 0 & 0 & \lambda_3 & 0 \\ 0 & 0 & 0 & \lambda_4 \end{bmatrix}\times\begin{bmatrix} v_1 & v_2 & v_3 & v_4 \\ v_5 & v_6 & v_7 & v_8 \\ v_9 & v_{10} & v_{11} & v_{12} \\ v_{13} & v_{14} & v_{15} & v_{16} \end{bmatrix}^T \tag{18-7}$$

奇异值分解不仅对方阵有效，而且适用于非方阵，应用范围更广。当图像遭受攻击时，对奇异值的影响较小，为水印图像嵌入提供了条件，具有较好的鲁棒性。但基于 SVD 分解的某些水印算法存在着虚警率的问题，这是因为这些水印算法均是仅把水印信息嵌入到奇异值对角矩阵中，但不同的图像又可以有相同的奇异值对角矩阵[8, 9]，所以造成了水印提取时会产生虚警率问题。

研究还发现，SVD 分解后的 U 矩阵还具有以下特征：从一个数字图像中获得 4×4 像素块矩阵（数字图像像素具有非负性且相邻元素具有很高的相似性）进行 SVD 分解，其矩阵中第二行第一列元素 u_5 和第三行第一列元素 u_9 的值相差甚小[8]，可以基于此特性实现水印的嵌入和盲提取功能。

18.2.2 彩色图像分通道 SVD 分解 U 矩阵系数特征研究

在现有研究的基础上，本文进一步研究发现：图像经三级小波变换后，基于三级低频子带进行 4×4 非重叠分块 SVD 分解，U 矩阵中第二行第一列系数和第三行第一列系数的差值具有很强的稳定性，即便在图像遭受常见的攻击时，对各子块 U 矩阵中两元素差值影响较小。

为验证在常规攻击的情况下其差值稳定性的强弱，基于每一块 U 矩阵中第二行第一列元素和第三行第一列元素两元素的差值 $\Delta t=\mu_5-\mu_9$ 按原有序列组成差值矩阵，如对于 100×100 的图像矩阵，对其进行 4×4 非重叠分块 SVD 分解后计算每一子块两元素的差值 $\Delta t=\mu_5-\mu_9$ 并重组，将得到 25×25 大小的差值矩阵 Z_1。在图像遭受常规攻击后，重复操作得到差值矩阵 Z_2，为描述攻击前后差值矩阵的变化幅度，本章利用归一化 NC 值计算攻击前后差值矩阵的稳定性，NC 值计算公式如下：

$$\mathrm{NC}=\frac{\sum_{x=1}^{M}\sum_{y=1}^{N}Z(x,y)Z'(x,y)}{\sum_{x=1}^{M}\sum_{y=1}^{N}Z(x,y)Z(x,y)} \tag{18-8}$$

实验图像选用 CVG–UGR 图像库随机的 10 幅图像，图像大小为 24 位 2048× 2048 像素，对于 512×512 像素大小的图像，可在 Matlab 中使用 Imresize 函数重设大小；攻击类型选择常见的噪声攻击、滤波攻击以及几何攻击；针对本文采用的为彩色图像，NC 值取图像各 R、G、B 三通道 NC 值的均值，计算得出各攻击类型下所有图像 NC 值的均值，具体的实验结果如表 18–2 所示。

表 18–2 不同攻击类型下各图像差值矩阵的 NC 值

图像	高斯噪声	椒盐噪声	斑纹噪声	均值滤波	中值滤波	高斯低通滤波	JPEG 压缩	裁切
参数	0.001	0.01	0.1	3×3	3×3	—	50	1/4
Lena	0.9996	0.9858	0.9659	0.9890	0.9956	0.9974	0.9943	0.8551
Peppers	0.8444	0.9041	0.9908	0.9938	0.9963	0.9986	0.9113	0.7712
Baboon	0.9853	0.9837	0.9883	0.9782	0.9909	0.9936	0.9919	0.6198
Avion	0.9994	0.9905	0.9605	0.9873	0.9969	0.9971	0.9979	0.5307
House	0.9989	0.9857	0.9746	0.9903	0.9965	0.9984	0.9932	0.7931
Bardowl	0.9823	0.9703	0.9931	0.9897	0.9949	0.9981	0.9949	0.6463
Colomtn	0.9984	0.9801	0.9856	0.9764	0.9859	0.9933	0.9967	0.7693
Jeruslem	0.9899	0.9761	0.9992	0.9867	0.9927	0.9972	0.9969	0.9071
Malight	0.9901	0.9748	0.9798	0.9853	0.9932	0.9965	0.9873	0.6465
Portofino	0.9999	0.9847	0.9817	0.9876	0.9952	0.9977	0.9913	0.7384
Average	0.9788	0.9736	0.9820	0.9864	0.9938	0.9968	0.9856	0.7278

由表 18–2 可见，即便是在遭受攻击的情况下，差值矩阵之间的 NC 值大部分均在 0.95 以上，表明图像经三级小波变换并基于三级低频子带 4×4 非重叠分块 Schur 分解后，U 矩阵中（2,1）和（3,1）坐标系数的差值 $\Delta t=\mu_5-\mu_9$ 或其组成的差值矩阵 ΔZ 具有很强的稳定性，因此，基于此特性，本章将其应用到水印的嵌入与盲提取中。

18.3 基于 DWT-SVD 技术的双彩色盲水印算法

18.3.1 水印嵌入算法

本文选取像素大小为 2048×2048 的彩色图像 Lena 作为载体图像（或者选取 512×512 像素大小载体图像，程序中可利用 Imresize 重设大小，实验表明其对实验结果影响较小），纠错等级为 H、版权信息为 USST 的彩色 QR 码作为水印，水印像素大小为 64×64，具体的嵌入过程如图 18-4 所示。

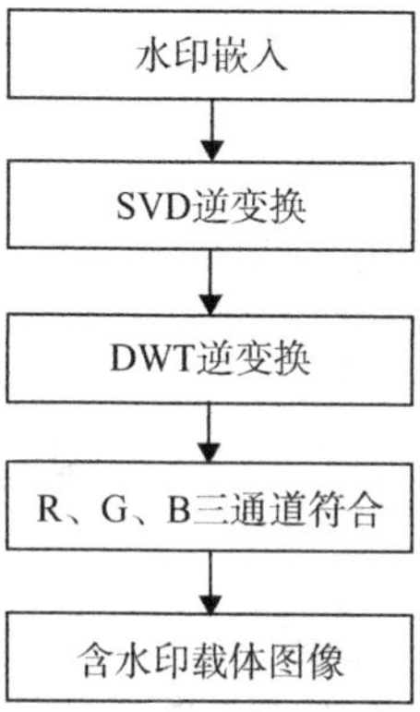

图 18-4 水印嵌入流程图

（1）提取载体图像 RGB 颜色模式下各分量灰度图并分别进行三级小波变换，小波基为 Haar。

（2）对步骤 1）获得的三级低频子带分块 SVD 分解 [3]。将低频子带划分成 4×4 的非重叠块，对每一块低频子带 $CA_{i,j}$ 执行 SVD 分解，获得每块的 $U_{i,j}$ 矩阵。

（3）提取彩色 QR 码水印图像在 RGB 颜色模式下 R、G、B 分量灰度图并分别进行 Arnold 置乱 [9]，基于公式（18-9）将置乱后的各通道归一化。

$$W'_{i,j}=W_{i,j}/255 \tag{18-9}$$

（4）根据公式（18-9）获得 $W'_{i,j}$ 对应的二值矩阵 $E_{i,j}$。

$$\begin{cases} E_{i,j}=1, W'_{i,j}\geqslant 0.5 \\ E_{i,j}=0, W'_{i,j}<0.5 \end{cases} \tag{18-10}$$

（5）嵌入水印信息。t 为调节因子即嵌入强度，基于公式（3-11）（3-12）将步骤 3）得到的归一化的各通道水印信息 $W'_{i,j}$ 依次嵌入到步骤 2）得到的对应通道的每一块 $U_{i,j}$ 矩阵中。

$$\text{if } E_{i,j}=1, \begin{cases} u'_{2,1}=sign(u_{2,1})\times(U_{avg}-\frac{t}{2}\times W'_{i,j}) \\ u'_{3,1}=sign(u_{3,1})\times(U_{avg}+\frac{t}{2}\times W'_{i,j}) \end{cases} \tag{18-11}$$

$$\text{if } E_{i,j}=0,\begin{cases} u'_{2,1}=sign(u_{2,1})\times(U_{avg}+\frac{t}{2}\times W'_{i,j}) \\ u'_{3,1}=sign(u_{3,1})\times(U_{avg}-\frac{t}{2}\times W'_{i,j}) \end{cases} \tag{18-12}$$

其中，$u_{2,1}$ 和 $u_{3,1}$ 分为 $U_{i,j}$ 矩阵中第一列第二行的元素和第一列第三行的元素，$sign(u_{2,1})$ 表示 $u_{2,1}$ 的符号，U_{avg}=($|u_{2,1}|+|u_{3,1}|$)÷2，$|u_{2,1}|$ 表示 $u_{2,1}$ 的绝对值。

（6）通过 SVD 逆变换和三级 DWT 逆变换得到各通道信息，再将 R、G、B 三通道信息融合得到含水印彩色载体图像。

18.3.2 水印提取算法

水印提取流程如图 18-5 所示。

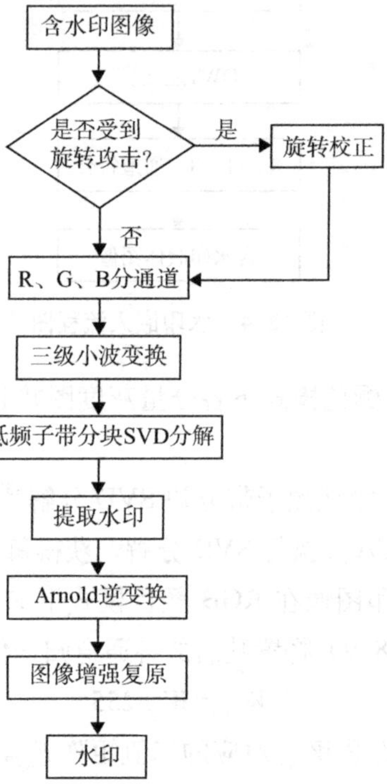

图 18-5 水印提取流程图

（1）首先判断含水印图像是否受到旋转攻击，如是则进行旋转校正，校正后进入步骤（2），旋转校正方法在步骤（4）中介绍。

（2）提取含水印图像 R、G、B 各通道灰度图像进行分块 SVD 分解得到各通道每块的 $U'_{i,j}$ 矩阵。

（3）根据 $U'_{i,j}$ 矩阵的（2,1）和（3,1）坐标系数 $u'_{2,1}$ 和 $u'_{3,1}$ 提取各通道水印信息 [3]，同时得到各通道对应每块 $U_{i,j}$ 矩阵 $u'_{2,1}$ 和 $u'_{3,1}$ 大小关系的二值矩阵 $E'_{i,j}$，提取公式（18-13）和（18-14）如下。

$$\text{if } \left|u'_{3,1}\right| \geqslant \left|u'_{2,1}\right|, \begin{cases} E'_{i,j} = 1 \\ W''_{i,j} = \left(\left|u'_{3,1}\right| - \left|u'_{2,1}\right|\right) \div t \end{cases} \tag{18-13}$$

$$\text{if } \left|u'_{3,1}\right| < \left|u'_{2,1}\right|, \begin{cases} E'_{i,j} = 0 \\ W''_{i,j} = \left(\left|u'_{2,1}\right| - \left|u'_{3,1}\right|\right) \div t \end{cases} \tag{18-14}$$

其中，t 作为调节因子，$W''_{i,j}$ 为提取的单通道水印信息。

（4）旋转倾斜校正。若含水印彩色载体图像遭到旋转攻击，借助 Radon 变换对 R 通道进行倾斜校正，然后对其进行 0°、90°、180°、270° 旋转得到各自对应的 $E'_{i,j}$ 和 $W''_{i,j}$，取一定 i，j 范围 [本章选取 $i, j \in$（1,16）] 按公式（18-10）对其分别进行审核，正确点最多所对应的状态即为原载体图像的状态，由此进行二次旋转即可校正 [3]。

（5）将各通道得到的水印信息 $W'_{i,j}$ 进行反归一化和 Arnold 逆变换解密得到对应 R、G、B 通道的初始水印，并对各通道通过自适应中值滤波处理获得增强水印，将增强后各通道水印合并成最终彩色水印。

18.4 实验结果与分析

为了验证算法的不可见性和鲁棒性，本章在 64 位 Window7 操作系统下使用 Matlab2014a 进行仿真实验。选取像素大小为 2048×2048 的彩色图像 Lena、Peppers 为载体图像，采用像素大小为 64×64、纠错级别 H、扫描信息为 USST 的彩色 QR 码作为水印，具体如图 18-6 所示。

（a）彩色载体图像Lena （b）彩色载体图像Peppers （c）彩色水印图像（彩色QR码）

图 18-6 彩色载体图像和彩色水印图像

水印算法的性能主要在于其不可感知性和鲁棒性。针对本章算法载体图像为彩色，不可感知性方面在采用改进 PSNR 的基础上，借助 Wang 等人提出的结构相似性理论（SSIM）进行同时评价。SSIM 取值范围在 0 和 1 之间，越接近 1 表明图像损坏越小，水印的安全性也就越高；鲁棒性方面，则采取上文提到过的对 QR 码的识别成功率对所提取水印进行评价。

18.4.1 不可见性分析

在初始条件 $t=0.05$ 且未受攻击的情况下，通过对载体图像 Lena、Peppers 嵌入水印并提取得到图 18-7 含水印载体图像和所提取水印，测得其 SSIM 值分别达到 0.9706、0.9876，PSNR 为 38.56、39.31，水印的解码率均达到 100%，表明本章算法的不可见性和水印提取效果均较好。

(a) 含水印载体图像Lena　(b) Lena所提取的水印

(c) 含水印载体图像Peppers　(d) Peppers所提取的水印

图 18-7　含水印载体图像和所提取的水印图像

18.4.2 鲁棒性分析

鲁棒性是衡量水印算法最重要的指标之一，算法抵抗常规攻击的能力越强，算法的鲁棒性越好。常见的攻击类型包括噪声攻击、滤波攻击、JPEG 压缩攻击、旋转裁切攻击等，然而现有水印算法只能较好地抵抗其中一种或几种攻击类型，往往不能全面均衡地对所有攻击有较好的鲁棒性，尤其是旋转裁切等几何攻击。因此，在保证不可见性达到要求的情况下，人们急需提高水印算法的鲁棒性，从而更好地运用到实际生活中。为评估本文算法的鲁棒性，通过对含水印载体图像进行常规攻击并提取水印统计其识别率，以此来验证本文算法的抗攻击能力，具体的实验内容和结果如下。

（1）噪声攻击实验。

为了测试本文算法的抗噪性能，对载体图像进行各种噪声攻击，并提取水印计算识别率。常见的噪声类型有：椒盐噪声、泊松噪声、高斯噪声、斑纹噪声等。在常规噪声强度下实验结果如图 18-8 所示，罗列了常规噪声攻击下的彩色载体图像及对应所提取出的水印；表 18-3 则列举了本章算法具体可抵抗的噪声强度以及所提取水印即 QR 码的识别率。

由表 18-3 可知，本章算法能够抵抗 0.05 强度的高斯噪声、0.1 强度的椒盐噪声和 0.15 强度的斑纹噪声，相比现有文献本章所提算法的抗噪能力实现了有效提升。

（a）高斯噪声（0.01）

（b）椒盐噪声（0.01）

（c）斑纹噪声（0.01）

（d）泊松噪声

图 18-8　常见噪声攻击下的彩色载体图像和对应提取的彩色 QR 图像（彩图 20）

表 18-3　噪声攻击实验

攻击类型	Lena	Peppers
高斯噪声 (0.001)	100%	100%
高斯噪声 (0.01)	100%	100%
高斯噪声 (0.05)	70%	100%
椒盐噪声 (0.01)	100%	100%
椒盐噪声 (0.1)	100%	100%
斑纹噪声 (0.01)	100%	100%
斑纹噪声 (0.15)	100%	100%
泊松噪声	100%	100%

（2）滤波攻击实验。

常见的滤波攻击类型有均值滤波、中值滤波和高斯低通滤波等，对含水印载体图像进行滤波攻击，测试算法的抗攻击能力。图 18-9 列举了滤波攻击下的彩色载体图像以及对应提取到的彩色 QR 码。

经实验验证，彩色载体图像在遭受常规滤波攻击后，进行水印提取，所获得的彩色 QR 码的识别率均高达 100%，可见本章算法对常见的滤波攻击具有较好的鲁棒性。

(a) 均值滤波（3×3）

(b) 中值滤波（3×3）

(c) 高斯低通滤波

图 18-9　不同滤波攻击下的彩色载体图像和对应提取的彩色水印图像（彩图 21）

（3）JPEG 压缩攻击实验。

本章通过测试在不同程度 JPEG 压缩攻击下所提取水印的识别率，来检验算法在 JPEG 压缩方面的抵抗能力，实验结果如图 18-10 所示，展示了不同压缩因子下提取水印的效果。

(a) PEG压缩（90）

(b) JPEG压缩（50）

(c) JPEG压缩（20）

(d) JPEG压缩（11）

图 18-10　不同程度 JPEG 压缩攻击下的载体图像和对应提取的水印图像（彩图 22）

由图 18-10 可见，随着 JPEG 压缩因子的不断降低，压缩强度不断增大，水印提取效果随之变差，经扫描识别得证：本算法在保证识别率 100% 的情况下，可抵抗压缩因子为 11 的 JPEG 压缩攻击，表明本文算法具有极好的抗 JPEG 压缩攻击能力，可以较好地应用在实际生活中。

（4）旋转和裁切攻击实验。

旋转和裁切作为常见的几何攻击，一直是检验算法抗几何攻击能力的重要指标。但现有算法，特别是盲水印算法，还极少能够同时抵抗任意角度的旋转攻击和裁切攻击，所以，可抵抗几何攻击的盲水印算法也是近年来研究的一大热点。本章通过对含水印载体图像进行任意角度的旋转或者裁切攻击后，提取水印并识别来验证本章算法的抗几何攻击能力，部分实验结果如图 18-11 所示。

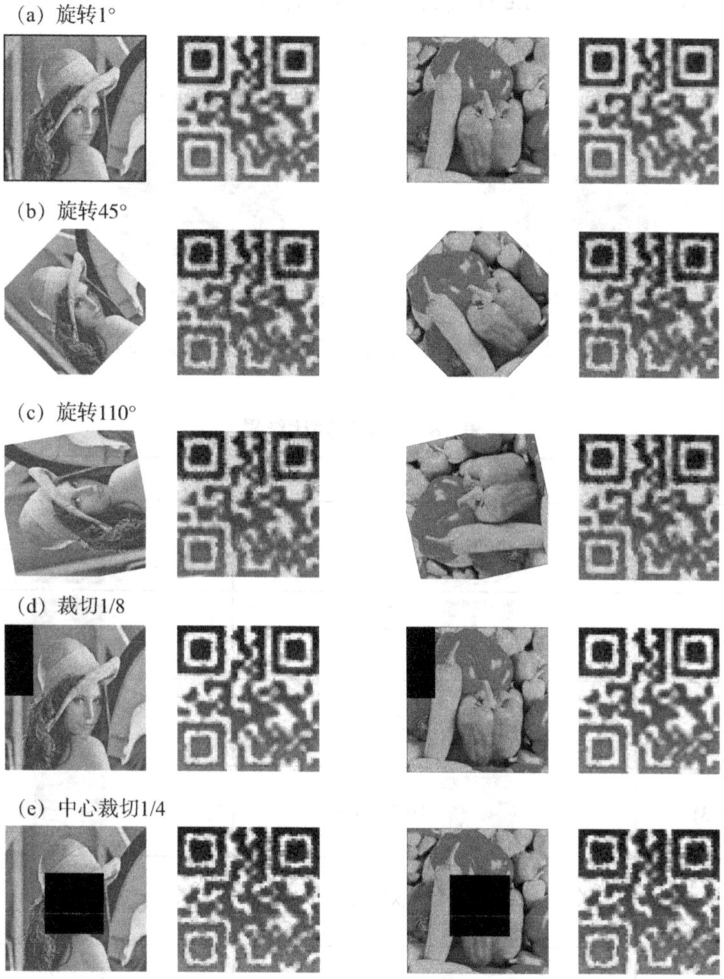

图 18-11　几何攻击下的彩色载体图像和对应提取的彩色 QR 码（彩图 23）

仿真实验表明，本章算法能够抵抗任意角度的旋转攻击以及 1/4 的裁切，且所提取的水印即 QR 码的识别率均高达 100%，表明所提出的算法抗几何攻击能力较强。相比于现有基于 QR 码的算法，本章算法能够在几何攻击下保证 100% 的识别率，算法性能得到极大提升。

（5）算法对比。

虽然本章首次将彩色 QR 码作为水印嵌入彩色载体图像实现盲水印，但为了与现有双彩色盲水印算法相比较，验证本算法在双彩色盲水印层面的优劣，本章通过将现有双彩色盲水印算法使用的彩色水印嵌入相同的彩色载体图像，然后进行攻击实验并获取水印，通过计算优化后的 NC 值对不同算法进行对比。公式如下：

$$\mathrm{NC}=\frac{\sum_{i=1}^{3}\sum_{x=1}^{P}\sum_{y=1}^{Q}(w(x,y,i)\times w'(x,y,i))}{\sqrt{\sum_{i=1}^{3}\sum_{x=1}^{P}\sum_{y=1}^{Q}[w(x,y,i)]^2}\sqrt{\sum_{i=1}^{3}\sum_{x=1}^{P}\sum_{y=1}^{Q}[w'(x,y,i)]^2}} \tag{18-15}$$

实验中彩色载体图像选用 Lena 图像，彩色水印图像为算法 [10] 共同采用的标致汽车的 logo，如图 18-12 所示，具体的实验对比结果如表 18-4 所示。

（a）彩色载体图像Lena （b）彩色水印图像——标致logo

图 18-12 彩色载体图像和彩色水印图像（彩图 24）

表 18-4 算法对比结果

攻击（参数）	算法 [11](NC)	本章算法 (NC)
旋转 (5°)	 (—)	 (0.99291)
裁切 (25%)	 (0.92970)	 (0.94285)
JPEG 压缩 (30)	 (0.78828)	 (0.97703)
中值滤波 (3—3)	 (0.71360)	 (0.99525)
高斯低通滤波	 (0.87810)	 (0.99591)
椒盐噪声 (0.1)	 (0.97300)	 (0.96060)
高斯噪声 (0.1)	 (0.95790)	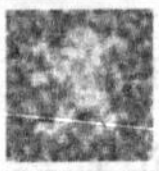 (0.91579)

由表 18-4 可见，相对文献算法 [11]，本算法在中值滤波、裁切、旋转、高斯低通滤波及 JPEG 压缩方面具有更强的抵抗能力。尤其是在旋转攻击方面，相对于文献算法 [11] 不能抵抗旋转攻击，本算法能够抵抗任意角度的旋转攻击，但是在噪声攻击方面本文算法还有待研究提高。

18.5 本章小结

本章在研究图像小波变换和奇异值分解特性的基础上，提出了一种基于 QR 码和 SVD 分解的双彩色盲水印算法。算法选取彩色 QR 码作为水印嵌入彩色载体图像中，通过对载体图像分通道进行小波变换和分块 SVD 分解，将置乱归一化后的水印信息嵌入载体图像对应通道的 U 矩阵稳定的系数差中。仿真实验表明算法在兼顾水印不可见性的同时，极大地提高了算法的鲁棒性，特别是几何攻击方面，本算法能够抵抗 1/4 的裁切以及任意角度的旋转攻击。同时，在各种攻击下提取水印，其识别率基本均达到 100%，且水印提取过程中不需要借助任何原载体图像数据，属于盲水印技术。因此，本文提出的数字水印技术在数字产品版权保护方面具有一定的实际应用价值。但同时算法也存在着时效性差以及抗裁切能力和抗噪能力有待提高的问题，下面将进一步提高算法的时效性及鲁棒性。

参考文献：

[1] 阮秋琦，阮宇智等．数字图像处理 [M]. 北京：电子工业出版社，2011: 289–290.

[2] 段晓杰．基于小波变换的数字水印算法及评价方法研究 [D]. 沈阳：辽宁大学，2015.

[3] 阮秋琦，阮宇智等．数字图像处理 [M]. 北京：电子工业出版社，2011:317-318.

[4] Li Y, Wei M, Zhang F, et al. A New Double Color Image Watermarking Algorithm Based on the SVD and Arnold Scrambling[J]. Journal of Applied Mathematics, 2016.

[5] Rania A G, Alaa M A, Nayel A Z, et al. Block-based SVD image watermarking in spatial and transform domains[J]. International Journal of Electronics, 2015, 102(7): 1091–1113.

[6] 刘丽，周亚建，张斌等．基于 DCT 和 SVD 的 QR 码数字水印算法 [J]. 红外与激光工程，2013, (S2):304-311.

[7] 王磊．基于 SVD 变换的数字水印算法研究 [D]. 合肥：合肥工业大学，2009.

[8] 陈伟琦，李倩．基于 DWT-SVD 的图像双零水印算法 [J]. 计算机工程与科学，2014, (10): 1991–1996.

[9] 肖亮，叶建兵，韦志辉．一类基于 SVD 的数字水印虚警分析与改进算法 [J]. 南京理工大学学报（自然科学版），2010 (02): 227–231.

[10] 王晓红，孙业强．基于 QR 码和 Schur 分解的感兴趣区域水印算法 [J]. 光电子·激光，2017, 28(04): 419–426.

[11] Jia S L. A novel blind color images watermarking based on SVD [J]. Optic- International Journal for Light and Electron Optics, 2014, 125(12): 2868–2874.

第19章 基于Schur分解的高效率强鲁棒性双彩色盲水印算法

第18章研究发现了图像经DWT变换和SVD分解后所具有的一些特性，并基于其U矩阵系数差的稳定性提出了一种双彩色盲水印算法，经仿真实验验证，其对于常规攻击具有较好的鲁棒性，同时也存在着时效性差及抗裁切能力有待提高的问题。基于此本章将在第18章研究的基础上，进一步探索提高算法时效性和抗裁切能力的方案。

本章重点探索研究Schur分解的理论，并统计分析了图像经DWT变换和Schur分解后U矩阵系数差的特点，发现其系数差的稳健性相比SVD分解后的系数差更强。同时，Schur分解相对SVD分解的时间复杂度不仅大大减少，而且Schur分解具有较好的缩放不变性，从而可以进一步提高算法的鲁棒性，因此本章提出了一种高效率的基于Schur分解的强鲁棒性双彩色盲水印技术，仿真实验表明，算法对常规攻击具有较好的鲁棒性，尤其在JPEG压缩及抗裁切攻击方面，相比第18章，本章算法的时效性和鲁棒性均有所提高。

19.1 Schur分解

19.1.1 Schur分解基础理论知识

Schur分解是一种与SVD分解类似的典型的酉相似变换，但相对于SVD分解的时间复杂度O（11N3），Schur分解的时间复杂度仅为O（8N3/3）[1]。对于任意矩阵$X\in C^{N\times N}$，存在酉矩阵$U\in C^{N\times N}$，使得

$$X=URU^{T} \tag{19-1}$$

式中，R是对角线上为X特征值的上三角矩阵，U^{T}为矩阵U的转置矩阵。

Schur分解具有很多特性，如缩放不变性、子空间不变性等，这些特性均对水印算法的鲁棒性具有一定的提升作用。

19.1.2 彩色图像分通道Schur分解后U矩阵系数特点研究

基于第18章的研究，本章将进一步研究图像经DWT变换和Schur分解后酉矩阵的系数特性，为此，本章随机替换选取了CVG-UGR图像库的10幅图像进行实验。图像如图19-1所示。

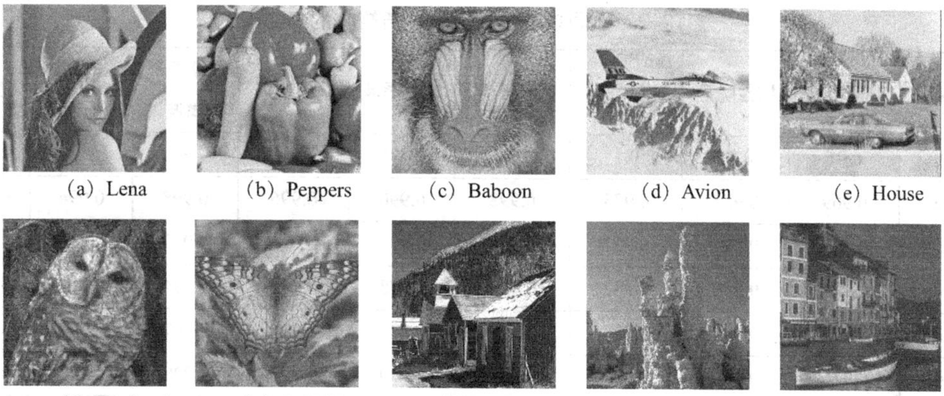

(a) Lena (b) Peppers (c) Baboon (d) Avion (e) House

(f) Bardowl (g) Butrfly1 (h) St_elmo (i) Monolake (j) Portofino

图 19-1 CVG-UGR 图像库实验图像

同第 18 章一样，首先将彩色图像分解为 R、G、B 三通道灰度图像，其次对各通道每幅灰度图像进行一级、二级和三级离散小波变换，最后统计出 10 幅标准图像经不同等级 DWT 变换后各子带系数的最小值，如表 19-1 所示。

表 19-1 G 通道图像小波变换后各子带最小元素值

图像	一级小波变换				二级小波变换				三级小波变换			
子带	LL_1	HL_1	LH_1	HH_1	LL_2	HL_2	LH_2	HH_2	LL_3	HL_3	LH_3	HH_3
Lena	0	-0.100	-0.153	-0.018	0.041	-0.304	-0.408	-0.074	0.128	-1.175	-0.195	-0.591
Peppers	0	-0.239	-0.228	-0.024	0	-0.494	-0.488	-0.086	0	-2.889	-2.846	-0.719
Baboon	0	-0.202	-0.168	-0.031	0.040	-0.428	-0.394	-0.094	0.238	-2.319	-1.804	-0.970
Avion	0	-0.141	-0.239	-0.031	0.017	-0.376	-0.486	-0.075	0.104	-1.537	-2.851	-1.173
House	0	-0.126	-0.236	-0.028	0.024	-0.320	-0.494	-0.065	0.147	-1.368	-2.914	-1.046
Bardowl	0	-0.228	-0.214	-0.031	0.245	-0.416	-0.426	-0.084	0.505	-2.420	-2.414	-0.832
Butrflyl	0.129	-0.161	-0.129	-0.026	0.491	-0.354	-0.306	-0.083	1.004	-1.859	-1.506	-0.776
St_elmo	0	-0.288	-0.280	-0.055	0	-0.585	-0.578	-0.163	0.039	-3.076	-3.012	-1.302
Monolake	0.010	-0.253	-0.241	-0.045	0.125	-0.506	-0.540	-0.138	0.335	-2.256	-2.558	-1.371
Portofino	0.029	-0.124	-0.153	-0.022	0.240	-0.315	-0.365	-0.067	0.573	-1.089	-1.656	-0.595

由表 19-1 发现，彩色图像 R、G、B 三通道灰度图像经一级、二级和三级 DWT 变换后，其低频子带元素都是非负的，因此可以基于此特性在低频进行 Schur 分解探讨酉矩阵系数差特点。

利用归一化 NC 值计算攻击前后差值矩阵$\Delta t=\mu_5-\mu_9$的稳定性，攻击类型仍选择常见的噪声攻击、滤波攻击以及几何攻击；NC 值取图像各通道 NC 值的均值，并计算得出各攻击类型下所有图像 NC 值的均值，图像经 DWT 变换和 Schur 分解后其酉矩阵两元素u_5、u_9差组成的差值矩阵遭受攻击后的稳定性实验结果如表 19-2 所示。

表 19-2　不同攻击下各图像差值矩阵的 NC 值

图像	高斯噪声	椒盐噪声	斑纹噪声	泊松噪声	均值滤波	中值滤波	高斯低通滤波	JPEG 压缩	裁切
参数	0.01	0.01	0.1	—	3×3	3×3	—	50	1/4
Lena	0.969	0.985	0.973	0.998	0.990	0.996	0.998	0.994	0.855
Peppers	0.713	0.895	0.992	0.998	0.994	0.996	0.999	0.896	0.855
Baboon	0.984	0.986	0.987	0.999	0.978	0.991	0.994	0.992	0.626
Avion	0.991	0.990	0.957	0.999	0.987	0.997	0.997	0.999	0.527
House	0.975	0.984	0.975	0.999	0.990	0.997	0.998	0.993	0.792
Bardowl	0.890	0.965	0.994	0.999	0.990	0.995	0.998	0.993	0.645
Colomtn	0.962	0.875	0.891	0.901	0.958	0.957	0.977	0.896	0.847
Jeruslem	0.977	0.973	0.980	0.987	0.977	0.983	0.994	0.985	0.657
Malight	0.862	0.891	0.883	0.905	0.920	0.899	0.970	0.902	0.905
Portofino	0.986	0.986	0.982	0.999	0.988	0.995	0.998	0.990	0.739
均值	0.931	0.953	0.961	0.976	0.977	0.980	0.992	0.964	0.745

由表 19-2 可见，即便是在遭受攻击的情况下，差值矩阵之间的 NC 值大部分均在 0.9 以上，表明图像经三级小波变换并基于三级低频子带 4×4 非重叠分块 Schur 分解，U 矩阵中坐标为（2，1）和（3，1）两系数差值具有很强的稳定性，因此，本章基于此特征进行水印的嵌入与盲提取。

19.2　基于 QR 码和 Schur 分解技术的双彩色盲水印算法

19.2.1　水印嵌入算法

（1）水印图像预处理。提取水印即彩色 QR 码在 RGB 颜色模式下分通道灰度图并分别进行 Arnold 置乱，基于公式（19-2）将置乱后的各通道归一化；并根据公式（19-3）得到各通道对应归一化后矩阵 $W'_{i,j}$ 的二值矩阵 $E_{i,j}$。

$$W'_{i,j}=W_{i,j}/255 \tag{19-2}$$

$$\begin{cases} E_{i,j}=1, W_{i,j}'\geqslant 0.5 \\ E_{i,j}=0, W_{i,j}'<0.5 \end{cases} \tag{19-3}$$

（2）载体图像预处理。提取载体图像 RGB 颜色模式下 R、G、B 分量灰度图并分别进行三级离散小波变换，小波基为 Haar；然后将三级低频子带划分成 4×4 的非重叠块，对每一子块 $CA_{i,j}$ 进行 Schur 分解获得每块的 $U_{i,j}$ 矩阵。基于 QR 码和 Schur 分解技术的双彩色盲水印算法实现过程见图 19-2。

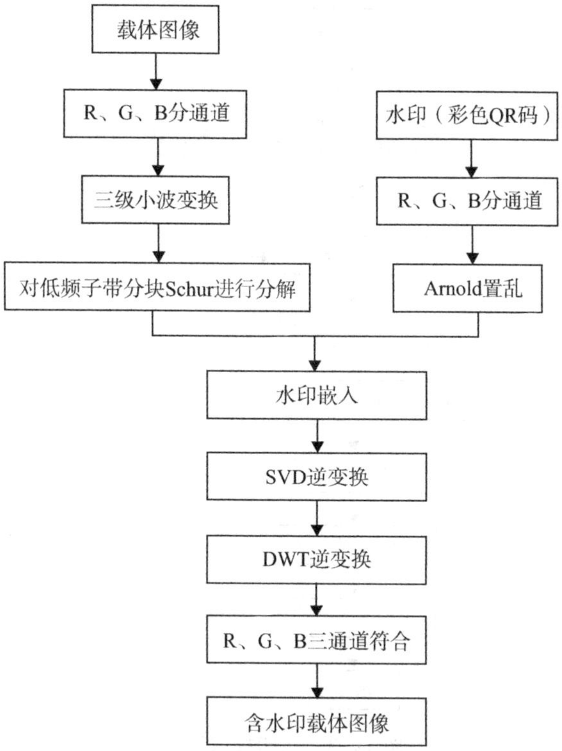

图 19-2　水印嵌入流程

（3）嵌入水印信息。基于公式（19-4）、公式（19-5）将步骤（1）获得的归一化的各通道水印信息 $W'_{i,j}$ 依次嵌入对应通道的各块 $U_{i,j}$ 矩阵中 [2]。

$$\begin{cases} u_{2,1}' = sign(u_{2,1}) \times (U_{avg} - \frac{t}{2} \times W_{i,j}') \\ u_{3,1}' = sign(u_{3,1}) \times (U_{avg} + \frac{t}{2} \times W_{i,j}') \end{cases} \tag{19-4}$$

$$\begin{cases} u_{2,1}' = sign(u_{2,1}) \times (U_{avg} + \frac{t}{2} \times W_{i,j}') \\ u_{3,1}' = sign(u_{3,1}) \times (U_{avg} - \frac{t}{2} \times W_{i,j}') \end{cases} \tag{19-5}$$

其中，$u_{2,1}$ 和 $u_{3,1}$ 是 $U_{i,j}$ 矩阵中坐标（2，1）和（3，1）的系数，$sign(u_{2,1})$ 表示 $u_{2,1}$ 的符号，$U_{avg}=(|u_{2,1}|+|u_{3,1}|)\div 2$，$|u_{2,1}|$ 表示 $u_{2,1}$ 的绝对值。

（4）复合得到含水印载体图像。通过 Schur 逆变换和三级 DWT 逆变换得到含水印信息的载体图像分通道，再将 R、G、B 分通道复合得到最终的含水印彩色载体图像。

19.2.2　水印提取算法

（1）首先判定含水印图像是否遭受旋转攻击，如是则对其进行旋转校正，校正后继续提取，具体的校正方法将在步骤（4）中进行介绍。水印提取流程见图 19-3。

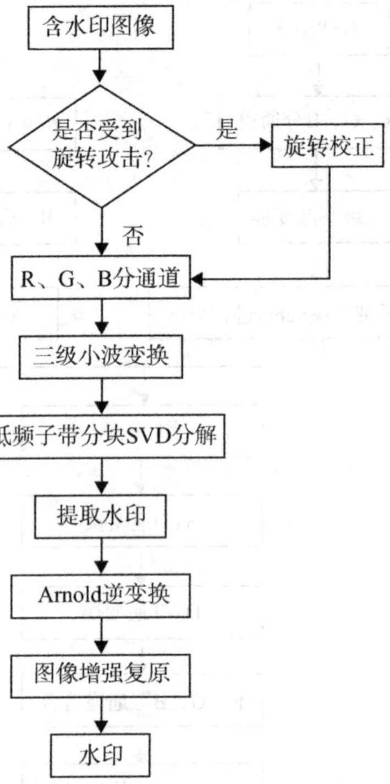

图 19-3 水印提取流程

（2）提取含水印载体图像各通道灰度图像，并进行三级离散小波变换；然后对三级低频子带分块 Schur 分解得到各通道每块的 $U'_{i,j}$ 矩阵。

（3）根据各块 $U'_{i,j}$ 矩阵坐标（2，1）和（3，1）系数 $u'_{2,1}$ 和 $u'_{3,1}$ 获取各通道水印信息，并根据 $u'_{2,1}$ 和 $u'_{3,1}$ 大小关系生成对应的二值矩阵 $E'_{i,j}$，公式如下：

$$\text{if } |u_{3,1}'| \geqslant |u_{2,1}'|, \begin{cases} E_{i,j}' = 1 \\ W_{i,j}'' = (|u_{3,1}'| - |u_{2,1}'|) \div t \end{cases} \tag{19-6}$$

$$\text{if } |u_{3,1}'| < |u_{2,1}'|, \begin{cases} E_{i,j}' = 0 \\ W_{i,j}'' = (|u_{2,1}'| - |u_{3,1}'|) \div t \end{cases} \tag{19-7}$$

其中，t 为嵌入强度，$W''_{i,j}$ 为提取的单通道水印信息。

（4）旋转倾斜校正。若彩色载体图像遭受旋转攻击，对 R 通道 Radon 变换实现倾斜校正，然后分别进行 0°、90°、180°、270° 旋转得到各自对应的 $E''_{i,j}$ 和 $W''_{i,j}$，取一定 i，j 范围 [本章选取 $i, j \in (1,16)$] 按公式（19-3）对其分别进行审核[2]，匹配数目最多的所对应的状态即为原载体图像的状态，由此进行二次旋转即可校正。

（5）将各通道得到的水印信息 $W'_{i,j}$ 进行反归一化和 Arnold 逆变换解密得到对应 R、G、B 通道的初步水印，并分别对其进行自适应中值滤波处理从而获得最终增强后的水印，将增强后各通道水印合并成最终彩色水印。

19.3 实验结果与分析

为了验证算法的有效性，借助 Matlab2014a 做仿真实验，电脑操作系统为 64 位 Window7，处理器 Intel（R）Core（TM）i5-4200MCPU@2.50GHz，RAM 为 4.00GB。载体图像选用 24 位 2048×2048 像素大小的 Lena 和 Peppers，算法也支持选用其他尺寸的图像然后在程序使用 imresize 函数重设大小，水印为 24 位 64×64 像素大小具有阶调变换的彩色 QR 码，其携带的字符信息是“USST”，纠错等级为 H。图 19-4 列出了采用的载体图像和水印图像。

（a）彩色载体图像Lena （b）彩色载体图像Peppers （c）彩色水印图像（彩色QR码）

图 19-4 实验所用载体图像和水印图像

19.3.1 不可见性分析

鉴于鲁棒性和不可感知性之间的矛盾关系，本文综合考虑选择嵌入强度 t=0.05 进行实验。对原始彩色载体图像 Lena、Peppers 嵌入彩色水印，在未遭受任何攻击的情况下，提取获得图 19-5 所示的含水印彩色载体图像以及提取的彩色水印，测得其 SSIM 值分别达到 0.948948、0.976662，可见本章算法具有较好的不可见性，水印的解码率均为 100%，表明水印几乎没有失真，提取效果较好。

（a）含水印载体图像Lena （b）Lena所提取的水印

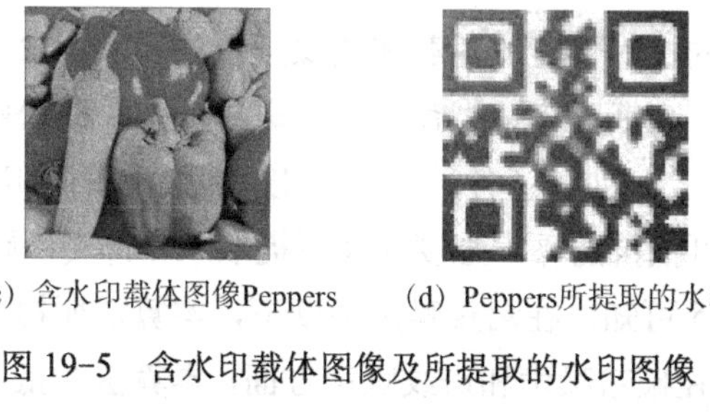

（c）含水印载体图像Peppers （d）Peppers所提取的水印

图 19-5 含水印载体图像及所提取的水印图像

19.3.2 鲁棒性分析

本章通过对含水印载体图像进行常规攻击，然后提取水印图像并利用微信客户端中的“扫一扫”对水印扫描识别，通过扫码 10 次的识别成功率对所提取水印进行评价。其中成功超过 8 次即认为识别成功率为 100%，扫码时保持手机正对显示大小为 4cm 左右的二维码并处于 80cm 距离左右处，根据环境条件（QR 码显示大小、环境亮度等）也可适当调节距离。最后，为与现有水印算法进行比对分析，本章通过选取对比算法的水印及载体图像进行嵌入和提取，并计算所获取水印的 NC 值，以此来衡量本章算法相比现有算法的优劣。具体的实验内容如下。

（1）JPEG 压缩攻击实验。

JPEG 压缩是最常见的攻击类型之一，通过测试在不同程度 JPEG 压缩攻击下所提取水印的识别率，来检验算法在 JPEG 压缩方面的抵抗能力，实验结果如表 19-3 所示。

表 19-3　不同程度 JPEG 压缩攻击下提取的水印

攻击类型	参数	Lena（识别率）	Peooers（识别率）
JPEG 压缩	90	（100%）	（100%）
JPEG 压缩	50	（100%）	（100%）
JPEG 压缩	20	（100%）	（100%）
JPEG 压缩	10	（100%）	（80%）
JPEG 压缩	8	（30%）	（20%）

由表 19-3 可见，当压缩因子为 20 时，所提取水印即 QR 码的识别率仍高达 100%，所以本算法具有较强的抗 JPEG 压缩能力，可以广泛应用在实际生活中。

（2）噪声攻击实验。

为了测试本章算法的抗噪性能，对载体图像进行各种噪声攻击，并提取水印计算识别率。常见的噪声类型有：高斯噪声、椒盐噪声、斑纹噪声、泊松噪声等。在常规噪声强度下实验结果如表 19-4 所示，列举了各种噪声攻击下所提取的 QR 码及其识别率；表 19-5 则列举了本文算法具体可抵抗的噪声强度以及所提取水印即 QR 码的识别率。

由表 19-4 和表 19-5 可知，在常规噪声强度下，本算法所提取的水印即 QR 码的识别率均达到 100%，而且，在椒盐噪声和斑纹噪声方面，本算法的抵抗能力得到了较大提升，在保证识别率 100% 的情况下，分别能够抵抗 0.12 强度的椒盐噪声和 0.25 强度的斑纹噪声，表明本文算法在噪声攻击方面的鲁棒性得到了显著增强。

表 19-4 不同噪声攻击下提取的水印

噪声类型	参数	Lena（识别率）	Pepooers（识别率）
高斯噪声	0.01	（100%）	（100%）
椒盐噪声	0.01	（100%）	（100%）
斑纹噪声	0.01	（100%）	（100%）
泊松噪声	0.01	（100%）	（20%）

表 19-5 不同噪声强度攻击下提取的水印

攻击类型（参数）	Lena（识别率）	Peppers（识别率）
高斯噪声 (0.001)	100%	100%
高斯噪声 (0.04)	100%	100%
高斯噪声 (0.05)	30%	70%
椒盐噪声 (0.12)	100%	100%
椒盐噪声 (0.15)	40%	20%
斑纹噪声 (0.1)	100%	100%
斑纹噪声 (0.25)	100%	100%
斑纹噪声 (0.28)	10%	20%
泊松噪声	100%	100%

（3）滤波攻击实验。

对含水印彩色载体图像进行常规滤波攻击并提取水印识别，从而测试算法的抗攻击能力。表 19-6 列举了彩色载体图像在遭受常见滤波攻击后提取的彩色 QR 码以及对应的识别率，可见本算法具有极强的抗滤波攻击能力，在常见的滤波攻击下提取的水印即 QR 码的识别率均达到 100%。

（4）旋转裁切攻击实验。

抗旋转和裁切攻击一直是水印算法中的一大难点，如何解决算法的抗几何攻击能力尤其是抗旋转攻击能力，是数字水印的一大研究方向。但现有算法，特别是盲水印算法，还极少能够同时抵抗任意角度的旋转攻击和裁切攻击，所以，可抵抗几何攻击的盲水印算法也是近年来研究的一大热点。本章通过对含水印载体图像进行任意角度的旋转或者裁切攻击后，提取水印并识别来验证本章算法的抗几何攻击能力，实验结果如表 19-7 所示。

表 19-6 不同滤波攻击下提取的水印

攻击类型	参数	Lena（识别率）	Peooers（识别率）
均值滤波	38	（100%）	（100%）
均值滤波	58	（100%）	（100%）
中值滤波	38	（100%）	（100%）
中值滤波	58	（100%）	（100%）
高斯低通值滤波	—	（100%）	（100%）

表 19-7 几何攻击下提取的水印

噪声类型	参数	Lena（识别率）	Peooers（识别率）
旋转	1°	（100%）	（100%）
旋转	45°	（100%）	（100%）
旋转	110°	（100%）	（100%）
旋转	153°	（100%）	（100%）
旋转	225°	（100%）	（100%）
裁切	12.5°	（100%）	（100%）
裁切	左上角 25%	（100%）	（100%）
裁切	中心 25%	（100%）	（100%）
裁切	中心 35%	（70%）	（100%）

由表 19-7 可见，本算法可以抵御任何角度的旋转攻击，而且所提取彩色 QR 码的识别率均达到 100%。同时，还可抵抗最高 35% 的裁切攻击，所提取 QR 码的识别率也高达

100%，相比第 18 章基于 SVD 的算法，抗裁切能力有了一定的提升。在盲水印方面，尤其是双彩色水印算法，本章算法的抗旋转裁切能力相比现有算法有了较大提高。

（5）算法比对。

虽然本章较早将彩色 QR 码作为水印嵌入彩色载体图像实现盲水印，但为了与现有双彩色盲水印算法相比较，验证本算法在双彩色盲水印层面的优劣，本章通过将现有双彩色盲水印算法使用的彩色水印嵌入相同的载体图像，然后进行攻击实验并提取水印计算归一化相关系数值 NC 来进行算法优势的对比。NC 值计算公式如下：

$$\mathrm{NC}=\frac{\sum_{i=1}^{3}\sum_{x=1}^{P}\sum_{y=1}^{Q}(w(x,y,i)\times w'(x,y,i))}{\sqrt{\sum_{i=1}^{3}\sum_{x=1}^{P}\sum_{y=1}^{Q}[w(x,y,i)]^2}\sqrt{\sum_{i=1}^{3}\sum_{x=1}^{P}\sum_{y=1}^{Q}[w'(x,y,i)]^2}} \tag{19-8}$$

实验中采用的彩色载体图像为 Lena 图像，彩色水印图像为算法 [10] 和算法 [11] 共同采用的标致汽车的 logo，实验载体图像和水印图像如图 19-6 所示，具体的实验比对结果如表 19-8 所示。

（a）彩色载体图像Lena （b）彩色水印图像—标致logo

图 19-6 彩色载体图像及彩色水印图像

表 19-8 算法比对结果

攻击类型	算法 [10]（NC）	算法 [11]（NC）	本章算法（NC）
旋转（5°）	 （—）	 （—）	 （0.99322）
裁切（25%）	 （0.92970）	 （0.89679）	 （0.94296）
JPEG 压缩（30）	 （0.78828）	 （0.82130）	 （0.97607）
中值滤波（3×3）	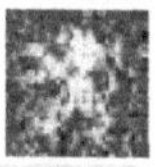 （0.71360）	 （0.54118）	 （0.99560）
高斯低通滤波	 （0.87810）	 （0.88517）	 （0.99642）
椒盐噪声（0.1）	 （0.97300）	 （0.80093）	 （0.95896）
高斯噪声（0.1）	 （0.95790）	 （0.96598）	 （0.91751）

由表 19-8 可见，相对算法 [3]、算法 [4], 本算法在滤波攻击方面的抵抗能力有了较大提升，NC 值均接近于 1；JEPG 压缩方面，30% 的强度下本算法提取的水印 NC 值达到了 0.976，而算法 [3] 仅为 0.788，算法 [4] 为 0.821；同时，本算法可以抵抗任意角度的旋转攻击且所提取水印的 NC 值高达 0.993，而算法 [3] 不抗旋转攻击，算法 [4] 所提取的水印也保持与受攻击载体图像相同的旋转角度；但在噪声攻击方面，本算法和现有算法保持同样的水平，还有待研究提高。总之，相比现有算法 [3] 和算法 [4]，本章算法的鲁棒性得到了较大提高，由于本章使用 QR 码作为水印，极大地扩展了版权加密信息的形式，提高了信息嵌入量和稳健性。

19.3.3 时效性分析

在实际生活应用中，现今大数据时代的到来，导致数据信息的处理和传输越来越繁重，人们对算法的时效性要求也越来越严格。算法的时效性越强，其优势也越大，对于水印算法而言，在其不可见性和鲁棒性都达到要求的情况下，水印算法本身的运算处理效率在实际应用中显得尤为重要。

为了提高算法的时效性，本章在第 18 章的基础上，探究了 Schur 分解的系数特性并基于其特性提出了双彩色盲水印算法。本章将通过对同一幅载体图像和水印图像，在实验环境相同的情况下验证基于 SVD 分解和本章基于 Schur 分解的两水印算法的时效性，并与算法 [13] 对比。载体图像选用像素大小为 24 位 512×512 像素大小的 Lena，算法也支持选用其他尺寸的图像然后在程序使用 imresize 函数重设大小，水印为 24 位 64×64 像素大小具有阶调变换的彩色 QR 码，其携带的字符信息是 USST，纠错等级为 H，实验图像如图 19-7 所示，具体的实验结果如表 19-9 所示。

(a) 彩色载体图像Lena

(b) 彩色水印图像（彩色QR码）

图 19-7 实验所用彩色载体图像和彩色水印图像

表 19-9 算法时效性比对结果

算法	算法 [3]	第 18 章（基于 SVD 分解）	第 19 章（基于 Schur 分解）
总时间 /s	9.026127	6.460151	4.855471

由表 19-9 可见，本算法相对算法 [10] 的时效性有了较大提升，同时本章基于 Schur 分解的水印算法在第 18 章基于 SVD 分解算法的基础上减少了约 1.6s。因此，本章提出的基于 Schur 分解的双彩色盲水印算法具有较好的时效性。

19.4 本章小结

本章在第 18 章的基础上，探索研究了图像经 DWT 变换和 Schur 分解后酉矩阵系数的特性，发现其 u_5 和 u_9 两系数差在图像遭受攻击后仍具有一定的稳定性，并基于此提出了一种高效率的基于 Schur 分解的强鲁棒性双彩色盲水印方法。通过将彩色 QR 码作为水印，嵌入到经小波变换和分块 Schur 分解后的彩色载体图像的系数差中，有效地提高了双彩色盲水印算法的鲁棒性，相比现有算法，抗 JPEG 压缩攻击和滤波攻击的能力得到了极大提高，尤其是具有抵抗任意旋转攻击的能力。随着 QR 码的广泛应用，将彩色 QR 码作为水印不仅有效地提高了算法的稳健性，而且在一定程度上增加了版权信息的嵌入形式和提取方法。实验结果表明，本算法在满足不可见性的同时极大地提高了双彩色盲水印的稳健性，相比第 18 章算法及现有算法，本章提出的双彩色盲水印算法的时效性也具有了较大提升，因此可以广泛应用在数字产品的版权保护中。

参考文献：

[1] Roya S, Palb A K. A blind DCT based color watermarking algorithm for embedding multiple watermarks[J]. AEU – International Journal of Electronics and Communications, 2017: 149–161.

[2] 王晓红，孙业强．基于 QR 码和 Schur 分解的感兴趣区域水印算法 [J]. 光电子 · 激光，2017, 28(04): 419–426.

[3] Jia S L. A novel blind color images watermarking based on SVD [J]. Optic– International Journal for Light and Electron Optics, 2014, 125 (12) : 2868–2874.

[4] Su Q T, Niu Y G, Liu X X, et al. Embedding color watermarks in color images based on Schur decomposition. Optics Communications, 2012, 285 (7) : 1792–1802.

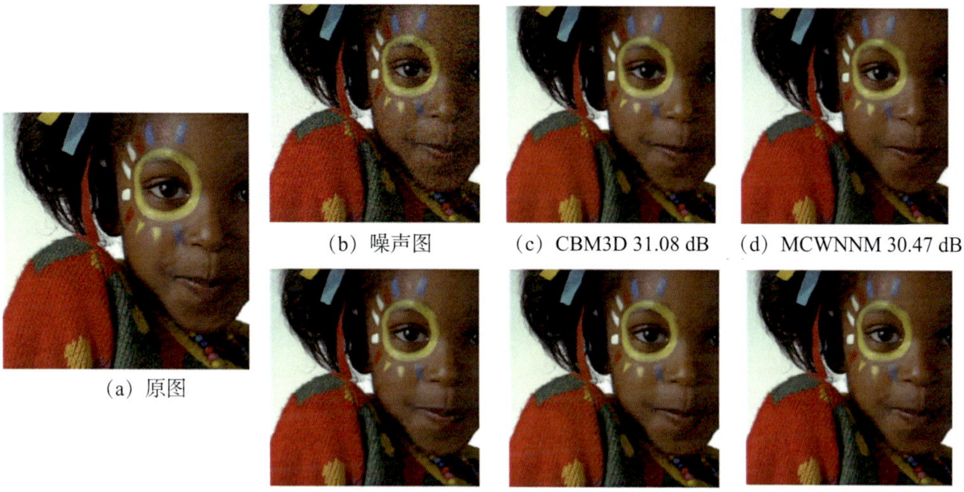

(a) 原图 (b) 噪声图 (c) CBM3D 31.08 dB (d) MCWNNM 30.47 dB (e) DnCNN 31.25 dB (f) FFDNet 31.27 dB (g) Joint 31.58 dB

彩图 1

(a) 原图 (b) 噪声图 (c) CBM3D 27.17 dB (d) MCWNNM 26.79 dB (e) DnCNN 27.66 dB (f) FFDNet 27.66 dB (g) Joint 28.01dB

彩图 2

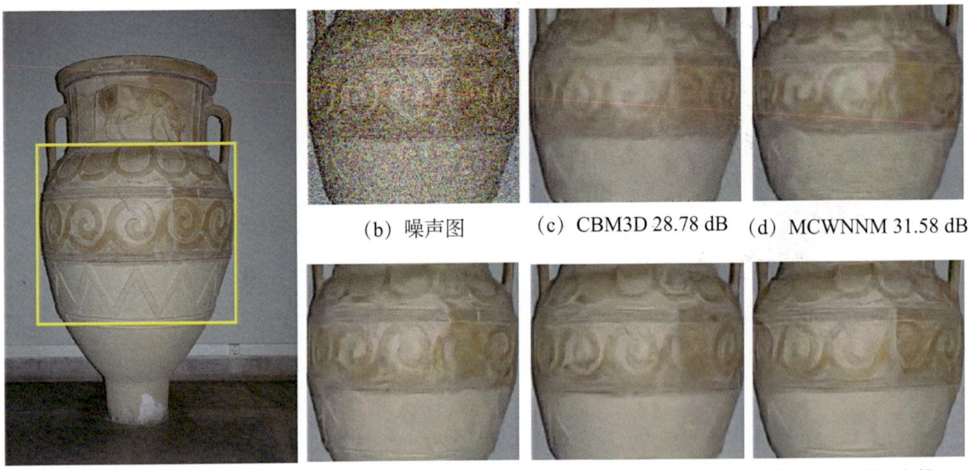

（a）原图 （b）噪声图 （c）CBM3D 28.78 dB （d）MCWNNM 31.58 dB （e）DnCNN 29.09 dB （f）FFDNet 29.13 dB （g）Joint 29.46 dB

彩图 3

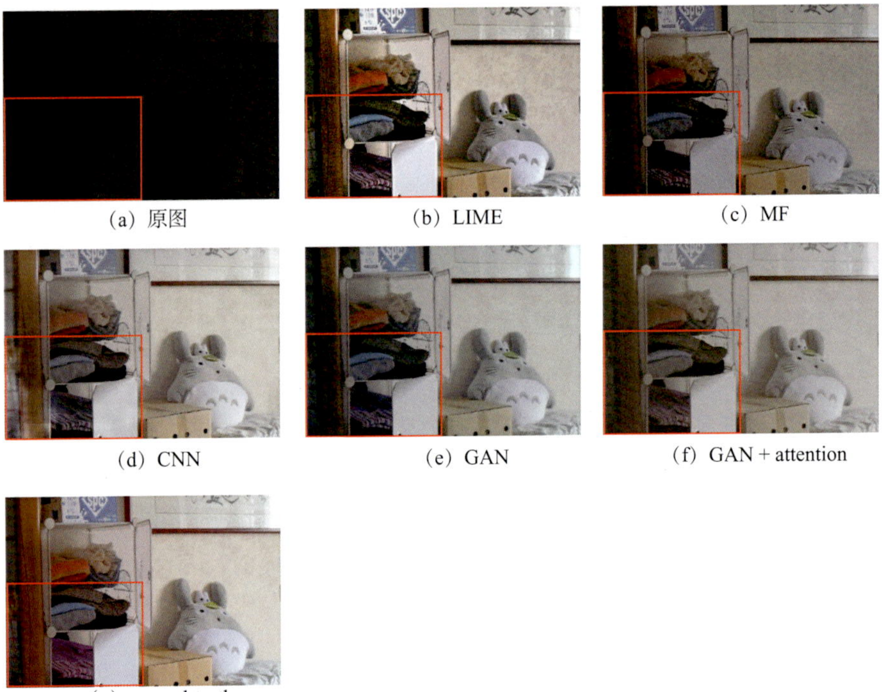

（a）原图 （b）LIME （c）MF （d）CNN （e）GAN （f）GAN + attention （g）ground-truth

彩图 4

(a) 原图　(b) LIME　(c) MF

(d) CNN　(e) GAN　(f) GAN+attention

(g) ground-truth

彩图 5

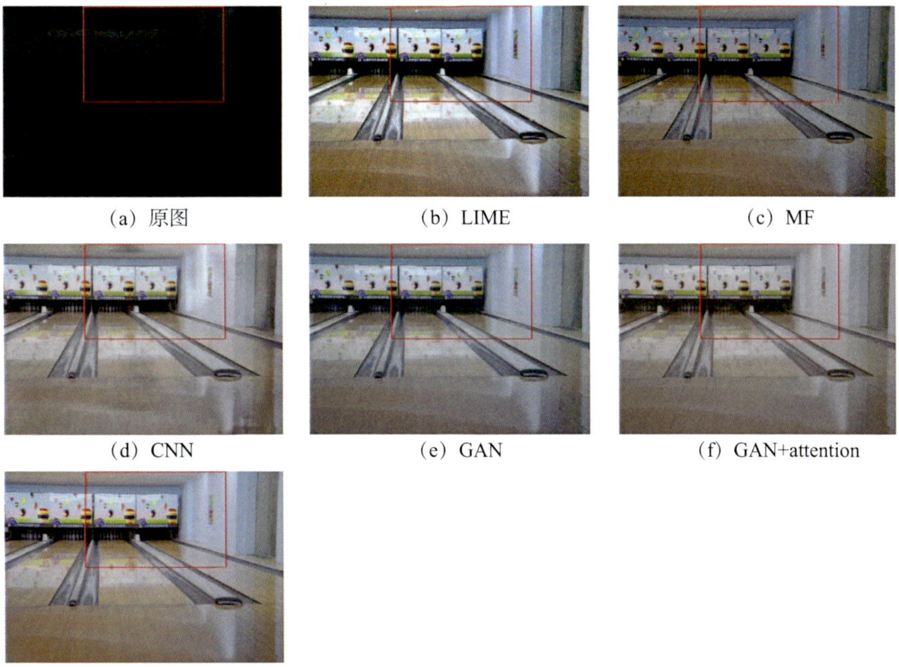

(a) 原图　(b) LIME　(c) MF

(d) CNN　(e) GAN　(f) GAN+attention

(g) ground-truth

彩图 6

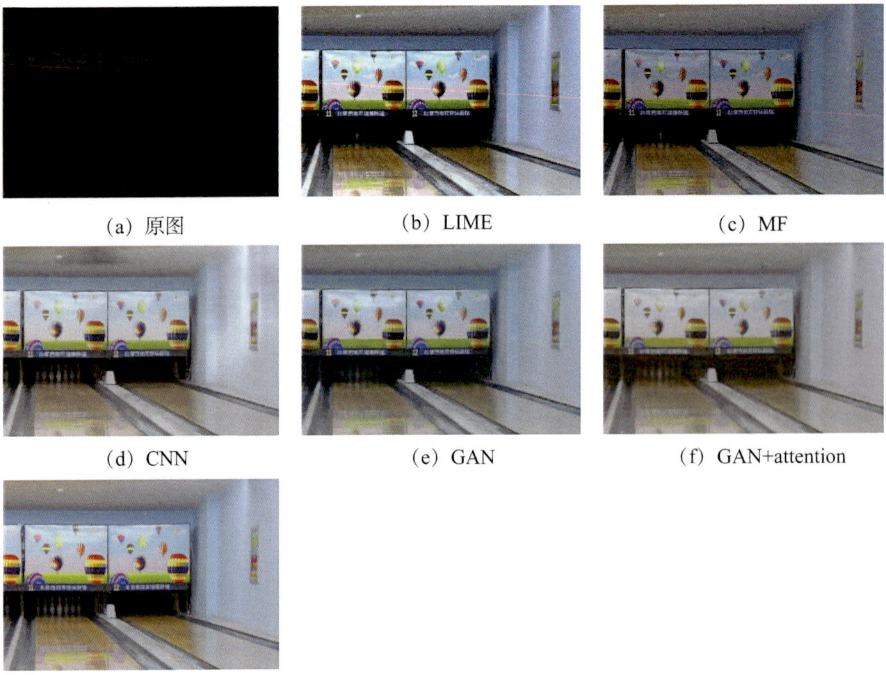

(a) 原图 (b) LIME (c) MF
(d) CNN (e) GAN (f) GAN+attention
(g) ground-truth

彩图 7

(a) 原图 (b) MSRCR (c) GAN
(d) GAN+ (e) GAN+原始比率 (f) proposed
(g) ground-truth

彩图 8

（a）原图 （b）MSRCR （c）GAN
（d）GAN+ （e）GAN+原始比率 （f）proposed
（g）ground-truth

彩图 9

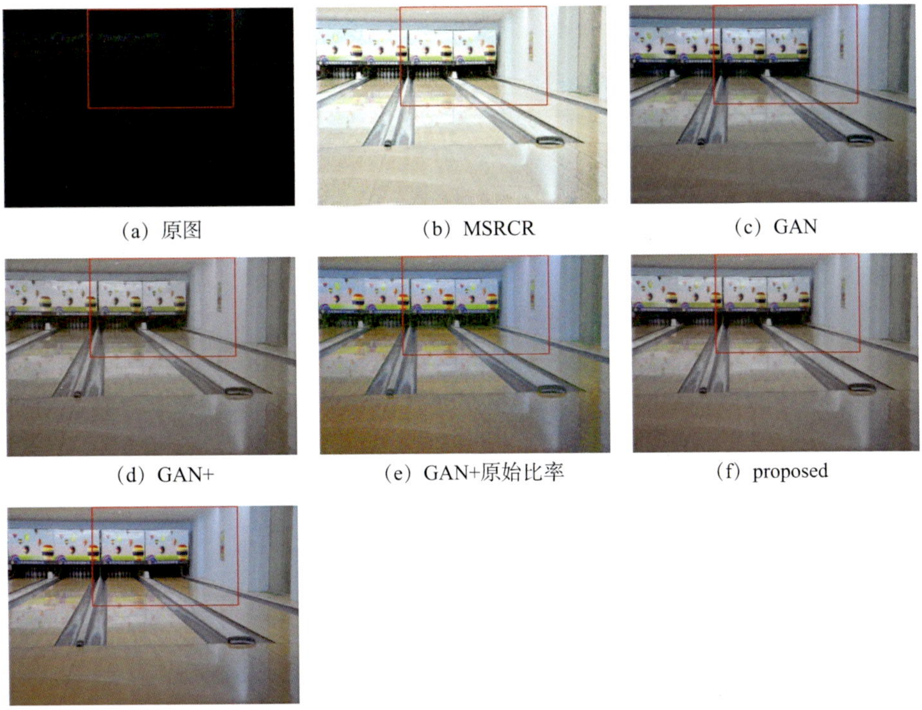

（a）原图 （b）MSRCR （c）GAN
（d）GAN+ （e）GAN+原始比率 （f）proposed
（g）ground-truth

彩图 10

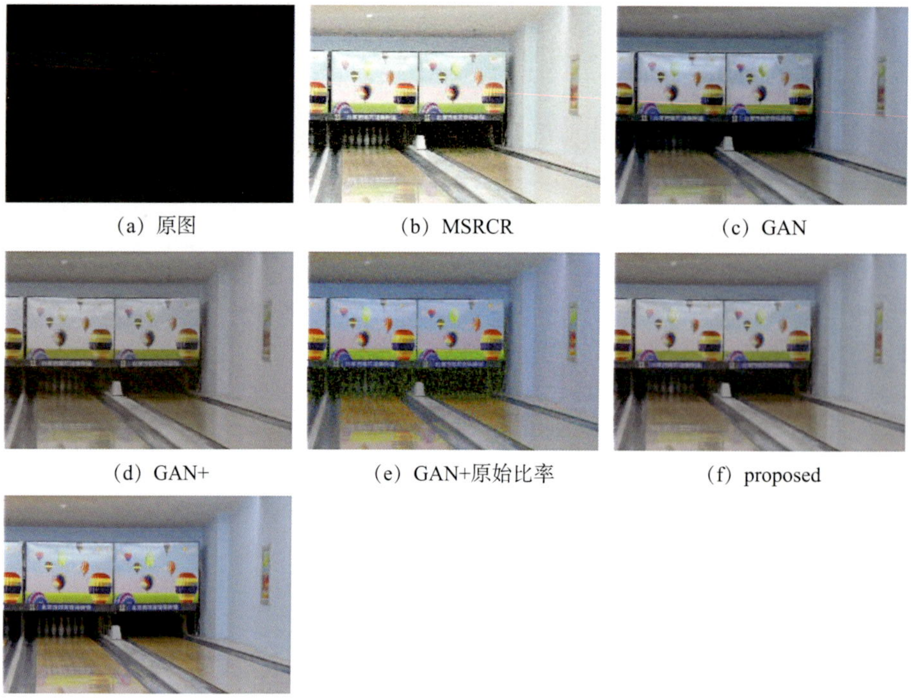

（a）原图 （b）MSRCR （c）GAN

（d）GAN+ （e）GAN+原始比率 （f）proposed

（g）ground-truth

彩图 11

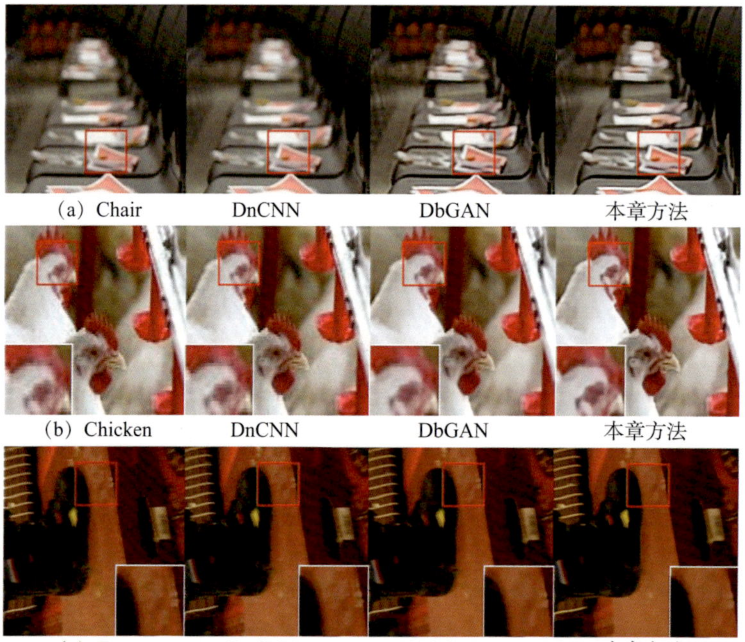

（a）Chair DnCNN DbGAN 本章方法

（b）Chicken DnCNN DbGAN 本章方法

（c）Foot DnCNN DbGAN 本章方法

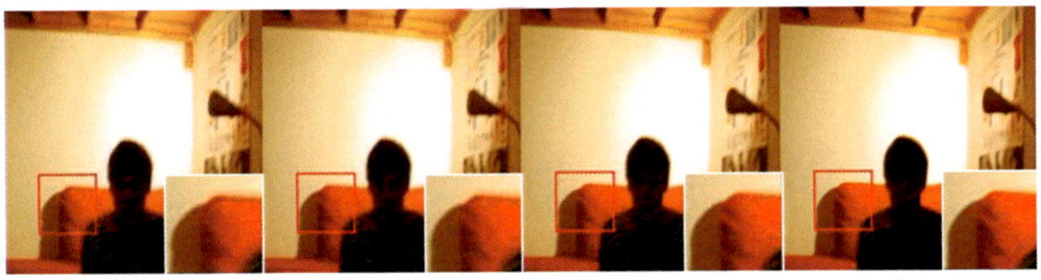

（d）Boy　　DnCNN　　DbGAN　　本章方法

彩图 12

（a）Chair 原图　　增强图　　（b）Chicken原图　　增强图

（c）Foot原图　　增强图　　（d）Boy原图　　增强图

彩图 13

（a）Chair 原图　　增强图　　（b）Chicken原图　　增强图

（c）Foot原图　　增强图　　（d）Boy原图　　增强图

彩图 14

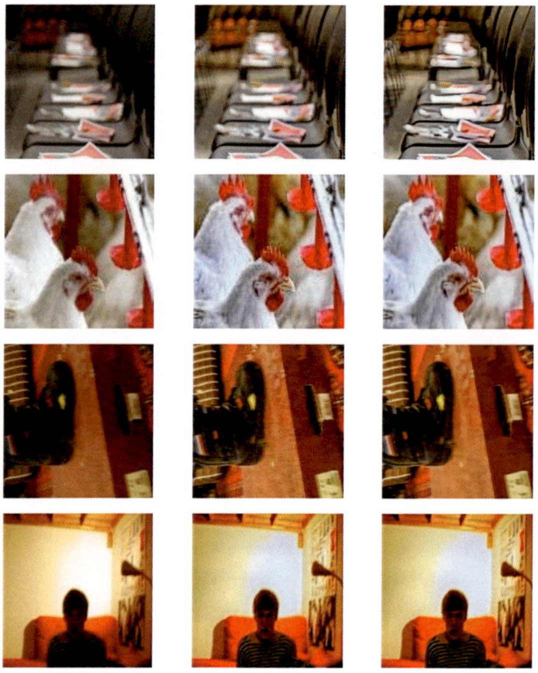

原图　　亮度/颜色增强　　噪声/模糊增强

彩图 15

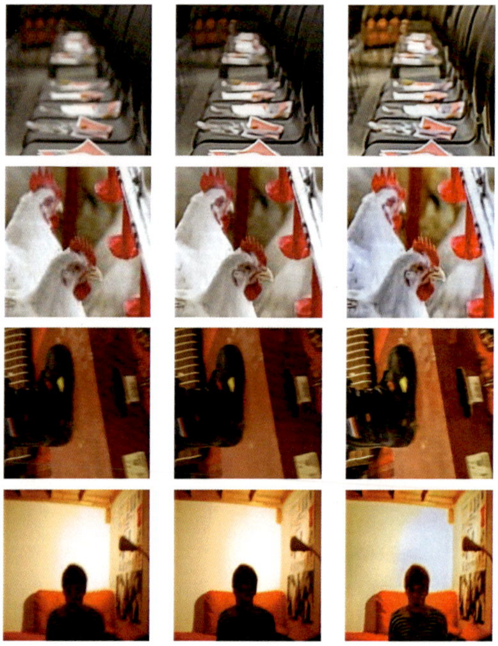

原图　　噪声/模糊增强　　亮度/颜色增强

彩图 16

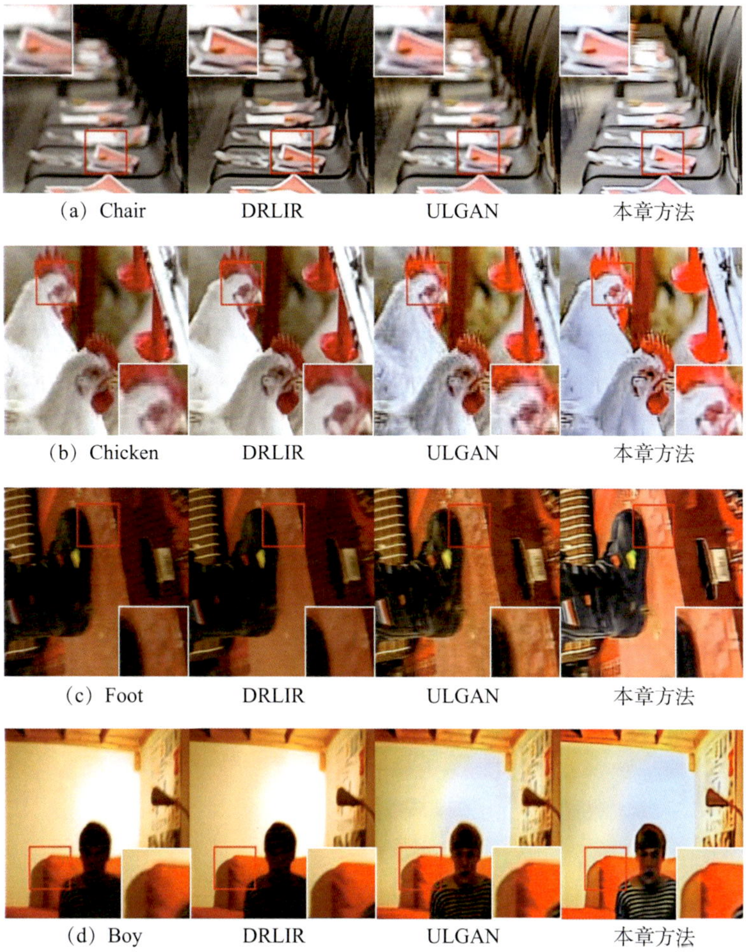
(a) Chair
DRLIR
ULGAN
本章方法
(b) Chicken
DRLIR
ULGAN
本章方法
(c) Foot
DRLIR
ULGAN
本章方法
(d) Boy
DRLIR
ULGAN
本章方法

彩图 17

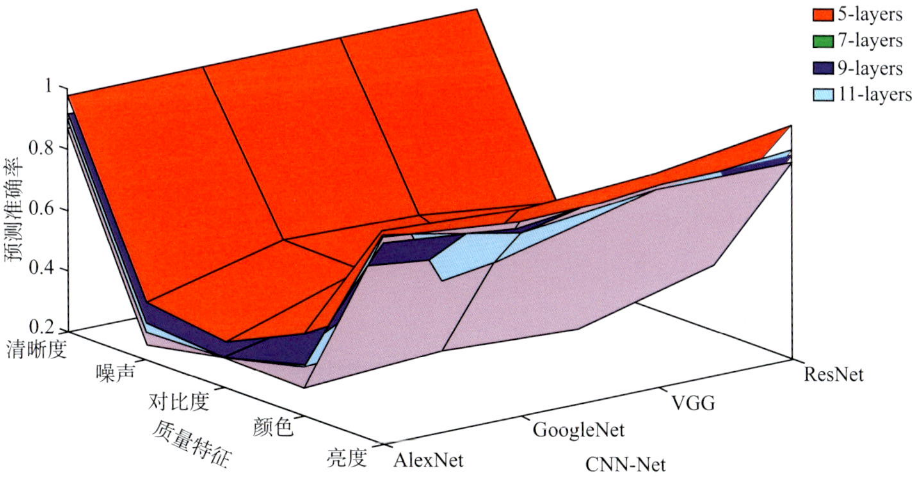
5-layers
7-layers
9-layers
11-layers
1
0.8
0.6
0.4
0.2
预测准确率
清晰度
噪声
对比度
颜色
亮度
质量特征
AlexNet
CNN-Net
GoogleNet
VGG
ResNet

彩图 18

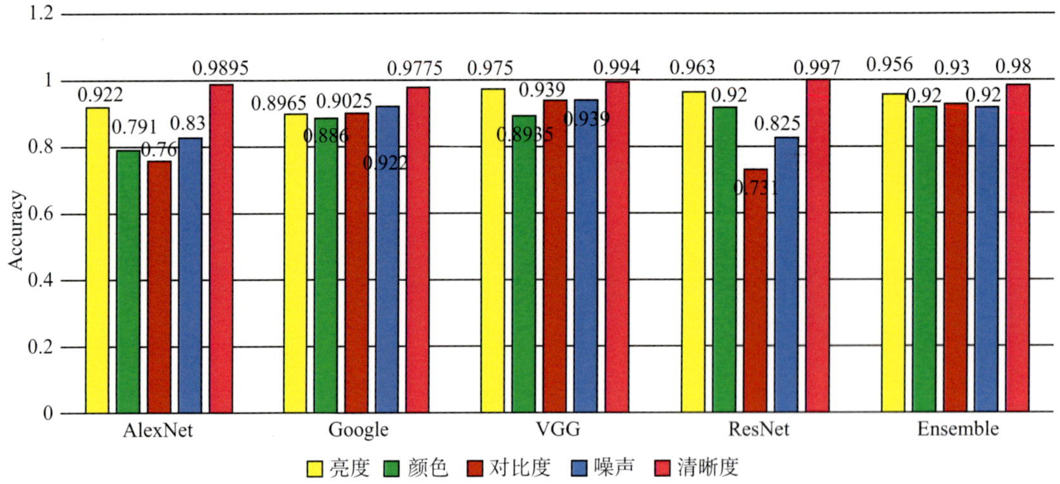

1.2
1
0.8
0.6
0.4
0.2
0
Accuracy
0.922
0.791
0.76
0.83
0.9895
0.8965
0.886
0.9025
0.922
0.9775
0.975
0.8935
0.939
0.939
0.994
0.963
0.92
0.731
0.825
0.997
0.956
0.92
0.93
0.92
0.98
AlexNet
Google
VGG
ResNet
Ensemble
亮度
颜色
对比度
噪声
清晰度

彩图 19

(a) 高斯噪声（0.01）
(b) 椒盐噪声（0.01）
(c) 斑纹噪声（0.01）
(d) 泊松噪声

彩图 20

（a）均值滤波（3×3）

（b）中值滤波（3×3）

（c）高斯低通滤波

彩图 21

（a）JPEG压缩（90）

（b）JPEG压缩（50）

（c）JPEG压缩（20）

（d）JPEG压缩（11）

彩图 22

（a）旋转1°

（b）旋转45°

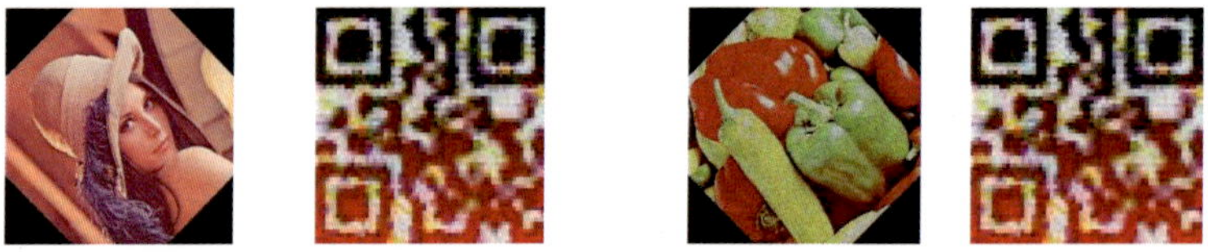

（c）旋转110°

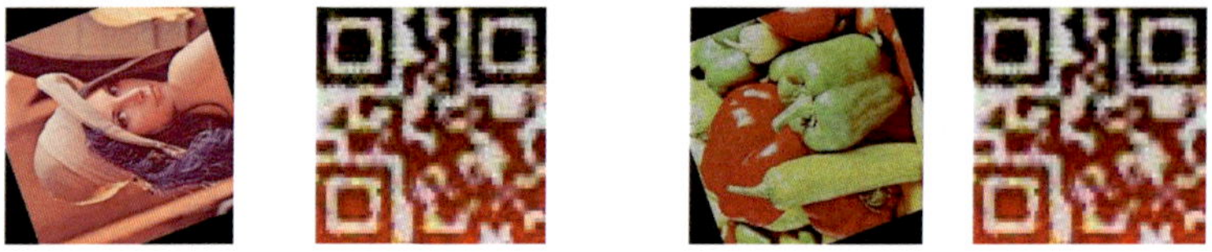

（d）裁切1/8

（e）中心裁切1/4

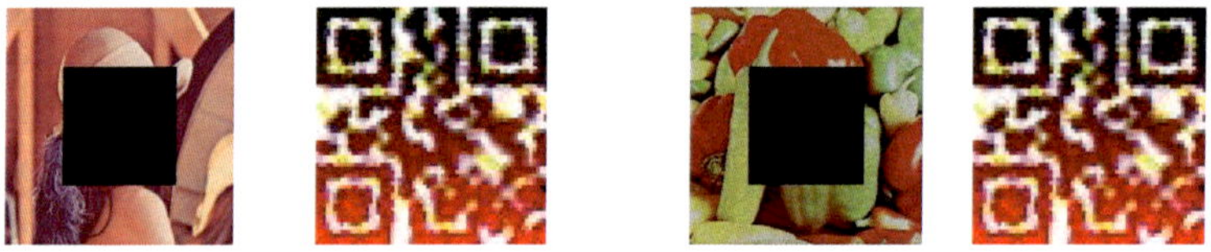

彩图 23

（a）彩色载体图像Lena

（b）彩色水印图像——标致logo

彩图 24